Mittelalter

Akademie Studienbücher

Geschichte

Harald Müller

Mittelalter

2., überarbeitete und aktualisierte Auflage

DE GRUYTER
OLDENBOURG

Der Autor:
Prof. Dr. Harald Müller, Jg. 1962, lehrt Mittlere Geschichte an der Rheinisch-Westfälischen Technischen Hochschule (RWTH Aachen University)

ISBN 978-3-11-039968-4
e-ISBN (PDF) 978-3-11-039969-1
e-ISBN (EPUB) 978-3-11-042370-9

Library of Congress Cataloging-in-Publication Data
A CIP catalog record for this book has been applied for at the Library of Congress.

Bibliografische Information der Deutschen Nationalbibliothek
Die Deutsche Nationalbibliothek verzeichnet diese Publikation in der Deutschen Nationalbibliografie; detaillierte bibliografische Daten sind im Internet über http://dnb.dnb.de abrufbar.

Titelabbildung: William Turner, Burg Eltz aus südöstlicher Richtung gesehen (Gemälde, um 1841/42).
Satz: Beltz Bad Langensaltza GmbH, Bad Langensalza
Druck und Bindung: Hubert & Co. GmbH & Co. KG, Göttingen

♾ Gedruckt auf säurefreiem Papier
Printed in Germany

www.degruyter.com

MIX
Papier aus verantwortungsvollen Quellen
FSC® C083411

Mittelalter

1 Die fremde Epoche zwischen Verklärung und Verketzerung

Abbildung 1: William Turner, *Burg Eltz aus südöstlicher Richtung gesehen*, Gemälde (um 1841/42)

Burgen sind die bevorzugten Embleme des Mittelalters. Kaum eine Stadt, die über eine Burg verfügt, verzichtet in ihrer Selbstdarstellung darauf, dieses wehrhafte Gemäuer zu betonen. Burgen – ganz gleich ob in der Stadt gelegen, auf steilem Felsen oder von Wassern umspielt – schmücken Postkarten, Siegel, Briefköpfe, Wappen. Burg Eltz bei Münstermaifeld unweit der Mosel zierte von 1965 bis zum Jahr 2001 den 500-DM-Schein und bildete auf diese Weise einen Baustein des historisch-kulturellen Selbstverständnisses der Bundesrepublik Deutschland.

Burgen symbolisieren das Mittelalter und verkörpern dabei einen breiten Fächer von Assoziationen. Mit hübschen Türmchen und Zinnen geschmückt wie (das erst Ende des 19. Jahrhunderts erbaute) Schloss Neuschwanstein oder wie hier im Gemälde der Burg Eltz von William Turner aus dem Genre der Rhein-Romantik in geheimnisvolles Licht gerückt, vermitteln sie die Poesie einer Schloss-Idylle inmitten intakter Landschaft, die Ahnherrin moderner Träume vom luxuriösen, behüteten Landleben. Doch das Bild kann umschlagen; aus elegant wird trutzig. Schroffe Felsen und wehrhafte Mauern verweisen statt auf das Märchenschloss auf die Zwingburg, öffnen den Gedanken an Krieg, Gewalt, Verliese und Folterkammern die Tür. Prinzessin und Kerkermeister bewohnen unser Bild vom Mittelalter gleichermaßen.

‚Unser' Mittelalter ist das Produkt zweier Welten: Die eine besteht aus meist diffusen Mittelalter-Bildern in unseren Köpfen, die andere ist die der Wissenschaft vom Mittelalter, der Mediävistik. Beide sind eng miteinander verbunden, nicht selten im Widerstreit aneinander gekettet. Die ernsthafte Beschäftigung mit dem Mittelalter setzt voraus, dass man sich beider Sphären bewusst ist. Aus diesem Grunde geht es im Folgenden zunächst um die verbreiteten, meist intuitiven Mittelalter-Bilder in unseren Köpfen, das Wechselspiel von Licht und Dunkel. Erst danach wird der Blick aus wissenschaftlicher Perspektive auf das Mittelalter als Epoche, seine Grenzen und Eigenheiten gelenkt.

1.1 Mittelalter-Bilder: Licht und Dunkel

Unser Mittelalter-Bild ist durchgehend zwiespältig. Es besteht aus Schlössern und herausgeputzten historischen Stadtkernen, kennt farbenfrohe Ritterspiele mit prächtig geschmückten Pferden und blitzenden Rüstungen. Mittelalterliche Jahrmärkte mit Handwerkern, Gauklern und Ochsen am Spieß haben Konjunktur, Essen wie im Mittelalter ist ein kommerzieller Erfolg. Nicht nur am mit Burgen gespickten Rhein lädt man zum Rittermahl, auch in Berlin, das nur mit äußerst spärlichen Überresten aus dem Mittelalter glänzen kann, lassen sich Ableger der einschlägigen Erlebnis-Gastronomie aufspüren, die neben entsprechenden Speisen und Getränken in rustikaler Einrichtung mit dekorativen Rüstungen, Trinkhörnern, minimalem Besteckaufwand und überdimensionierten Servietten mittelalterliches Ambiente zu erzeugen versucht.

Attraktion ...

Zur Attraktion des Vergangenen, Andersartigen gehört auch das Staunen über die Schlichtheit und Bedrohtheit menschlicher Existenz fern heutiger technischer Standards, genauso wie der Schauder über die Dominanz der Religion, über alltägliche, selbstverständliche Gewalt, über krasse soziale Unterschiede und kaum zivilisiertes Betragen. Kreuzzüge, Scheiterhaufen und Hexenverbrennung sind die Markierungen am Ende dieser Skala. Sie bezeichnen die Distanzierung des modernen Menschen vom Mittelalter.

... und Befremden

Faszination und Ablehnung stehen nebeneinander, und nur selten sind sie das Resultat einer näheren Beschäftigung mit der Sache. Sie gründen auf zwei oft unbewussten, geradezu emotionalen Grundhaltungen. Zum einen bedient das romantische Mittelalter die Sehnsucht des Menschen nach intakten und überschaubaren Lebensformen. Im Lichte der modernen Massengesellschaft betrachtet, bietet es Komponenten einer heilen, ursprünglichen Welt. Die ‚gute alte Zeit' war indes selten besser als die eigene Gegenwart, sie bot aber meist überschaubarere Verhältnisse, die ein Gefühl von Sicherheit vermitteln: den Dorf- und Familienverband statt der zunehmend anonymen Gesellschaft, die Klarheit eines naturbestimmten Tagesablaufs anstelle immer komplexerer Technologien, deren schneller Wechsel ein Gefühl von Hilflosigkeit erzeugt.

Der andere Affekt, die schroffe Zurückweisung, gehört ebenfalls zu unserem Kulturgut, ja er macht in gewisser Weise den modernen Menschen sogar wesentlich aus: Im Gefolge der Aufklärung, einer philosophischen Bewegung des 17. und 18. Jahrhunderts, welche die

Aufklärung

Vernunft als eigentliches Wesensmerkmal des Menschen propagierte (→ ASB MEYER), haben wir uns von der Welt des Mittelalters nicht nur nachhaltig entfernt, wir stehen geradezu vor einer mentalen Kluft, die uns von dieser Vergangenheit trennt. Unser heutiges Lebensempfinden beruht in erheblichem Maße auf anderen Prämissen als das unserer Ritter-Vorfahren, das keineswegs irrational war, aber auch anderen Erklärungsmustern als der Verstandeskraft breitesten Raum gab. Weil das Vertrauen auf die eigene Verstandesleistung aber zur Selbstdefinition des aufgeklärten Menschen gehört und weil Begriffe wie Freiheit, Gleichheit, Brüderlichkeit, Gewaltenteilung und Individualität auch unausgesprochen unsere Einstellung zur Gesellschaft bestimmen, muss uns das Mittelalter fremd vorkommen – dunkel, primitiv und barbarisch, von naivem Aberglauben durchsetzt und zugleich von der Kirche terrorisiert. Das heute inflationär gebrauchte Schimpfwort vom ‚mittelalterlichen Gottesstaat' macht die kulturelle Bedrohungsqualität deutlich, die unserem Mittelalter-Bild innewohnt.

Die janusköpfige Vielgestaltigkeit macht aber auch die Faszination aus, die von dieser Epoche ausgeht. Gerade weil es idyllisch und erschreckend zugleich ist, bietet sich das Mittelalter als bevorzugte Kulisse für Zeitreisen in moderne Traumwelten an, seien sie mystisch-romantisch wie in J. R. R. Tolkiens *Der Herr der Ringe* (1969–70) oder rau und martialisch wie im Videospiel Assassin's Creed (2007/8). Die enorme Bandbreite aktueller, ins Mittelalter transponierter Szenarien reicht vom Krimi bis zum Strategie-Spiel. Kinder-Abenteuer wie Astrid Lindgrens *Ronja Räubertochter* (1981) sind durchwirkt von Mittelalter-Wissen und Mittelalter-Klischees, von Burgen und Räubern, finsteren Wäldern, Gnomen und anderen bedrohlichen Fabelgestalten, aber auch von hellen (Kinds-)Köpfen, die aus eigener Kraft die bedrohliche Umwelt meistern. Das größte Mittelalter-Spektakel des 20. Jahrhunderts, Umberto Ecos Roman *Der Name der Rose* (1981), funktioniert auf dieselbe ambivalente Weise. Der messerscharfe Verstand des William von Baskerville kann in der (außergewöhnlich gut recherchierten und stimmig inszenierten) Kulisse aus skurrilen Mönchsgestalten, einfältig Liebenden und blutrünstigen Inquisitoren sowie einer verbohrt anmutenden Debatte um verbotenes, geheim gehaltenes Wissen besonders hell aufblitzen: lichte Momente in einem durchweg dunklen Mittelalter.

Zeitreisen

1.2 Das Mittelalter als Epoche

Wer sich dem Mittelalter in wissenschaftlicher Perspektive nähert, darf sich nicht auf bloße Vorstellungen, auf Bilder vom Mittelalter verlassen. Er muss den Gegenstand seiner Beschäftigung sorgfältig beschreiben und ihn dadurch von anderen abgrenzen. Diese Abgrenzung erfolgt zunächst zeitlich von vorausgehenden und nachfolgenden Zeitabschnitten, sie besitzt aber auch eine geografische Komponente, denn die zeitliche Festlegung bezieht sich stets auf einen konkreten Betrachtungsraum. In Amerika, das erst 1492 mit Kolumbus in das Blickfeld unserer Geschichte trat, hat es ein Mittelalter, wie wir es aus Europa kennen, nicht gegeben. Auch über die begriffliche Komponente sollte man vorab nachdenken: Handelt es sich bei dem Begriff ‚Mittelalter' um ein schon damals gebräuchliches Wort oder um eine spätere Schöpfung der Wissenschaftler? Was meint „Mittelalter" genau? Wie treffend beschreibt es den Gegenstand? Zeit, Raum und Begriff (→ ASB BUDDE/FREIST/GÜNTHER-ARNDT) – über diese drei Themenfelder wollen wir uns dem Mittelalter als Epoche einleitend annähern.

Forschungsgegenstand Mittelalter

Zeit

Das Mittelalter liegt zwischen Altertum und Neuzeit. Diese banale Feststellung charakterisiert die Epoche zutreffend und wahrscheinlich präziser als auf den ersten Blick sichtbar. Der Zeitabschnitt, dem unsere Aufmerksamkeit gilt, wird gleichsam von der Antike und der Moderne in die Mitte genommen. Die Bezeichnung hat also nur einen Sinn, wenn man sie auf die Zeit als Ganzes bezieht, die von einem imaginären Anfangspunkt aus stetig voranschreitet. Das Mittelalter markiert auf diesem Zeitstrahl einen Abschnitt neben weiteren, eine der Epochen (→ KAPITEL 16.6, ABBILDUNG 28).

Das Zerlegen der gesamten Geschichte in Zeitabschnitte, die einen inneren Zusammenhang aufweisen, hat den Vorteil größerer Übersichtlichkeit. Es ist zugleich ein Produkt der Spezialisierung in der Wissenschaft, in der der Universalhistoriker dem Experten für immer kleinteiligere Wissensgebiete längst das Feld hat überlassen müssen; insbesondere die Neuzeit zerfällt immer weiter in Kleinst-Epochen. Mit der Segmentierung der Geschichte stellt sich zwangsläufig die Frage, wo die Epochengrenzen verlaufen.

Epochengrenzen

Es gibt eine Vielzahl von Ereignissen, mit denen man das Mittelalter beginnen und enden lassen kann. Der Untergang des Weströmischen Reiches im Jahr 476 wird als Trennpunkt zur Alten Geschichte ebenso aufgeführt wie die Taufe des fränkischen Königs Chlodwig um 500 oder die Kaiserkrönung Karls des Großen im Jahre 800. Als längerfristig trennende Vorgänge werden auch der ‚Hunnensturm' im Jahr 375 oder die muslimische Expansion des 7. und 8. Jahrhunderts genannt, die beide vor allem im Mittelmeerraum tief greifende Veränderungen bewirkten und damit die auf dieses Gewässer orientierte Welt der römischen Antike ins Wanken brachten. Den Übergang zur Neuzeit markieren wahlweise die Erfindung des Buchdrucks in den 1450er-Jahren, die Eroberung Konstantinopels durch die Türken 1453, die Entdeckung Amerikas 1492 oder Luthers Thesenanschlag im Jahr 1517. Manche Historiker sehen die Neuzeit mit der Französischen Revolution von 1789 anbrechen, die erst das von landbesitzendem Adel und Kirche geprägte mittelalterliche Regime beendet habe.

Eine breite Palette weiterer epochemachender Ereignisse ließe sich zusammenstellen und jeweils auf die Tragfähigkeit der Argumente hin prüfen. Weil Geschichte sich aber meist in lang gestreckten Prozessen vollzieht und der Charakter einer Epoche sich nicht wie auf Knopfdruck an einem bestimmten Datum ändert, werden heute fließende Epochengrenzen bevorzugt. An die Stelle fixer Daten treten Zeiträume des Übergangs und des Wandels. Das Mittelalter umfasst demnach einen Zeitraum, der von ungefähr 500 bis 1500 reicht. Dieser Abschnitt von rund 1000 Jahren wird am Beginn durch die Zeit der Völkerwanderung von der Antike geschieden, während am Ende das 15. Jahrhundert mit seinen Entdeckungsfahrten, technischen und kulturellen Neuerungen bereits deutlich auf die Frühe Neuzeit vorausweist.

Fließende Übergänge

Ein Jahrtausend bildet einen Untersuchungszeitraum von erschreckender Größe, zumal allein die Dichte der Überlieferung in Form von schriftlichen Zeugnissen zum Ende des Mittelalters hin drastisch zunimmt. Deshalb sind auch innerhalb der Epoche Zeitabschnitte gebildet worden: Gemeinhin wird das Mittelalter in eine frühe, hohe und späte Phase unterteilt. Auf diese Zeiträume und ihre Grenzen treffen dieselben Probleme zu wie auf die Epoche insgesamt: Man findet unterschiedliche, mitunter präzise datierte Binnengliederungen, die jeweils ihre eigene Berechtigung besitzen, ohne allgemeine Verbindlichkeit zu erreichen. Als eines der gängigen Schemata für den Bereich des heutigen Mitteleuropa wird folgende Unterteilung angewendet:

Binnengliederung

- Das Frühmittelalter reicht vom 6. bis in die Mitte des 11. Jahrhunderts,

- das Hochmittelalter erstreckt sich von der Mitte des 11. bis in die Mitte des 13. Jahrhunderts und
- das Spätmittelalter beschließt mit der Zeit von 1250 bis ungefähr 1500 diesen Zeitabschnitt.

Die Abfolge von früh, hoch und spät ist zudem im Sinne einer Entwicklung stets qualitativ konnotiert. Auf ein dunkles Frühmittelalter folgt eine Glanz- und Gipfelperiode, schließlich eine Zeit des Abschwungs und Verfalls. Der Niederländer Johan Huizinga hat mit seinem Buch *Herbst des Mittelalters* (1924) eine griffige Metapher geliefert, die sich großer Beliebtheit erfreute, um das Spätmittelalter als Phase zu charakterisieren, die ihren Zenit überschritten hatte, deren Vitalität erschöpft war und die wie eine überreife Frucht vom Baum herabzufallen drohte.

Nationale Eigenheiten

Derartige Vorstellungen von Glanz- und Verfallszeiten der Geschichte variieren aber naturgemäß je nach nationaler Perspektive erheblich. Wer sich an solchen Zeitschwellen orientiert, muss damit rechnen, dass die Forscher aus den Nachbarländern eigene Markierungen setzen. So nennen die Franzosen ihr Äquivalent des in Deutschland gebräuchlichen Frühmittelalters „Haut Moyen Âge“ („hohes Mittelalter“) und sehen bevorzugt 987, den Herrschaftsantritt eines Königs aus der Dynastie der Kapetinger, die bis ins 14. Jahrhundert den Monarchen stellte, als markanten Einschnitt. In der Geschichte Englands bildet dagegen die Eroberung der Insel durch die Normannen im Jahre 1066 eine bedeutende Zäsur. Die Reformation schließlich – nördlich der Alpen ein einschneidendes und epochemachendes Ereignis – war etwa in Italien von denkbar geringem Belang.

Raum

Die Vielfalt möglicher Periodisierungen und deren variable Setzungen in den nationalen Forschungstraditionen lassen erkennen, dass ‚das Mittelalter‘ nicht nur im Hinblick auf die Chronologie, sondern auch unter dem Aspekt des Raumes stets differenziert betrachtet werden muss. Grundlegend hierfür ist die Tatsache, dass historische Phänomene nur äußerst selten gleichzeitig an voneinander entfernt liegenden Orten auftauchen. Die Völkerwanderung etwa, die vom ausgehenden 4. Jahrhundert an Europa veränderte, erfasste den Balkan und das nördliche Italien weit eher als die iberische Halbinsel. Diese wiederum wurde im Laufe des 8. Jahrhunderts nach und nach von Süden dem Einfluss des Islam unterworfen, dessen expansive Kraft auf dem weiteren Vormarsch schließlich im mittleren Frankreich erlahmte. Ähnliche Ausbreitungsverläufe und regionale Konzentrationen lassen sich für viele Erscheinungen der mittelalterlichen Geschichte verfolgen: für Krankheiten, für bestimmte Formen des Rechts, für Techniken landwirtschaftlichen Anbaus, im Handwerk und im ästhetischen Empfinden, das an Bau- und Kunstwerken abzulesen ist. Die ersten Gebäude in der Formensprache der Gotik entstanden um 1140 in der Île-de-France, der Gegend um Paris. Deutschland erreichten sie – von Westen über Flandern vordringend – ein knappes Jahrhundert später, England noch im 12. Jahrhundert, während man sich in Italien ausdauernd gegen die neue Baukunst aus dem Norden sträubte.

Regionale Vielfalt

Die Reihe der Beispiele ließe sich beliebig erweitern, doch genügt wohl ein abschließender Hinweis auf das Christentum, das gemeinhin als kulturelles Rückgrat des europäischen Mittelalters angesehen wird. Legt man die Außengrenzen der heutigen Europäischen Union zu Grunde, so muss man festhalten, dass die Bewohner dieses geografischen Großgebildes zu keiner Zeit des Mittelalters ausnahmslos dem christlichen Glauben anhingen. Frühe christliche Kernlandschaften im Gebiet des heutigen Italien und Frankreich, in denen die Bischöfe mitunter als ordnende Kraft an die Stelle der schwindenden römischen Herrschaft getreten waren, existierten neben umkämpften Missionsgebieten. Schon die Landschaften östlich des Rheins – Bayern, Franken, Hessen, Thüringen und Sachsen – waren erst im Laufe des 7. bis 9. Jahrhunderts unter dem Einfluss irischer, schottischer und angelsächsischer Missionare mühsam für das Christentum gewonnen worden. Das muslimische Spanien, Skandinavien sowie weite Bereiche des heutigen Ostmittel- und Osteuropa blieben der später dominierenden Religion teils bis ins 12. Jahrhundert verschlossen.

Religiöse Buntheit

Ohne einen geografisch weiten Blick, der die Vielfalt von Erscheinungsformen erkennen lässt, die gleichzeitig nebeneinander existierten, ist eine differenzierte Vorstellung vom Mittelalter als Ganzem, ja als einer zusammenhängenden Epoche nicht zu gewinnen. Die wissenschaftliche Beschäftigung mit dem Mittelalter versucht daher, den allfälligen Unterschieden mit derselben Intensität nachzugehen wie den Faktoren, die eine Einheit des Mittelalters begründen.

Einheit und Vielfalt

Begriff

Was vermag aber ein Begriff auszusagen, der einen Gegenstand zu kennzeichnen sucht, dessen räumliche Ausdehnung unscharf erscheint und dessen zeitliche Grenzen denselben Charakter besitzen wie die geografischen Längen- und Breitengrade auf dem Globus? Sie existieren nicht wirklich, aber sie strukturieren das Ganze und sind eine treffliche Hilfe bei der Navigation (Meuthen 1990, S. 132).

Der Begriff ‚Mittelalter' taugt nicht als universale Schablone; objektive Qualität besitzt er ohnehin nicht. Wer vom Mittelalter spricht, der muss zumindest grob festlegen, worauf er sich bezieht, was er damit meint, muss sein Mittelalterverständnis umreißen. Damit aber wird nicht nur eine chronologische Einheit fixiert, sondern zugleich die Wahrnehmung dieses Zeitabschnitts als etwas Neues, Anderes, Eigenes. Diese allgemeine Doppeldeutigkeit jedes Epochenbegriffs zeigt sich auch für das Mittelalter, das nüchtern betrachtet nicht mehr bezeichnet als eine Wegstrecke der Geschichte, die zwischen Altertum und Neuzeit eingepasst ist. Als einer der ersten hat Christoph Keller (latinisiert Cellarius, 1638–1707), der an der Universität Halle Rhetorik und Geschichte lehrte, diese Dreiteilung zur Gliederung einer Weltgeschichte benutzt. In seiner 1702 erschienenen dreibändigen *Historia universalis* vereinte er eigenständige Geschichtswerke über die Antike (*Historia Antiqua*, 1685), das Mittelalter (*Historia Medii Aevi*, 1698) sowie über das 16. und 17. Jahrhundert (*Historia nova*, 1702). Das Mittelalter reichte darin „von der Zeit Konstantins des Großen bis zur Eroberung Konstantinopels durch die Türken", also von 306 bis 1453. Keller etablierte auf diese Weise ein geradezu kanonisches Schema der Universalgeschichte, dessen sich die Historiker vor allem seit dem 19. Jahrhundert eifrig bedienten. Bis heute ist es auch in der Bezeichnung der geschichtswissenschaftlichen Lehrstühle an deutschen Universitäten zu finden. Dort regiert, wenn auch mit thematischen Modifikationen, nach wie vor diese alte Trias der Epochen, wenngleich die Abteilung Neuzeit mittlerweile so viele Untereinheiten gebildet hat, dass das Mittelalter nirgends mehr in der Mitte liegt.

Mittelalter-Wahrnehmung

Die buchhalterische Verwendung des Mittelalter-Begriffs im Sinne einer chronologischen Schublade war aber nicht der ursprüngliche Gedanke. Um diesem auf die Spur zu kommen, muss man weiter zurückschauen – ins Mittelalter selbst. Die damals lebenden Menschen besaßen durchaus eine Vorstellung von historischen Abläufen. Die Weltgeschichte war, so die gängige Vorstellung, deckungsgleich mit der christlichen Heilsgeschichte und damit durch einen göttlichen Plan gänzlich vorausbestimmt. Die Menschen sahen sich als Zeitgenossen des letzten Abschnitts, der mit der Geburt Christi begonnen hatte und mit dem Jüngsten Gericht enden würde.

Heilsgeschichte

Gegen diese verbreitete Überzeugung gewann zunächst in Italien seit dem 14. Jahrhundert eine andere Sichtweise an Bedeutung. Sie war vor allem an kulturellen Leistungen orientiert und entwickelte aus deren Betrachtung eine neue, der christlichen Religion ferne Deutung. Verbunden ist diese Neuorientierung mit dem Namen des Florentiner Dichters Francesco Petrarca (1304–74). Sein historischer Bezugspunkt war das republikanische Rom der Antike (→ ASB MANN), verkörpert durch den Staatsmann, Redner und Philosophen Marcus Tullius Cicero (106–43 v. Chr.), den Petrarca besonders verehrte.

Petrarca

Es war dies eine gleichermaßen nationale wie kulturelle Projektion, denn Petrarca und die ihm Gleichgesinnten empfanden sowohl ihre politische Situation auf der Apenninen-Halbinsel als auch die Bilanz auf sprachlichem und ästhetischem Gebiet verglichen mit dem Glanz der Antike als deprimierend. Von der einstigen Welt Ciceros, die sie wiederbeleben wollten, trennte diese, Humanisten genannten Gelehrten eine *media tempestas* – ein ‚mittleres Zeitalter'. Das charakteristische Wort ist einem Satz des Bischofs von Aleria auf Korsika, Giovanni Andrea de' Bussi, entnommen, der 1469 den Kardinal Nikolaus von Kues, einen der bedeutendsten Gelehrten der damaligen Zeit, wie folgt pries:

‚Mittleres Zeitalter'

> „Dieser Mann ist unermesslich redegewandt und lateinkundig, was selten ist bei den Deutschen. Er verfügt in seinem Gedächtnis über die Geschichte nicht nur der Antike, sondern auch des mittleren Zeitalters [...] bis hin zur Gegenwart." (Bussi 1469, in: Neddermeyer 1988, S. 103)

Dieses ‚mittlere Zeitalter' erschien als kulturelle Brache: Das klassische Latein war verwildert, der hohe Stand antiker Bildung im Laufe der Jahrhunderte verloren gegangen, die Geschichtsschreibung konfus. Die neuen Formen in Kunst und Bauwerken hielten die Humanisten für barbarisch und gaben ihnen den Namen ‚gotisch', um, in Anlehnung an das Volk der Goten, die nordalpine Herkunft dieses Stils hervorzuheben. Auch zeigte sich die politische Situation in Italien von Zersplitterung und Fremdherrschaft geprägt und stach vom Ideal der kraftvollen römischen *res publica* deutlich ab.

Ansatzpunkt dieser Gruppe, der die Rückbesinnung auf die Antike so sehr am Herzen lag, war jedoch weniger die Politik als die Kultur in einem umfassenden Sinne. Die Verfeinerung der menschlichen Lebensweise durch eine am Altertum geschulte Bildung, insbesondere durch Perfektionierung der lateinischen Sprache, war ihr Ziel. Sie etablierten dazu einen Fächerkanon aus Grammatik, Rhetorik und Poetik sowie Geschichte und Moralphilosophie, die sogenannten *studia humanitatis*, von denen sich auch der Name dieser elitären Bewegung ableitet: Humanisten; sie sind ferne Vorfahren des humanistischen Gymnasiums der Moderne.

Humanisten

Die Humanisten nahmen also drei eigenständige Zeitalter wahr: erstens die römische Antike als Referenz und zweitens die eigene Gegenwart, die sie im Sinne des Aufbruchs als neu empfanden. Erst dieses Bewusstsein für die Antike und die eigene Zeit als jeweils selbstständige Epochen ermöglichte es überhaupt, den dritten, trennenden Abschnitt als ‚Mittelalter' zu charakterisieren. Eingeklemmt zwischen einer idealisierten römischen Vergangenheit und der im Sinne einer Rückbesinnung auf diese antiken Ideale neu zu gestaltenden Gegenwart der Humanisten musste das Mittelalter in den düstersten Farben ausgemalt werden, galt es doch, den Bruch mit ebendieser Vergangenheit zu betonen. Unsere heutige Rede vom „finsteren Mittelalter" ist nicht mehr als eine späte und diffuse Anleihe aus dem Arsenal kultureller Feindbilder, das die Bildungselite der Renaissance mit sich herumtrug.

Wurzel und Grenzen des Begriffs

In seiner Wurzel ist der Mittelalter-Begriff abwertend. Er beschwört eine Gegenwelt herauf, von der sich die eigenen Leistungen positiv absetzen lassen. Es ist wichtig, diese Charakteristik des Begriffs zu betonen, weil sie zeigt, wie sehr auch vordergründig nüchterne wissenschaftliche Termini in historischer Perspektive mit spezifischen Vorstellungen und Emotionen beladen sind. Und zugleich offenbart sich eine begrenzte Geltung und Erklärungskraft: ‚Mittelalter' hatte nur dort eine Bedeutung im Sinne der Humanisten, wo ein antiker Bezugspunkt vorhanden war. Für Italien war dies am klarsten gegeben, begegnete man doch auf Schritt und Tritt den Monumenten des antiken Rom. Für die benachbarten Regionen wird ein solcher Zugriff aber problematisch. Selbst dort, wo die Römer deutliche Spuren hinterlassen hatten, taugten sie nicht ohne Weiteres auch als Identifikationsfiguren. Aus der Perspektive der Deutschen waren die Römer Besatzer gewesen, weite Teile des späteren Reiches hatte zudem niemals eine Legionärssandale betreten. Die Helden der eigenen Vergangenheit waren mittelalterlich. Sie hießen nicht Cäsar und Augustus, sondern Karl der Große (768–814), Otto I. (936–973) oder Friedrich I. Barbarossa (1152–90), die ihre Königtümer machtvoll gelenkt und sogar das römische Kaisertum in ein römisch-deutsches verwandelt hatten. Was aber sollten erst Polen, Skandinavier oder Iren mit einem solchen Konzept anfangen können, deren Heimat weit außerhalb der Grenzen des einstigen Römischen Reichs lag? Auch für die im 15. und 16. Jahrhundert neu entdeckten Welten Afrikas und Amerikas ergibt eine solche Dreiteilung keinen Sinn. Zwar kennt Japans Geschichtswissenschaft ein Mittelalter, das sich vom späten 12. bis ins 19. Jahrhundert unserer Zeitrechnung erstreckte, mit den

Inhalten der europäischen Epochengliederung hat diese Periodisierung jedoch wenig gemein.

Wenn wir heute den Begriff ‚Mittelalter' verwenden, übernehmen wir unausgesprochen mehrere Konventionen. Wir beziehen uns räumlich auf Europa, insbesondere auf Mittel- und Westeuropa sowie die westliche Mittelmeerregion. Die übrigen Gebiete des Kontinents wurden lange Zeit als Randzonen betrachtet; die historische Forschung hat hier ihren Blick in den letzten Jahrzehnten erfreulich geweitet (Borgolte 2002). Die verstärkte Einbeziehung insbesondere der Räume im Osten und Südosten stellt jedoch manche auf den traditionellen ‚Kernraum' bezogenen Ergebnisse und Begrifflichkeiten infrage. Dies gilt auch für den Terminus ‚Mittelalter' selbst, der eben keine objektive oder auch nur homogene Kennzeichnung bietet, sondern eine grobe Formel, die im Hinblick auf die individuellen Betrachtungsabsichten stets präzisiert werden muss. In diesem Sinne verfolgt der vorliegende Band eine gesamteuropäische Perspektive, wobei der Blick meist erweiternd von den ‚alten Kernräumen' auf die Ränder gerichtet wird und nicht umgekehrt.

Europäisches Mittelalter

Die Bezeichnung ‚Mittelalter' trotz ihrer räumlichen und zeitlichen Flexibilität zu verwenden, ist nur sinnvoll, wenn sie trotz aller innewohnenden Vielfalt der Phänomene etwas erkennbar Gemeinsames bezeichnet. Dazu ist nochmals in Erinnerung zu rufen, dass die Humanisten primär auf Kultur und Bildung der alten Welt orientiert waren. Hier ließ sich unstrittig – auch ohne eigene römische Antike – in breitestem Maße von den Italienern lernen, und man lernte überall eifrig. Nur so ist zu erklären, dass sich Inhalte und ästhetische Formen der Renaissance nach und nach über den gesamten Kontinent ausbreiteten. Das Neue fasste Fuß – je nach Region in unterschiedlicher Intensität und mit je unterschiedlicher Geschwindigkeit. Gleichzeitig mit der Nachahmung vollzog sich eine Umarbeitung der antiken Vorlagen, eine Anpassung an die eigenen Bedürfnisse und Möglichkeiten. Auch suchte man den Impulsgeber Italien nicht nur zu imitieren, sondern möglichst zu übertreffen. Das antike Rom und das klassische Latein blieben nicht die einzigen Bezugspunkte. Bald traten ihnen Griechenland mit seinen Philosophen, schließlich die Weisheit der noch älteren jüdischen Kultur an die Seite, jeweils begleitet vom demonstrativen Interesse der Gelehrten an Sprache als elementarer Trägerin menschlichen Ausdrucks. Damit aber löste sich jede direkte politische Dimension des Antikenbezugs endgültig auf.

Renaissance

Was blieb, war das von den Humanisten im 14. und 15. Jahrhundert etablierte Drei-Epochen-Schema. Kulturell ausgerichtet und emotional aufgeladen, transportierte es das Bewusstsein von einer ‚guten alten Zeit', einer Phase des Niedergangs und schließlich eines dynamischen Neuansatzes. Wo genau die Grenzen zwischen diesen drei Abschnitten zu ziehen waren, war durchaus nicht unwichtig, die Antworten darauf mussten aber je nach regionalem Blickwinkel höchst unterschiedlich ausfallen.

Zusammenfassung

Es zeigt sich also, dass die Vorbehalte der Mediävisten, ihrem Untersuchungsgegenstand – dem Mittelalter – klare zeitliche Grenzen zu setzen, nicht aus Zögerlichkeit resultieren, sondern historisch gewachsene Ursachen haben. Die Epoche in Eckdaten einzusperren, würde nicht nur dem Prozesshaften aller historischen Entwicklung widersprechen, es hieße auch, den geschichtlichen Grundcharakter des Mittelalter-Begriffs in Teilen zu verkennen. Er zielt nicht auf die bloße Portionierung der Zeit. Er weist vielmehr auf widerstreitende Wertungen von Vergangenheit hin: auf die Identifikation mit einer Epoche und auf ihre Ablehnung. Insofern trifft die – oft leichtfertige – Rede vom „finsteren Mittelalter" unbewusst durchaus die Stimmung derjenigen, die diesen Zeitabschnitt in Zeiten der Renaissance als erste wahrnahmen und charakterisierten.

Ein als ‚dunkel' empfundenes Mittelalter mag den einen schrecken, den anderen langweilen. Den Interessierten aber muss die Floskel motivieren, Licht in dieses Dunkel zu bringen, die diffusen Mittelalter-Bilder hinter sich zu lassen, zu erforschen, wie es zwischen 500 und 1500 auf dem europäischen Kontinent aussah, wo die charakteristischen Eigenheiten dieser Ära liegen und welche Bedeutung diese Zeit für unsere heutige Lebenswelt noch besitzt.

Fragen und Anregungen

- Überprüfen Sie die Argumente für die Aussage, das Mittelalter sei eine Erfindung der Historiker!
- Versuchen Sie, ausgehend vom Mittelalter die Grenzen der anderen Epochen zu bestimmen und begründen Sie Ihre Entscheidung!
- Analysieren Sie die Darstellung mittelalterlichen Lebens im Kapitel eines Buches oder in der Sequenz eines Filmes in Hinblick auf den Zwiespalt von Mittelalter-Romantik und Mittelalter-Schauder!
- Finden Sie in Ihrer Stadt Spuren des Mittelalters und bewusste Inszenierungen dieser Vergangenheit!

Lektüreempfehlungen

Mittelalter als Epoche

- **Klaus Arnold: Das „finstere" Mittelalter. Zur Genese und Phänomenologie eines Fehlurteils,** in: Saeculum 32, 1981, S. 287–300. *Analysiert das negative Mittelalter-Bild in historischer Perspektive.*
- **Erich Meuthen: Gab es ein spätes Mittelalter?,** in: Johannes Kunisch (Hg.), Spätzeit. Studien zu den Problemen eines historischen Epochenbegriffs, Berlin 1990, S. 91–135. *Überprüft die hinter den Begriffen liegenden, wandelbaren Vorstellungen und Charakterisierungen der Forschung.*
- **Uwe Neddermeyer: Das Mittelalter in der deutschen Historiographie vom 15. bis zum 18. Jahrhundert. Geschichtsgliederung und Epochenverständnis in der frühen Neuzeit,** Köln 1988. *Detaillierte, quellennahe Studie zu Mittelalterbegriff und -verständnis.*
- **Otto Gerhard Oexle: Die Moderne und ihr Mittelalter. Eine folgenreiche Problemgeschichte,** in: Peter Segl (Hg.), Mittelalter und Moderne. Entdeckung und Rekonstruktion der mittelalterlichen Welt, Sigmaringen 1997, S. 307–364. *Anspruchsvolle Darstellung der Konstruktion ambivalenter Mittelalter-Bilder durch den modernen Menschen.*
- **Walter Rüegg: Das antike Vorbild in Mittelalter und Renaissance,** in: ders., Anstöße. Aufsätze und Vorträge zur dialogischen Lebensform, Frankfurt a. M. 1973, S. 91–111. *Charakterisiert bündig die Orientierungsfunktion der Antike für die Konstituierung der folgenden Zeitabschnitte.*
- **Gerrit Walther: Epochen als Lesart der Geschichte,** in: Matthias Meinhardt / Andreas Ranft / Stephan Selzer (Hg.), Mittelalter, München 2007, S. 159–166. *Brillante Einführung in das Problem historischer Epochengliederung und die Aussagekraft von Periodisierungen im Hinblick auf die Forschungsgeschichte.*

Bequeme Einstiege

- **Hartmut Boockmann: Das Mittelalter. Ein Lesebuch aus Texten und Zeugnissen des 6. bis 16. Jahrhunderts,** München 1988, 3. Auflage 1997. *Zeitgenössische Texte entführen unmittelbar in die mittelalterlichen Welten.*
- **Horst Fuhrmann: Einladung ins Mittelalter,** München 1987, überarbeitete Neuauflage München 2000, 4. Auflage 2009. *Begleitende Lektüre – auch abseits des Studiums, die auf entspannte Weise eine Menge fundierten Wissens über Strukturen und Ereignisse des Mittelalters transportiert.*

2 Weltbilder

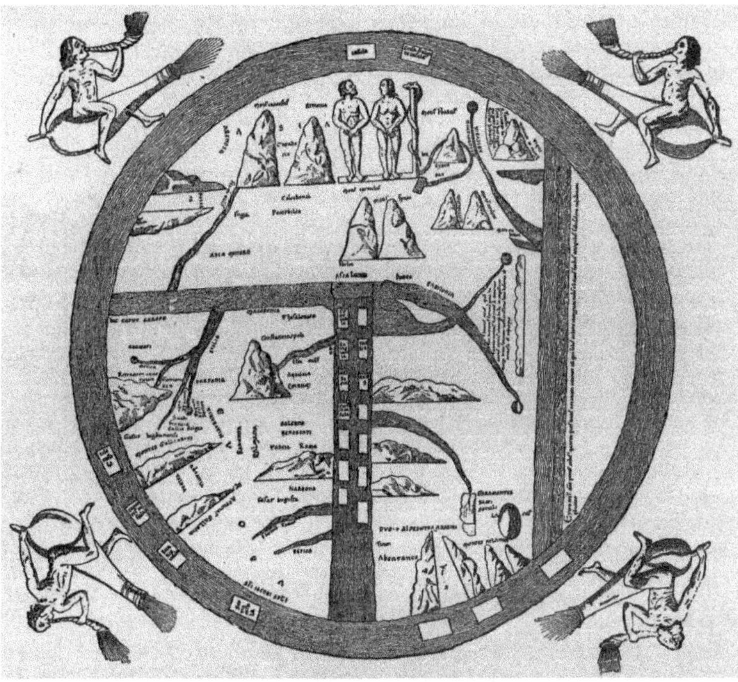

Abbildung 2: TO-Weltkarte. Umzeichnung nach einem Manuskript der Bibliothek zu Turin, um 1100

Die Karte zeigt die Erde in sehr schematischer Weise. Nur drei Kontinente sind zu sehen. Amerika und Ozeanien waren damals noch unentdeckt, von Afrika und Asien nur die Europa zugewandten Landstriche erkundet. Europa befindet sich links unten, wie überhaupt Anordnung und Umrisse der dargestellten Erdteile keinerlei Ähnlichkeit mit dem heutigen Kartenbild besitzen. Dieser Unterschied liegt nicht allein in verbesserten Methoden der modernen Kartografie begründet, sondern in der Funktion mittelalterlicher Weltkarten. Sie bilden die Erde nicht in ihrer physischen Gestalt ab, sondern so, wie sie in den Köpfen der Menschen existierte. Sie sind Weltbilder jenseits exakter Vermessung und eigener Reise-Erfahrungen.

Der Horizont der mittelalterlichen Menschen war begrenzt. Bildung und Mobilität waren Kennzeichen einer dünnen Oberschicht. Selten nur reichte der Blick geografisch weiter, als das alltägliche Leben es erforderte, allenfalls Kriegszüge und Pilgerreisen führten aus der vertrauten Umwelt hinaus. Dennoch besaßen die Menschen eine Vorstellung von der Welt. Heute lässt sich diese Sicht vor allem an zwei Gattungen der Quellenüberlieferung erkennen: an den Versuchen, die Erde mit zeichnerischen Mitteln darzustellen, und an dem Bemühen, historische Ereignisse erzählend in ein sinnvolles Deutungsschema einzupassen. In Weltkarten und Weltchroniken sollte die Erde als Ganzes abgebildet werden. Sie demonstrieren, wie die elementaren Kategorien Zeit und Raum behandelt und in ein stimmiges Weltbild überführt wurden.

Dieses Weltbild war in fundamentaler Weise durch das Christentum geprägt. Angesichts der tiefen christlichen Grundierung des europäischen Mittelalters unserer Breiten ist diese Tatsache nicht überraschend, doch wird allzu leicht übersehen, dass andere Religionen wie der Islam und damit anders geprägte Kulturen nicht nur an den Rändern des Kontinents existierten, sondern auch inmitten der christlichen Welt fest etabliert waren. In vielen Städten gab es jüdische Gemeinden, und immer wieder keimten auch neue christliche Gruppierungen auf, die von der herrschenden Lehre abwichen. Die Betrachtung dieser ‚Anderen' stellt das Bild eines homogenen, dominant christlichen Europa im Mittelalter infrage.

2.1 Weltkarten

Der Blick auf die eingangs abgebildete Karte macht vor allem eines deutlich: Der Plan ermöglicht keine verlässliche geografische Orientierung, für Reisende ist er schon wegen des Maßstabs nutzlos. Er zeigt die Welt als Rad und in einem Anordnungsschema, das den Buchstaben T und O entspricht. Man nennt diesen Kartentypus daher auch Radkarte oder TO-Karte. Die gesamte Darstellung ist von einem Kreis oder einem O aus Wasser umschlossen. Die runde Form unterstreicht den aus schriftlichen Quellen bekannten Befund, dass man die Erde im Mittelalter keineswegs als Scheibe betrachtete, sondern mit Aristoteles (384–322 v. Chr.) als Kugel. Sie in dieser Gestalt plastisch darzustellen, wurde aber erst im Laufe des 15. Jahrhunderts wieder üblich, wovon der 1491–93 geschaffene ‚Erdapfel' des Nürnbergers Martin Behaim als ältester erhaltener Globus zeugt.

TO-Karten

Innerhalb des Erdkreises werden die Landmassen ebenfalls schematisch durch Gewässer getrennt. Sie formen ein T, dessen Schaft das westliche Mittelmeer symbolisiert, die linke Hälfte des Deckbalkens das östliche Mittelmeer mit dem Don, die rechte Hälfte schließlich den Nil, aufgespalten in zwei Hauptarme.

Auffällig ist die Anordnung der Kontinente. Europa liegt links vom Schaft des T, Afrika rechts, Asien ruht auf dem Deckbalken. Ein kleiner Trick löst die Verwirrung. Dreht man die Karte um 90 Grad nach rechts, so stimmt sie in etwa mit unserer geografischen Gewohnheit überein. Denn während heutige Karten genordet sind, orientierten sich mittelalterliche Exemplare meist nach Osten. Dort im Osten, wo die Sonne aufgeht, lag das Paradies, das räumlich und zeitlich den Beginn der Schöpfung markiert; das Exemplar zeigt an dieser Stelle Adam, Eva und die Schlange. Solch religiöse Dimensionen der kartografischen Darstellungen werden noch deutlicher, wenn man jeweils in ihre Mitte schaut. Dort liegt Jerusalem, der Ort der Kreuzigung Jesu und damit zugleich Erfüllungsort der göttlichen Versprechen aus dem Alten Testament.

Zielpunkt Paradies

Ebstorfer Weltkarte

Die *Ebstorfer Weltkarte*, die um 1300 im heutigen Niedersachsen entstand, perfektioniert die religiöse Einkleidung. Die mit rund 3,60 m mal 3,60 m extrem große Zeichnung bietet eine weitaus größere Fülle geografischer Details als die einfachen, mitunter nur wenige Zentimeter großen TO-Karten. Insbesondere im Bereich des östlichen Mittelmeers und des Vorderen Orients hatten die Kreuzzüge das Wissen enorm vermehrt. Die Darstellung zeigt dem Betrachter zudem das Haupt Christi und dessen Füße am oberen bzw. unteren Rand des

Abbildung 3: Ebstorfer Weltkarte, Ausschnitt der Kartenmitte: Jordan, Jerusalem (Grab Christi), Galiläa, Joppe (Jaffa), Karmel-Gebirge (um 1300)

Erdkreises, dazu je eine Hand rechts und links. Christus und die Welt werden damit in eins gesetzt.

Die Kartenmitte wird von einer Darstellung Jerusalems beherrscht, das von einer gewaltigen goldenen Stadtmauer umgeben ist. Innerhalb dieses Mauerrings ist eine Miniatur des auferstehenden Christus zu sehen. Abgebildet ist hier das Himmlische Jerusalem, das in der Apokalypse des Johannes beschrieben wird, doch drängt sich beim Anblick der Karte im Ganzen für das zentral positionierte Jerusalem die saloppe, aber zutreffende Assoziation ‚Nabel der Welt' auf. Auch sie findet eine Stütze im Alten Testament, in dem Jerusalem als „mitten unter die Völker und Länder ringsum gesetzt" (*Ezechiel* 5,5) beschrieben wird.

Zentrales Mittelmeer

Ein zweiter Punkt, der bei diesem mittelalterlichen Kartentyp ins Auge sticht, ist die bedeutende Rolle des Mittelmeers. Hier knüpfte man an antike Vorläufer an, die unter dem Namen *mappae mundi* (lateinisch „Weltkarten") den Siedlungsraum des antiken Römischen Reiches sichtbar machten, der sich hauptsächlich um das Mittelmeer gruppierte. Nicht nur die Bezeichnung, auch das mediterrane Raumbewusstsein wurde ins Mittelalter übernommen. Abgerissen zu sein scheint dagegen das Wissen um die kartografische Gestaltung dieser Karten.

Antike Vorbilder: Klaudios Ptolemaios

Der Grieche Klaudios Ptolemaios hatte zwischen 160 und 180 n. Chr. in Alexandria eine Anleitung zum Kartenzeichnen (*Geographia*) verfasst und diese mit Listen von Orten und Landschaften samt deren Längen- und Breitenangaben versehen. Im arabischen Sprachraum war das Werk vom 9. Jahrhundert an weiter verfeinert worden, aber erst 1409 erfolgte eine Übersetzung ins Lateinische. Dann jedoch entfesselte es in unseren Breiten ein so enormes Interesse an geografischen und kartografischen Dingen, dass man mitunter von einer regelrechten „ptolemäischen Wende" spricht. Schnell veränderten sich die Kartenbilder. Aus den im TO-Schema gehaltenen Panoramen christlich geprägter Weltanschauung wurden maßstabsgetreue, möglichst exakte Abbilder der Erdoberfläche. Zwar hatte es schon vorher regional zugeschnittene Orientierungshilfen gegeben, die es dem Reisenden erleichterten, den richtigen Weg zu finden, ganz gleich, ob man zu Fuß auf dem Jakobsweg von Köln über die Pyrenäen nach Santiago de Compostela im Norden Spaniens pilgerte oder mit dem Schiff das Mittelmeer von Pisa nach Mallorca überqueren wollte. Nun aber entstanden in großer Zahl Karten, die Land und Wasser wirklichkeitsnah zeigten und nicht mehr vorrangig als Projektionsflächen der biblischen Geschichte. Anknüpfen konnte man an erste Seekarten. Der Kompass, der seit dem 12. Jahrhundert zum Einsatz kam, erlaubte es, die Abbildung der Küstenlinien mit Hinweisen zur Navigation auf offener See zu verbinden. War dies ein Entdeckungsvorgang auf prinzipiell bekanntem Terrain, so sollten später die Vorstöße, die etwa Heinrich der Seefahrer (1394–1460) entlang der afrikanischen Westküste veranlasste oder Christoph Kolumbus (1451–1506) in Richtung Amerika unternahm, den überkommenen geografischen Horizont der damaligen Welt in Stücke brechen (→ KAPITEL 14.1).

Die Weltkarten des Mittelalters sind durch ihre besondere Gestalt ein aussagefähiges Kennzeichen der Epoche. Einerseits knüpfen sie räumlich an die antike, auf das Mittelmeer ausgerichtete Welt an, andererseits lassen sie die fortgeschrittenen geografischen Kenntnisse des Altertums vermissen. Stattdessen sind sie aufgeladen mit christlich orientiertem Wissen. Die Welt wird mit der Schöpfung gleichgesetzt; die Naturerkenntnis, die man aus eigener Anschauung oder in Form von alten Schriften besitzt, wird einem einheitlichen Erklärungskonzept untergeordnet. Zum Ende des Mittelalters bricht dieser relativ geschlossene Schöpfungskosmos nicht zuletzt durch den Import antiken Wissens immer weiter auf und gibt Raum für neue Entdeckungen. Die Erweiterung und damit radikale Veränderung des mittelalterlichen Weltbilds lässt sich kaum anschaulicher machen als

Entdeckungsreisen

durch die Tatsache, dass der 1492 von Kolumbus vermeintlich entdeckte Kontinent, Amerika, mitsamt seinen Bewohnern in der Bibel nicht vorkam.

2.2 Weltchroniken

In demselben Maße, in dem die mittelalterlichen Menschen den Raum und die umgebende Natur in ein universales Deutungsschema einpassten, versuchten sie auch das Verstreichen der Zeit gedanklich zu bewältigen. Dabei ging es nicht um die Zeit, die sich in natürlichen Zyklen bemerkbar macht durch den wiederkehrenden Wechsel von Tag und Nacht, von Sommer und Winter, von Geburt und Tod, sondern um die Zeit als Kontinuum, als Geschichte, die einen Ursprung besaß, einem Endpunkt zustrebte und die wesentlich von Menschen und deren Taten geprägt wurde. Es gehört zu den Eigenheiten mittelalterlicher Geschichtsschreibung, dass sie nicht in den großen Traditionen der Antike wurzelt. Nicht die klassischen Autoren wie Thukydides oder Tacitus mit ihren durchgestalteten und literarisch anspruchsvollen Geschichtswerken setzten die frühen Leitmarken der mittelalterlichen Historiografie, sondern spätantike christliche Autoren. Im Mittelpunkt stand das Sammeln und Verzeichnen vergangener Ereignisse. Dies geschah in knapper Form und meist eher beiläufig, buchstäblich als Randnotizen auf Tafeln, die der Zeitrechnung dienten. Dabei aber behielt man die Welt als universalen Bezugsrahmen im Blick; auch hier war die Welt christlich.

Spätantike Vorbilder

Eusebius

Als Schöpfer der Gattung ‚Weltchronik' gilt Eusebius von Cäsarea, dessen ca. 337–340 fertiggestellte *Chronicorum canones* („Verzeichnis der Zeiten") mit der Geburt Abrahams begannen und bis zum Jahr 324 reichten. Der Kirchenvater Hieronymus (347–419) übersetzte das griechische Werk ins Lateinische und führte es bis zum Jahr 380 fort. Der Text bestand aus mehreren Spalten, in denen die biblische Zeitrechnung neben andere antike Modelle gestellt war. In dieses zeitliche Raster wurden die Ereignisse eingetragen, sodass einerseits verschiedene Zeitrechnungssysteme wie die griechische Zählung nach Olympiaden oder die römische nach Konsuln und Kaisern synchronisiert wurden, andererseits das historische Wissen in die christliche Zeitrechnung integriert wurde. Schon bald verengte sich das Spektrum aber auf die römisch-antike Chronologie, denn Rom war als einziges Weltreich verblieben. Die parallele Buchführung wurde damit für die Historiker entbehrlich. Es entwickelte sich folglich eine lineare

Geschichtsschreibung in fließendem Text, die römische Zeitrechnung mit Weltgeschichte in christlicher Perspektive untrennbar verband.

Die Weltchronik hat sich als Gattung aus der Spätantike ins Mittelalter fortentwickelt. Geschichte und Zeitrechnung bildeten darin ein stabiles Paar. Bedeutende Gelehrte wie Isidor von Sevilla (ca. 560–636) und der Angelsachse Beda Venerabilis (ca. 673–735) verbanden in ihren Werken Historiografie mit enzyklopädischem Wissen über die Welt – und fanden ein Publikum. Von Bedas *Kirchengeschichte des englischen Volkes* (*Historia ecclesiastica gentis Anglorum*, 731) haben mehr als 160 Handschriften die Zeiten überdauert. Die 725 verfasste anspruchsvolle Abhandlung über die Zeitrechung (*De temporum ratione*) ist heute sogar noch in 245 Textzeugnissen erhalten. Sie gehörte zu den zentralen Texten im Wissenskosmos des 8. bis 11. Jahrhunderts.

Rechnende Historiker

Bedas *Kirchengeschichte des englischen Volkes* verwendete im Übrigen die im 6. Jahrhundert von dem römischen Mönch Dionysius Exiguus entwickelte neue Zeitrechnung: die christliche Ära, die in Christi Geburt ihren entscheidenden Orientierungspunkt besitzt und uns heute beim Schreiben des Datums ohne jedes weitere Nachdenken in die Feder fließt. Die von uns verwendete Jahreszählung ab dem Jahr Null ist nichts anderes als eine christlich geprägte Konvention. Weder Muslime noch Juden teilen diesen Zeitrechnungskosmos, sie benutzen andere Referenzjahre.

Christliche Zeitrechnung

Die christliche Zeitrechnung war nach ihrer Erfindung im 6. Jahrhundert zunächst wenig beachtet worden. Urkunden wurden weiter nach römischen Kaisern oder nach den Amtsjahren ihrer Aussteller datiert. Die enorme Verbreitung der beiden Werke Bedas brachte nun auch die christliche Ära in die Bibliotheken und von dort in die Köpfe des gesamten Kontinents. Die Zählung nach Inkarnationsjahren (lateinisch *incarnatio* „Fleischwerdung“ Christi) sollte sich als Datierungsstil innerhalb der Christenheit anfangs schleppend, mit dem 11. Jahrhundert jedoch zügig und flächendeckend durchsetzen.

Ebenfalls im Hochmittelalter fächerte sich die historiografische Gattung der Chronik in viele Einzelformen auf: in Geschichten einzelner Königreiche oder Völker, einer Stadt, eines Klosters, später auch einzelner Familien. Fortgesetzt wurden aber auch die Welt- oder Universalchroniken, deren Autoren sich stetig um die Verbesserung der Ereignis-Chronologie bemühten und an der Absicht festhielten, den Ablauf von Geschichte in einem umfassenden geografischen Rahmen zu begreifen. Sie wählten dazu unterschiedliche Konzepte, abhängig davon, ob sie der Zeitrechnung oder den historischen Ereignissen

Schedelsche *Weltchronik*

Vorrang einräumen wollten. Wie wirksam solche Konzepte noch am Ende der Epoche waren, zeigt die 1493 in Latein und Deutsch publizierte *Weltchronik* des Nürnberger Arztes und Gelehrten Hartmann Schedel (1440–1514), der mithilfe der neuen Technik des Buchdrucks ein umfassendes, in Bild und Schrift belehrendes Kompendium historischen und geografischen Wissens unter die Leute zu bringen suchte. Trotz inhaltlicher Neuansätze folgt es in der Gliederung noch dem mittelalterlichen Schema heilsgeschichtlicher Zielbestimmung.

All diesen Versuchen, Geschichte aufzuschreiben und zu gliedern, liegt die Vorstellung zugrunde, dass die Gegenwart Teil eines Ganzen ist, sich anfügt an Vergangenes und einfügt in eine Großkonzeption. In weiten Teilen des Mittelalters wird diese Konzeption von der Idee christlicher Heilsgeschichte bestimmt. Sie verläuft, grob gesagt, linear von der Schöpfung der Welt bis zum Jüngsten Gericht als der biblischen Verheißung des Weltendes mit der finalen, drohend anspornenden Weggabelung in Erlösung oder Verdammnis. Diesem Ziel streben alle historischen Abläufe unausweichlich zu, weshalb man von einer teleologischen Geschichtsauffassung (griechisch *telos* „Ziel") spricht. In diesen breiten Strom, der seiner Bestimmung gemächlich entgegen fließt, münden alle Rinnsale des Geschichtserlebens einzelner Personen, von Gruppen, Klöstern, Städten oder Reichen ein.

Zielgerichtete Geschichte

Formen der Geschichtsschreibung

Die Geschichtsschreibung des Mittelalters kennt andere Gattungen als die Weltchronik. Bereitwillig hat man überschaubarere Betrachtungseinheiten ausgegliedert und die Textsorten an die Bedürfnisse des Gegenstandes angepasst: Die Geschichte eines Königtums ließ sich anhand der Taten seiner Könige erzählen, diejenige eines Klosters entlang der Reihe seiner Äbte. Doch die Welt als Ganzes vermochte man damit nicht zu fassen. Sie ließ sich, analog zu den damaligen Weltkarten, historiografisch nur mithilfe christlich-religiöser Grundmuster bewältigen, die auf den *orbis*, den Erdkreis, zielten.

2.3 Christlich dominierte Vielfalt

Weltkarten und Weltchroniken vermitteln ein weitgehend homogenes Bild der mittelalterlichen Erde. Aus diesem Blickwinkel erscheint die Welt alternativlos christlich. Bei näherer Betrachtung sind gegen diese Sichtweise jedoch drei Einwände zu erheben:

- Während des gesamten Mittelalters wusste man um die Existenz anderer Religionen, mit denen man teils in unmittelbarer Nachbarschaft lebte.

- Der Herrschaftsanspruch des einen christlichen Gottes musste in einem rund ein Jahrtausend dauernden Kampf gegen konkurrierende kultische Praktiken behauptet werden; das gelang weder vollständig noch flächendeckend.
- Auch innerhalb der christlichen Kirche gehörten abweichende dogmatische Positionen, Abspaltung und wechselseitige Verketzerung religiöser Gruppen zum mittelalterlichen Alltag.

Die Dominanz der christlichen Religion wird durch diese drei Punkte nicht infrage gestellt. Wohl aber tauchen im Hinblick auf das Bild vom durch und durch christlichen Mittelalter Fragezeichen auf, die eine intensivere Beleuchtung des Zusammenlebens von Menschen unterschiedlicher Religion und variierender Ausprägungen des Christentums notwendig machen. Zunächst aber ist auf die Konkurrenz mit anderen Religionen einzugehen.

Die Existenz anderer Religionen konnte zu keiner Zeit übersehen werden. Am südlichen Rand des europäischen Kontinents, auf der Iberischen Halbinsel, kurzzeitig sogar im heutigen Frankreich begann das Einflussgebiet des Islam. Diese Situation war historisch gewachsen, denn vom ausgehenden 7. Jahrhundert an brachen die Anhänger Mohammeds von Süden in die antike Mittelmeerwelt ein und eroberten dabei auch Gebiete, in denen zuvor das Christentum in der Nachfolge des Römischen Reichs Fuß gefasst hatte. Christen und Muslime wurden in dieser Situation nicht durchgängig durch eine streng bewachte Demarkationslinie separiert, sondern pflegten in den Übergangszonen Kontakte, in denen sie sich durch die Vorgabe des Glaubens mal mehr, mal weniger behindern ließen. Menschen aller sozialen Schichten und Berufe erkannten, dass sich von der anderen Kultur profitieren ließ, ohne die eigene Identität zu gefährden. Während des gesamten Mittelalters sind zudem Gesandtschaften der europäischen Herrscher zu den Kalifen in Bagdad bezeugt, und auch in umgekehrter Richtung scheute man den Kontakt mit den Andersgläubigen nicht. Ein Aufsehen erregendes Zeugnis hierfür ist der Elefant mit Namen Abul Abbas, der 802 als Geschenk des Kalifen Harun ar-Raschid an Karl den Großen aus Bagdad kommend in Aachen eintraf, wo ihm trotz des rauen nordalpinen Klimas noch einige friedliche Jahre im Tiergehege der dortigen Pfalz vergönnt waren.

Islam

Kultureller Austausch …

Andererseits ließen sich gerade in den Regionen, in denen verschiedene Religionen benachbart waren, weltliche Herrschaftsambitionen leicht mit der Andersartigkeit des Gegenübers und dem göttlichen Auftrag zur Mission oder Rückeroberung begründen. Auf der Iberischen Halbinsel nahm ein solcher Gedanke vom 11. Jahrhundert

… und interreligiöse Konflikte

an unter dem Namen ‚Reconquista' (Wiedereroberung) militärische Gestalt an. Ihr Ziel war es, die im Frühmittelalter an die Anhänger Mohammeds verlorenen Gebiete wieder einer christlichen Herrschaft zu unterwerfen. Derselbe Geist hat auch den Kreuzzügen ins Heilige Land eine wichtige Motivation gegeben, indem er die Befreiung der zentralen Stätten des Christentums aus der Hand der Ungläubigen als Ziel ausrufen ließ.

Die friedliche Koexistenz der Religionen ist im Mittelalter durchaus zu beobachten, doch befand sie sich im labilen Gleichgewicht, stets der Gefahr ausgesetzt, in Konfrontation umzuschlagen. Besonders deutlich mussten dies die Juden erfahren. Gemessen an den recht klaren Grenzverläufen zwischen Christen und Muslimen fällt es schwer, die Menschen jüdischen Glaubens exakt zu verorten. Weder politisch noch ethnisch bildeten sie eine Einheit, und auch ein homogener Siedlungsraum lässt sich kaum bestimmen. Die sephardischen Juden, die ihre Heimat auf der Iberischen Halbinsel hatten, lassen sich grob von ihren aschkenasischen Glaubensbrüdern unterscheiden, die vom 9. Jahrhundert an in Nordwest- und Mitteleuropa anzutreffen waren. Immer wieder Verdrängungen und Verfolgungen ausgesetzt, bildeten die Juden überall auf dem Kontinent, bevorzugt in Städten, ihre Gemeinden, die wie Inseln im Meer anderer Glaubensrichtungen anmuten. Nur der Bezug auf gemeinsame Glaubenstraditionen garantierte den Zusammenhalt der autonomen Gemeinden.

Juden …

Die Juden lebten geografisch wie sozial inmitten der Christen und doch abgeschlossen von ihnen. Den intensiven wirtschaftlichen und sozialen Kontakten Einzelner mit ihrer Umwelt stand die Gemeinde als geschlossener rechtlicher und kultureller Kosmos gegenüber, der sich schon durch die Benutzung der hebräischen Sprache abhob. Obwohl die Zahl der Juden in manchen hochmittelalterlichen Städten beachtlich war, blieben sie Fremdkörper mit eingeschränkten Rechten und waren von jedermann als benachbarte Außenseiter zu erkennen. Dies dürfte mit dazu beigetragen haben, dass die Verfolgungswellen, die immer wieder durch das Mittelalter brandeten, mit verheerender Wucht über die jüdischen Gemeinden hereinbrachen: Rund 900 Opfer forderte allein in Mainz das den ersten Kreuzzug 1096 begleitende Pogrom, und in den durch die Angst vor der Pest geschürten Verfolgungen der Jahre 1348–50 haben die meisten der 80–90 000 Juden, die damals in deutschen Städten wohnten, ihr Leben verloren.

… als benachbarte Außenseiter

Europa – ein christliches Land?

Allzu leicht gerät aus dem Blick, dass Europa in seiner Gesamtheit keineswegs ein genuin christliches Land war. Die monotheistische Dominanz musste gegen einen dicht bevölkerten Götterhimmel zäh erstritten werden. Besonders hilfreich war dabei die Verbindung des religiösen Bekenntnisses mit politischer Stärke; sie erlaubte die Missionierung mit weltlicher Unterstützung. Die Taufe des Frankenkönigs Chlodwig um das Jahr 500 legte – wie schon knapp 200 Jahre zuvor beim römischen Kaiser Konstantin – hierfür die Fundamente. Die Ausbreitung des neuen Glaubens erfolgte gegen die traditionellen Stammesreligionen, deren Widerstand nur symbolträchtig zu brechen war: Winfried Bonifatius fällte 723 in Hessen unter dem Schutz fränkischer Soldaten eine Eiche, die dem Donnergott Thor geweiht war (Padberg 1998, S. 244f.). Dass dieser den Frevel nicht mit einem krachenden Blitz am Mönch rächte, ließ die umstehenden Germanen die Überlegenheit des Christengottes erkennen. Am Ort der Donar-Eiche wurde eine Kapelle, später ein Kloster errichtet, das Kreuz als Siegeszeichen aufgepflanzt.

Am nördlichen und östlichen Rand des Kontinents behauptete sich unter skandinavischen, germanischen und slawischen Stämmen der Polytheismus hartnäckig. Der Herrschaftsanspruch des einen Christengottes sollte sich auf lange Sicht durchsetzen, bis dahin aber waren massive Anstrengungen auf dem Feld der Missionierung wie der Eroberung vonnöten, die rund ein Jahrtausend in Anspruch nehmen sollten. Zwar begannen in der Mitte Europas bereits im 6. Jahrhundert irische und angelsächsische Mönche wie Columban (543–615) und Bonifatius (672/675–754), die christliche Lehre zu verbreiten und durch ein Netz von Klöstern zu sichern – Abteien wie Fulda in Hessen, St. Gallen in der Schweiz oder Echternach in Luxemburg sind anfangs Brückenköpfe im heidnischen Niemandsland –, doch zog sich die komplizierte Ausbreitungsgeschichte des Christentums noch bis ins hohe Mittelalter hin. Im 10. und 11. Jahrhundert machten sich Missionare in Richtung Oder auf, erst 1125 wurde von Sachsen aus eine zentrale Kultstätte in Uppsala in Schweden zerstört, 1168 dann das wichtige Heiligtum der Elbslawen in Arkona auf Rügen durch den dänischen König Waldemar (Padberg 1998, S. 262). Die Prussen widersetzten sich noch im 13. Jahrhundert rund fünf Jahrzehnte lang den Bemühungen des Deutschen Ordens, dem Christentum im Gebiet des heutigen Polen zum Durchbruch zu verhelfen. Der im Heiligen Land gegründete Ritterorden begann 1231 damit, Preußen im Zeichen des Kreuzes zu erobern und zum Ordensland zu machen. Auch wenn die Prussen am Ende dem kombinierten Drängen aus militärischer Aktion und christlicher Mission nachgeben mussten, so wäre es ein Trugschluss, für das Land des Deutschen Ordens wie für die anderen Gebiete vom kompletten Austausch der jeweiligen Volksreligio-

Polytheismus

nen mitsamt ihrem vielköpfigen Götterhimmel gegen das monotheistische Christentum auszugehen. Oft blieben Relikte des alten Götterglaubens wirksam, wurden von der neuen Religion nur überdeckt.

Uneinheitliches Christentum

Auch das Christentum im mittelalterlichen Europa erweist sich bei näherem Hinsehen als keineswegs einheitlich. Gemessen am Anspruch ist vielmehr durchgängig Bedarf an innerer Homogenisierung zu erkennen. Er äußerte sich in Auseinandersetzungen christlicher Gruppen unterschiedlicher dogmatischer Ausrichtungen und nimmt seit dem Erstarken der römischen Kirche als institutionellem Zentrum im Hochmittelalter zunehmend den Charakter von Verfolgungswellen gegen Abweichler an.

Spaltungen

Der markanteste, die Einheit des Christentums dauerhaft bedrohende Einschnitt bestand im sogenannten Morgenländischen Schisma (griechisch „Riss, Spaltung") des Jahres 1054. Durch ihre wechselseitige Exkommunikation (Ausschluss aus der christlichen Gemeinschaft) zementierten der Patriarch von Konstantinopel und der römische Bischof die Kluft, die sich zwischen der Kirche im Oströmischen Reich und der des Westens in einem langen Prozess der Entfremdung aufgetan hatte. Dogmatisch und kirchenpolitisch zerfiel die christliche Welt in eine orthodoxe und eine lateinische Kirche; erst das Zweite Vatikanische Konzil (1962–65) sollte eine nachhaltige Annäherung beider Kirchen zustande bringen.

Irrlehren

Die Parallelexistenz beider Kirchen ist mitverantwortlich dafür, dass die mittelalterliche Geschichte des europäischen Kontinents meist zweigeteilt in eine orthodoxe und eine lateinische Hälfte verfolgt wird, deren Kontaktzonen zu beiden Seiten der Adria und in Ostmitteleuropa lagen. Aber auch die Blickverengung des westlichen Historikers auf die lateinische Kirche lässt den Gedanken an Einheitlichkeit nur bedingt zu. Abweichler und Irrlehren hatten das Christentum seit seinen Anfängen begleitet. In dem Maße aber, in dem der Bischof von Rom seit der Mitte des 11. Jahrhunderts mit Nachdruck die Führungsrolle in Fragen des Glaubens und des Kirchenrechts beanspruchte, lassen sich Gegenentwürfe auch gegen die Papstkirche und ihre Strukturen deutlicher erkennen (→ KAPITEL 8.3).

Ketzer

Die tiefsten Spuren hat eine Bewegung hinterlassen, die im 12. Jahrhundert fassbar wird und die ihr Zentrum im Languedoc in Südfrankreich hatte. Ihre Anhänger wurden nach der Stadt Albi, einem der Hauptorte, als Albigenser bezeichnet. Prägender noch ist die für sie verwendete Bezeichnung ‚Katharer' (griechisch *katharoí* „die Reinen") geworden – die Urform des Begriffs ‚Ketzer'. Sie selbst nannten sich „wahre Christen" oder „gute Menschen" und pflegten eine exklusive Gemeinschaft mit Gedanken und Riten, die von der römischen Norm abwichen. Auch die Institution Kirche lehnten sie ab. Rom begegnete ihnen mit Misstrauen, Verhören, Verfolgung und schließlich mit dem Albigenser-Kreuzzug. Von Papst Innozenz III. ausgerufen und vom König von Frankreich angeführt (der dadurch nebenbei seine Herrschaft auf den ihm bislang verschlossenen Süden ausdehnen konnte) brachte er das Ende der Bewegung, doch hielten sich versprengte Glaubensbrüder noch bis ins 14. Jahrhundert hinein.

Andere Gruppen dissidenter Christen tauchten parallel auf, wie die nach ihrem Anführer Petrus Valdes († vor 1218), einem Kaufmann aus Lyon, benannten ‚Waldenser'. Sie stellten Bibeltreue und persönliche Armut in den Mittelpunkt ihres Bekenntnisses, propagierten die Laienpredigt und opponierten gegen einzelne Praktiken der Kirche, wandten sich aber nicht vollständig von ihr ab. Verurteilung und Verfolgung teilten sie dennoch mit den Katharern und anderen Abweichlern.

Kirchenkritik

Auch das Spätmittelalter erweist sich als wenig konforme Zeit. Mit dem Engländer John Wyclif (ca. 1330–84) und dem Tschechen Jan Hus (ca. 1370–1415) sind zwei Personen zu nennen, die den ausgetretenen Hauptweg christlicher Lehre verließen und mit enormer Wirkung gegen zentrale Merkmale der Kirche predigten. Wyclif lehnte vor allem die Autorität des Papstes und der Amtskirche ab, verwarf aber auch Praktiken wie die Ehelosigkeit der Priester. Trotz aller Anstrengungen vermochte das damals in mehrere Lager gespaltene Papsttum kaum etwas dagegen auszurichten. 1415, erst 30 Jahre nach Wyclifs Tod, verurteilte das Konstanzer Konzil die Lehren des Engländers als ketzerisch. Das geschah auch, weil diese Gedanken längst auf fruchtbaren Boden gefallen waren. In Böhmen hatte Jan Hus sie begeistert propagiert, gegen eine hierarchische Kirche und gegen einen verweltlichten Klerus gepredigt, wie sein englisches Vorbild die Volkssprache in der Liturgie gegen die lateinische Tradition stark gemacht. Was der Kirche gegen den Engländer nicht gelang, erreichte sie gegen Hus: Unter Bruch der Zusage des freien Geleits wurde er auf dem Konstanzer Konzil verurteilt und mitsamt seinen Schriften verbrannt. Seine Lehre aber wirkte weiter, auch weil sie unter den Tschechen identitätsstiftend wirkte. Als ‚Hussiten' verweigerten sie Kaiser Sigismund die Gefolgschaft und ließen sich auf einen Krieg ein, der von päpstlicher Seite zum sogenannten Hussitenkreuzzug erklärt wurde, aber erst 1434 das militärische Ende der Aufständischen zu besiegeln vermochte.

Das Bild der Einheit und christlichen Allgegenwart, das die Weltkarten und die an der Heilsgeschichte orientierten Weltchroniken von der mittelalterlichen Erde entwerfen, zeigt bei näherem Hinsehen deutliche Risse. Beide Quellengattungen präsentieren eine idealisierende Weltsicht, nicht die Pluralität verschiedener Kulturen in Koexistenz und Konfrontation, auch nicht die Zerklüftungen innerhalb der christlichen Kirche. Nichtsdestotrotz geben sie die gängige Vorstellung der Menschen – keineswegs nur der ungebildeten – von einer Welt wieder, die sich der sinnlichen Wahrnehmung ihres Ganzen noch entzog. In der Ungewissheit über die Gestalt der Erde und den weiteren Gang ihrer Geschichte boten traditionelle christliche Deutungsmuster Ordnung, Halt und Zuversicht.

Pluralität der Kulturen

Fragen und Anregungen

- Warum orientieren sich Kartografen und Historiker des Mittelalters an den Aussagen der Bibel?
- Warum ist das Wort „antisemitisch“ für die Judenpogrome des Mittelalters unangemessen?
- Suchen Sie nach aktuellen Beispielen kultureller Übernahmen aus der islamischen und jüdischen Welt!
- Überlegen Sie, welche stillschweigend angewandten Konventionen christlichen Ursprungs es in unserem Alltagsleben außer der Datierung nach Christi Geburt noch gibt!

Lektüreempfehlungen

Quellen

- **Elisabeth Klemm (Hg.): Deutsche Weltchroniken des Mittelalters. Handschriften aus den Beständen der Bayerischen Staatsbibliothek München und die Sächsische Weltchronik der Forschungs- und Landesbibliothek Gotha**, München 1996. *Schlanker Ausstellungskatalog mit schönen Einblicken.*
- **Hartmut Kugler (Hg.): Die Ebstorfer Weltkarte.** Kommentierte Neuausgabe in zwei Bänden, unter Mitarbeit v. Sonja Glauch, Antje Willing u. Thomas Zapf, Berlin 2007. *Abbildungen sowie Untersuchungen und Kommentar zur berühmten enzyklopädischen Großkarte.*

- **Lutz E. von Padberg: Die Christianisierung Europas im Mittelalter,** Stuttgart 1998, 2. Auflage 2009. *Nützliche Einführung mit Auswahl übersetzter Quellen.*
- **Hartmann Schedel: Weltchronik.** Kolorierte Gesamtausgabe von 1493 mit Einleitung und Kommentar v. Stefan Füssel, Köln 2001. *Gut zugängliches Exemplar des berühmten Werks.*

Weltkarten und Weltchroniken

- **Anna-Dorothee von den Brincken: Kartographische Quellen. Welt-, See- und Regionalkarten,** Turnhout 1988. *Einführung in diese Quellengattung.*
- **Evelyn Edson / Emilie Savage-Smith / Anna-Dorothee von den Brincken: Der mittelalterliche Kosmos. Karten der christlichen und islamischen Welt,** Darmstadt 2005. *Anschauliche, reich bebilderte Einführung.*
- **Karl Heinrich Krüger: Die Universalchroniken,** Turnhout 1976, 2. Auflage 1985. *Einführung in diese Quellengattung.*
- **Harald Tersch: Unruhe im Weltbild. Darstellung und Deutung des zeitgenössischen Lebens in deutschsprachigen Weltchroniken des Mittelalters,** Wien 1996. *Zeigt Kontinuität und Umformung des Konzepts der Universalchronik.*

Dominanz des Christlichen?

- **Michael Borgolte: Europa entdeckt seine Vielfalt. 1050–1250,** Stuttgart 2002. *Hochmittelalter-Handbuch mit sehr bewusstem Blick auf die Vielgestaltigkeit des Kontinents.*
- **Michael Borgolte: Christen, Juden, Muselmanen. Die Erben der Antike und der Aufstieg des Abendlandes 300 bis 1400 n. Chr.,** München 2006. *Anspruchsvoller, kontrovers diskutierter Versuch, die mittelalterliche Geschichte aus der Perspektive der von den Weltreligionen geprägten Kulturen zu deuten.*
- **Jörg Oberste: Ketzerei und Inquisition im Mittelalter,** Darmstadt 2007, 2. Auflage 2012. *Neue Einführung in ein populäres Mittelalter-Thema.*
- **Lutz E. von Padberg: Christianisierung im Mittelalter,** Darmstadt 2006. *Begleitet den rund tausendjährigen, teils blutigen Prozess der christlichen Missionierung auch anhand übersetzter Quellenauszüge.*

3 Leben in überschaubaren Gemeinschaften

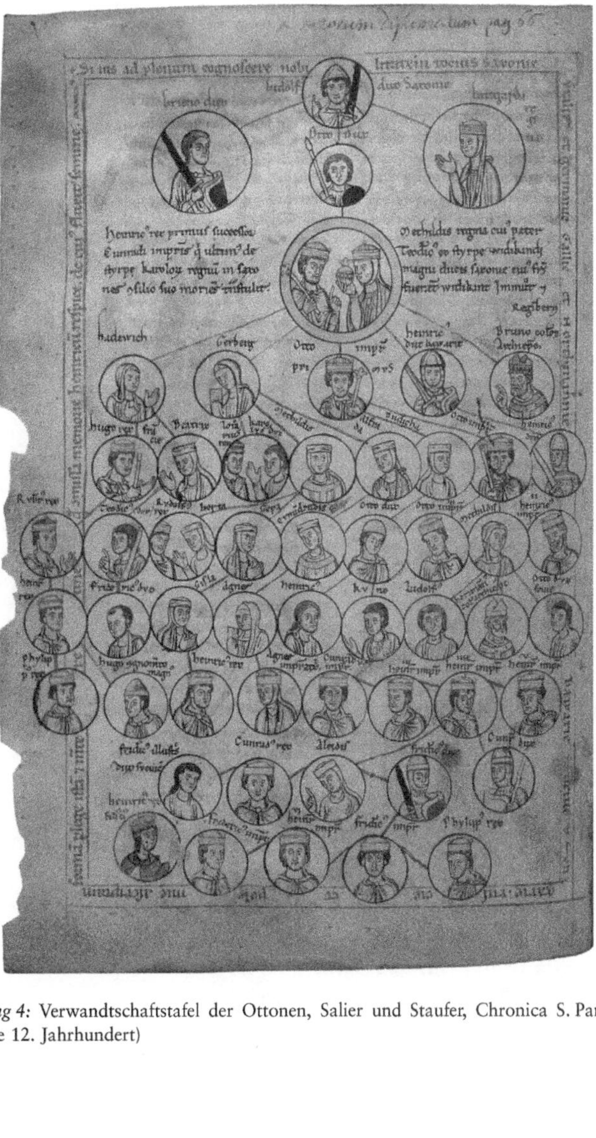

Abbildung 4: Verwandtschaftstafel der Ottonen, Salier und Staufer, Chronica S. Pantaleonis (2. Hälfte 12. Jahrhundert)

„Wer den Hochadel Sachsens, Italiens, Germaniens, Galliens [...] vollständig kennenlernen will, der lese dieses Schema und präge es sich ein", fordert der Schreiber Heinrich den Betrachter der abgebildeten Genealogie auf. Sie beginnt mit den Ottonen, der ‚deutschen' Königsdynastie des 10. Jahrhunderts, und erzählt in anschaulicher Form die Geschichte dieser Familie. Vom Spitzenahn Liudolf dringt sie über Heinrich I., den ersten König dieses Hauses, und seine Gemahlin Mathilde zu Otto I. vor, der 962 die Kaiserwürde erlangte. Von ihm aus spannt sich ein nun zunehmend weitmaschiger geknüpftes Netz der Kaiser und Könige Europas bis zu den Staufern, in dem auch die bedeutenden Frauen der Dynastien ihren Platz finden. Damit überschreitet die Darstellung den geläufigen biologischen Familienrahmen. Sie entwirft vielmehr eine Ordnung, welche die Geschichte der ottonischen Dynastie mit der des Römisch-Deutschen Reichs in eins setzt. Dem Betrachter wird dabei die mittelalterliche Sichtweise vor Augen geführt, dass der Mensch in Gruppen eingebettet ist – innerhalb seiner Lebenszeit wie auch generationenübergreifend.

Familie und Geschlecht sind Stichwörter dieses Kapitels, in dem es um Grundformen sozialer Ordnung geht. Fast ausnahmslos waren die Menschen in überschaubaren Gemeinschaften verwurzelt, ganz gleich, ob diese durch Verwandtschaft oder durch den gemeinsamen Alltag begründet wurden. Diese Personengruppen bildeten ein soziales Netz, das den Einzelnen sicherte, aber auch Kontrolle ausübte. Die strukturellen Grundmuster dieser Gemeinschaften lassen sich durch das Begriffspaar „Herrschaft und Genossenschaft" charakterisieren: auf der einen Seite die Dominanz von Anordnung und Gehorsam, auf der anderen der freiwillige Zusammenschluss von Menschen mit gleichen Interessen zu einer Vereinigung, die ihre Stärke aus dem solidarischen Handeln gewann. Stadt und Universität des Mittelalters, aber auch die Schweizer Eidgenossenschaft sind Beispiele des gemeinschaftlichen Modells, während das Prinzip Herrschaft in der Hausgemeinschaft, der Agrarverfassung oder im Lehnswesen begegnet. Beide Formen existierten indes nebeneinander und miteinander verzahnt. So wusste etwa die lateinische Kirche die strikte Hierarchie ihrer Ämter mit Gedanken kollektiver Entscheidungsfindung in den Orden oder auf Konzilien durchaus zu verbinden (→ KAPITEL 8.1).

3.1 *Familia* und Verwandtschaft

Dem Ideal unserer Verfassung folgend sind heute alle Individuen mit denselben Grundrechten ausgestattet; zumindest vor dem Gesetz sollen sie gleich sein. Im Gegensatz dazu basierten die mittelalterlichen Vorstellungen von Recht und gesellschaftlicher Ordnung auf Ungleichheit. Sie produzierten sprachliche Gegensatzpaare: frei oder unfrei, arm oder mächtig (nicht arm oder reich, da die Gebotsgewalt über andere Menschen bedeutender war als das Materielle). Diese Kategorien blieben unscharf, ließen Spielraum für Abstufungen im konkreten Grad der Unfreiheit und für Überlappungen, die Existenzformen wie arme Freie oder mächtige Unfreie ermöglichten. Die Ungleichheit war akzeptiert, denn jeder Einzelne hatte seine spezifische Stellung und Aufgabe im harmonischen Ganzen der Gesellschaft. Der französische Bischof Adalbero von Laon formulierte 1025 ein wirkmächtiges Modell: Ein Teil der Menschen betete, ein anderer kämpfte, ein dritter arbeitete. Es existierte also eine funktionale Arbeitsteilung zwischen Klerikern, Rittern und Bauern. Sie waren untrennbar miteinander verbunden, da jeder Stand auf die Werke der jeweils anderen angewiesen war. In der Bildsprache der Zeit trifft man ebenso häufig auf den Körper als Metapher des Gemeinwesens. Nur wenn Hände, Augen und Ohren, Füße oder Magen miteinander harmonierten, konnte dieser metaphorische Leib funktionieren.

Ungleichheit

Im Leben der mittelalterlichen Menschen dominierten jedoch andere, realitätsnähere Bezugsgrößen als die Ständelehren. Zu den Basismodulen der Gesellschaft gehörten Familie, Geschlecht und Haus. Sie waren die elementaren Formen der Vergemeinschaftung der damaligen Zeit. Alle drei Begriffe aber bleiben in den Quellen wie in der Forschungsdiskussion oft mehrdeutig. Um sie herum liegt zudem ein Kranz weiterer Wörter wie Sippe, Stamm oder Dynastie, die teils alternativ, teils ergänzend gebraucht werden. Das macht es unerlässlich, zu Beginn das schillernde Vokabular und seine Hauptbedeutungen vorzustellen.

Familie / *familia*

Am Begriff ‚Familie' lässt sich die Problematik deutlich machen. Die Quellen verwenden das lateinische *familia*. Der Terminus erweckt die Vorstellung von der Familie als Lebensgemeinschaft, die durch biologische Verwandtschaft bedingt ist. Die Norm setzende moderne Kleinfamilie im Sinne der Lebensgemeinschaft von Eltern und Kindern ist jedoch ein erst junges Phänomen des ausgehenden 19. Jahrhunderts. Der Begriff der mittelalterlichen *familia* reichte weit über sie hinaus. Er bezeichnet die Summe der Personen, die dem Gebot eines gemeinsamen Patrons unterstanden, zum Beispiel alle diejenigen, die auf einem großen Gutshof der Verfügungsgewalt des Hausherrn unterworfen waren, ganz gleich, ob es sich um dessen leibliche Verwandte handelte oder um dort tätige Knechte und Mägde. Die unter einem Dach beziehungsweise unter der patriarchalischen Verfügungsgewalt des Hausherrn (lateinisch *patronus*) und der Hausfrau (lateinisch *matrona*) versammelte *familia* umfasste auch die Personen, die das Land des Herrn bewirtschafteten, seien es Tagelöhner oder Bauern, die zu seiner Grundherrschaft gehörten (→ KAPITEL 4). Daher konnten selbst Institutionen wie Klöster eine *familia* ausbilden, zu der sämtliche zur Grundherrschaft des Klosters gehörenden Menschen zählten; der Abt war hier Patron im Sinne des Hausherrn. *Familia* besaß im Mittelalter also nicht die ausschließliche Dimension der Blutsverwandtschaft, an die wir uns gewöhnt haben. Sie war vielmehr um eine rechtliche Dimension erweitert.

„Ganzes Haus"

Das „ganze Haus", wie die Forschung, einem Ansatz des Sozialhistorikers Otto Brunner folgend, das Phänomen nennt, war ein komplexes Sozialgebilde: ein Bereich eigenen Rechts, eine Form des Wirtschaftens, aber auch des Zusammenlebens. Aufgrund seiner Allgegenwärtigkeit bildete „Haus" insbesondere im frühen und hohen Mittelalter zugleich eine bedeutende Wahrnehmungskategorie. Die Menschen drückten vielschichtige Phänomene ihrer Lebenswelt in Bildern und Begriffen dieser Gemeinschaftsform aus. „Haus" wurde zur Metapher sozialer Formationen. Es verbildlichte die Gemeinschaft der Gläubigen ebenso, wie es königliche Amtsführung als Form der Ökonomie (griechisch *oikos* „Haus"), der Hausherrschaft, verständlich machte. Nur über die Analogie zu Haus und Hausherrschaft konnte das Frühmittelalter überhaupt eine Vorstellung von abstrakten Phänomenen wie „Staat" oder „Reich" gewinnen und vermitteln (Fried 1982).

Verwandtschaft

Die lebenspraktische Bedeutung der Hausgemeinschaft in der mittelalterlichen Gesellschaft stellt indes den enormen Stellenwert verwandtschaftlicher Bindungen nicht infrage, die sich in unterschiedlichen Ausprägungen verfolgen lassen. Besonders wichtig war der Gedanke der Abstammung. Von der Abstammung hing das Erbrecht ab, denn nur legitime Nachkommen aus einer rechtmäßigen Ehe konnten Ansprüche auf das Familienerbe geltend machen. In dieser nüchternen Feststellung liegt die Wurzel eines unermesslichen Aufwands. Während des Mittelalters mühte man sich, eindeutige Kriterien für eine gültige Ehe zu finden und festzulegen. Der mögliche Verwandtschaftsgrad der Ehepartner, ihr freier Wille zur Eheschließung,

Ort und Form der Vermählung lagen lange Zeit unter einem Gestrüpp variierender traditioneller Bestimmungen, durch das Legionen von Gesetzgebern und Rechtsexperten eine von allen begehbare Schneise zu schlagen suchten.

Die Abstammung besaß neben dem materiell-rechtlichen Aspekt große Bedeutung für das Selbstbewusstsein von Familien. Bündeln lässt sich diese Thematik im Begriff ‚Geschlecht'. Er meint hier nicht das Rollenverhältnis von Mann und Frau, sondern zielt auf das Geschlecht als Gruppe von Personen, die durch gemeinsame Abstammung und Verwandtschaft zusammengehalten wird. Die lateinischen Entsprechungen des Begriffs machen die Sache deutlicher: *genealogia* („Ahnenreihe", „Stammbaum") und *stirps* („Spross", „Nachkommenschaft") seien stellvertretend genannt. Gegenüber der Familie im engeren Sinne zielt Geschlecht mehr in die Breite, auf Verwandtschaft generell, aber in besonderer Weise auch in die historische Tiefe. Denn Geschlechter sind auch Verbände mit gemeinsamer Imagination. Sie beriefen sich auf gemeinsame Spitzenahnen wie Karl den Großen und schöpften aus dieser Abstammung familiäres Selbstverständnis und demonstratives Selbstbewusstsein. Der Rückbezug auf einen herausragenden Vorfahren, der gleichsam Markenzeichen und Namensgeber des Geschlechts war, lässt sich im mittelalterlichen Adel häufig beobachten. Besonders schön zeigt sich dieses Denken in der Genealogie der aus Sachsen stammenden Familie der Liudolfinger (→ ABBILDUNG 4), die im 10. Jahrhundert Könige und Kaiser des römisch-deutschen Reichs stellten. An der Spitze der Ahnentafel steht Liudolf, dem man rückblickend den historisch unsicheren Titel eines Herzogs der Sachsen beigelegt hatte. Bald aber nannte sich sein Geschlecht nach seinem späteren, erfolgreichsten Spross, nach Kaiser Otto I. (König seit 936, Kaiser 962–973) (→ KAPITEL 7.1). Aus den Liudolfingern wurden – die Genealogie verkürzend und historisch umwertend – die Ottonen.

Geschlecht

Das historische Selbstbewusstsein der Geschlechter betonte Spitzenahnen, herausragende Ereignisse, aber auch Örtlichkeiten, an denen sich die für die Dynastie bedeutsame Geschichte manifestierte. Als Kristallisationskerne dieses Selbstbewusstseins erwiesen sich neben herausragenden Ahnenfiguren die Stammburgen, die vor allem im Hoch- und Spätmittelalter oft namenprägend waren: Burg Stauf für die Staufer oder die Zollernburg auf der Schwäbischen Alb für die Hohenzollern. Zur Grundausstattung eines Geschlechts gehörten ein Wappen und möglichst auch ein Hauskloster, das entweder von Angehörigen der Dynastie gegründet oder reich beschenkt worden war. Dort wurde die Erinnerung an die Familienmitglieder mit Mitteln der

Stammburg und Hauskloster

Liturgie wach gehalten, nicht selten diente es auch als Familiengrablege. Für die schon genannten Liudolfinger/Ottonen übernahmen Frauenstifte im sächsischen Gandersheim und Quedlinburg sowie in Essen diese Aufgabe, aber auch der Dom zu Magdeburg, in dem Otto I. bestattet liegt. Für die Zähringer erfüllte das Kloster St. Peter im Schwarzwald, für die bayerischen Wittelsbacher zunächst das Kloster Scheyern diese Rolle, seit 1663 dann die Theatinerkirche in München. In einigen Fällen hatte die im Hauskloster entstandene Geschichtsschreibung zugleich die Funktion, die historische Bedeutung des prominenten Stiftergeschlechts hervorzuheben und zu sichern.

Agnatische Erbfolge

Ein weiteres Kennzeichen der Geschlechter ist, dass seit dem Hochmittelalter die Weitergabe des Besitzes in männlicher Linie (agnatisch) bevorzugt wurde. Frauen waren in einigen Ländern ausdrücklich von Thronfolge und Erbe ausgeschlossen, während in anderen die dynastische Notlage fehlender Prinzen zu pragmatischen Lösungen inspirierte. Berühmte Herrscherinnen und Fürstinnen wie die Markgräfin Mathilde von Tuszien, die in Canossa 1077 zwischen Papst Gregor VII. und Kaiser Heinrich IV. vermittelte, belegen dies.

„Geschlecht" hat als weiter gefasste Zuschreibung heute den Terminus „Sippe" abgelöst. Die Forschung bringt damit zum Ausdruck, dass man nicht mehr von strikten Abstammungsverbänden ausgeht, die als großräumige, männlich bestimmte Verwandtengruppen im Frühmittelalter Verteidigung und Rechtspflege bis hin zur Blutrache dominierten.

In den hier vorgestellten Formen von Verwandtschaft ist die biologische Grundlage der Zusammengehörigkeit prägend. Der blutsverwandtschaftliche Radius wurde jedoch im Mittelalter auch durch gezielte Handlungen ausgeweitet. Heirat und Adoption waren hierzu geeignete Mittel; sie sind uns ebenfalls geläufig. Verwandtschaft wurde aber auch durch Patenschaft, durch demonstrative Formen der Freundschaft oder der Bruderschaft (lateinisch *fraternitas*) gestiftet. Im frühen Mittelalter schlossen Herrscher benachbarter Reiche förmliche *amicitiae* (lateinisch „Freundschaften") ab, als deren Folge die beiden Vertragspartner einander wie Blutsverwandte behandeln wollten. Sie gelobten, die Rechte des Anderen zu achten und ihn gegenüber dritten, nicht verwandten Personen zu begünstigen. Biologische

„Künstliche Verwandtschaft"

Verwandtschaft wurde hier als soziale Praxis nachgebildet, ohne diese vollends zu erreichen, denn „künstliche Verwandtschaft" (Jussen 1991) begründete keinen unmittelbaren Erbanspruch.

3.2 Herrschaft und Genossenschaft

Die fundamentalen Formen der Gemeinschaftsbildung in Familie, Haus und Geschlecht lassen neben der natürlichen Verwandtschaft das Prinzip der rechtlichen Gruppenbindung erkennen. Einer Vielfalt der Formen auf diesem Sektor liegen zwei konkurrierende Prinzipien zugrunde: Herrschaft und Genossenschaft. Diese Paarformel geht auf den Rechtshistoriker Otto von Gierke (1841–1921) zurück, der im Widerstreit dieser beiden Kräfte den eigentlichen Motor allen geschichtlichen Geschehens vermutete. Hinter dieser Aussage von globalhistorischer Tragweite stehen sehr konkrete Überlegungen. Gierke ging davon aus, dass sich die Menschen generell zu sozialen Verbänden zusammenfanden. Diese Verbände konnten durch die Herrschaft Einzelner über andere bestimmt sein. Der Herr gebot nicht nur über seine Untertanen, er garantierte auch die Einheit des Sozialgebildes und stellte diesen herrschaftlichen Verband in seiner Person dar. Von der Gebotsgewalt des Hausherrn über das Gesinde und von der des Lehnsherrn über seine Vasallen (→ KAPITEL 5.1) lassen sich solche Herrschaftsformen bis hin zum absolutistischen Staat der Frühen Neuzeit verfolgen.

Otto von Gierke

Neben die Herrschaft – und nach Gierke mit ihr konkurrierend – trat die Genossenschaft, die als soziales Gebilde ihre Einheit nicht dem Gebot eines Herrn verdankte, sondern dem freien Willen ihrer Angehörigen (Gierke 1869). Dieser gemeinschaftliche Wille fand Ausdruck darin, dass die Genossenschaften Gerichtsbarkeit und Selbstverwaltung an sich zogen. Sie gestalteten autonom ihre innere Organisation, bestimmten die Prinzipien der Aufnahme und des Ausschlusses von Mitgliedern sowie die Delegierung von Leitungsfunktionen auf Amtsträger aus ihrem Kreis. Das Prinzip der Genossenschaft zeigt sich in Kaufmannsgilden, Handwerkerzünften und religiösen Bruderschaften, den Landgemeinden des Hoch- und Spätmittelalters sowie in den Städten und den Universitäten des Mittelalters – überall dort, wo die Gegenseitigkeit von Rechten und Pflichten als Eckpfeiler das Miteinander der Genossen sicherten. Oftmals wurden solche Zusammenschlüsse oder Einungen durch einen Eid der Mitglieder bekräftigt.

Geschworene Einung

Das Zusammenleben der mittelalterlichen Menschen in Gruppen, die als freie Einung, also durch den freien Willen ihrer Mitglieder zustande kamen, ist für den Raum des lateinischen Europa besonders charakteristisch. Das Christentum erwies sich dabei als fruchtbarer Boden für Gemeinden, die auch im Kult eine führende Rolle überneh-

Einungen ersetzen Herrschermacht

men konnten. Der Entstehungsgrund von Einungen, die schon in der Karolingerzeit begegnen, lag nicht selten in der Zersetzung oder in der praktischen Unzulänglichkeit herrschaftlicher Gebilde. Weil etwa die fränkischen Könige nicht in der Lage waren, die immer wieder in den Westen des Reiches einfallenden Normannen wirksam abzuwehren, bildeten sich dort im 9. Jahrhundert regionale Defensiv-Einungen. Rund 100 Jahre später scheint man am östlichen Rand des Reiches diesem Beispiel gegen die Ungarn gefolgt zu sein.

Ein Schlaglicht auf die geschworenen Einungen wirft ein Bericht, den der Kaplan Wipo (✝ nach 1046) in seiner Lebensbeschreibung Kaiser Konrads II. (1024–39) über Vorgänge südlich der Alpen gibt:

> „Zur selben Zeit brach wegen der Schwureinungen (*coniurationes*), die das Volk gegen die Fürsten schloss, eine große und heutzutage unerhörte Verwirrung in Italien aus. Es verschworen sich nämlich alle mittleren und kleinen Lehnsleute gegen ihre Herren und überhaupt alle Kleinen gegen die Großen, damit sie nicht erdulden müssten, dass ihnen vonseiten ihrer Herren irgendetwas gegen ihren Willen und ungestraft geschehe. Sie sagten, wenn der Kaiser ihnen nicht zu Hilfe käme, müssten sie ihr Gesetz selbst machen“ (Wipo, *Gesta Chuonradi imperatoris*, Kapitel 34, Übersetzung d. Verf.).

Wipo stellt das Neue, Unerhörte an den geschworenen Einungen in den Mittelpunkt. Der Zusammenschluss mittlerer und einfacher Lehnsleute diente der kollektiven Interessenverfolgung und ihrer eigenen Sicherheit, die der Herrscher von jenseits der Alpen, so die Begründung der Genossen, offenbar nicht zu gewährleisten vermochte. Die Schwureinung ist dadurch eindeutig als Selbsthilfemaßnahme gekennzeichnet, sie markiert aber zugleich einen tiefgreifenden gesellschaftlichen Umbruch. Denn die alte Herrschaftsordnung ging dahin, die Kleinen gehorchten den Großen nicht mehr. Das gegenseitige eidliche Versprechen, das sich die Mitglieder zur Festigung der Einung gegeben hatten, bekam dadurch aus dem Blickwinkel der Herrschenden den Charakter der Verschwörung. Der lateinische Begriff der *coniuratio* zeigt hier seine Ambivalenz.

Schwureinung oder Verschwörung?

3.3 Recht und Frieden

Das Leben der mittelalterlichen Menschen spielte sich überwiegend in Gemeinschaften ab, die überschaubar waren und die deshalb ein gewisses Maß an Geborgenheit garantierten, auf der anderen Seite aber auch die Befolgung der gemeinsamen Ordnung forderten. Rechtliche

Konflikte entstanden innerhalb dieser begrenzten Wahrnehmungs- und Wirkungsräume und mussten auch innerhalb dieser konkreten Gruppen bewältigt werden. Ein Staat, der im modernen Sinne als abstrakter Hüter der Rechtsordnung fungiert hätte, stand zumindest im frühen und hohen Mittelalter nicht zur Verfügung, und er hätte in dieser Zeit auch weder die informationstechnischen noch die logistischen Mittel besessen, um die Einhaltung einer öffentlichen Ordnung flächendeckend zu gewährleisten. Konflikt und Gerechtigkeit waren vorrangig Sache der Gemeinschaften im Haus, im Dorf oder in der Stadt.

Auf dem Gebiet des Rechts lässt sich die Beobachtung, dass die mittelalterliche Gesellschaft in zahlreiche Gruppen zerfiel, leicht illustrieren. Wir besitzen für die Zeit des frühen Mittelalters kein allgemein gültiges Recht, wohl aber für das 5.–9. Jahrhundert sogenannte Volks- oder Stammesrechte (lateinisch *leges*). Sie bestehen aus Aufzeichnungen von Rechtsgewohnheiten, wie sie etwa bei den Salfranken beachtet wurden (*Lex salica*), bei den Westgoten (*Lex Visigothorum*) oder bei den Alemannen (*Lex Alemannorum*). In diesen Volksrechten war schriftlich fixiert worden, was normalerweise auf der Basis eingeübter Rechtserfahrungen vor Gericht in einem rein mündlichen Verfahren praktiziert wurde. Auf diese Weise lassen sie uns zwar nicht das Recht in seiner abstrakten Gültigkeit, wohl aber den Kosmos damaliger rechtlicher Normen wie in einer Momentaufnahme erkennen.

Volksrechte

Zu diesem Kosmos gehört die Allgegenwart der Fehde, der bewaffneten rechtlichen Selbsthilfe. Denn dort, wo die Verfolgung und Bestrafung von Rechtsbrüchen nicht durch eine zentrale Gewalt geahndet wurde, blieb allein das Mittel, Recht und Gerechtigkeit in die eigene Schwerthand zu nehmen. Die Fehde als Form der Wahrung des eigenen Rechts im Mittelalter war also systembedingt und legitim; mit archaischen Formen der Blutrache hatte sie wenig gemein. Dennoch war sie über Jahrhunderte hinweg ein ständiges Ärgernis. Man bemühte sich, die Fehde zu verbieten, weil sie kaum kontrollierbar war und bei entsprechender Eskalation das öffentliche Leben ganzer Landstriche lahm zu legen vermochte. Die Versuche reichen von einem Edikt des Langobardenkönigs Rothar im Jahre 643 über die Gottesfriedensbewegung des hohen Mittelalters, zahlreiche Landfriedensgebote der Kaiser, welche die Fehdehandlungen zumindest durch Formalvorschriften zu zähmen suchten, bis hin zum Wormser Reichstag des Jahres 1495, der die rechtliche Selbsthilfe endgültig ächtete.

Fehde

Schon in Volksrechten beherrscht bei der Bekämpfung der Fehde der Gedanke das Feld, an die Stelle des immerwährenden Wechselspiels von Gewalttat und blutiger Vergeltung einen friedenstiftenden Ausgleich zwischen den Parteien durch die Zahlung von Ausgleichssummen an die Opfer zu setzen. Obwohl das Verfahren der modernen Praxis des Schadenersatzes nicht fern liegt, mutet es auf den ersten Blick befremdlich an, dass in den Volksrechten im Detail festgelegt wurde, wie hoch das Wergeld (althochdeutsch *wer* „Mann"), die Entschädigung für abgeschlagene Finger, Füße oder Großzehen, zu bemessen war. Bei den Alemannen war im 7. Jahrhundert ein Daumen zwölf Schillinge wert, ein Ringfinger nur fünf. Ein abgeschlagener Fuß kostete 40 Schillinge; blieb ein Fuß nach Gewaltanwendung gelähmt, war immerhin noch die Hälfte des Betrages fällig (Kroeschell 2005, S. 47f.).

Wergeld

Derselbe Mechanismus fand auch bei Totschlag Anwendung, wurde hier aber nach dem persönlichen Status des Opfers modifiziert. Die *Lex ribuaria* der am Rhein um Köln lebenden Franken legte ebenfalls im 7. Jahrhundert fest, dass für einen zugewanderten Franken, der getötet wurde, 200 Schillinge zu zahlen waren. Dasselbe Vergehen an einem Burgunder, Sachsen, Friesen, Alemannen oder Bayern war mit 160 Schillingen zu sühnen, während zugewanderte Römer im Totschlagsfall nur mit 100 Schillingen zu Buche schlugen. Auch im Tod war also die Herkunft wichtig. Unterschieden wurde auch im Hinblick auf den persönlichen Rechtsstatus: Der Freie war auch bei den Entschädigungen mehr wert als der Unfreie. Unter besonderem Schutz standen Kleriker. Die Tötung eines Diakons zog eine Sühne von 300 Schillingen nach sich, die eines Priesters 600, eines Bischofs sogar 900 Schillinge (Kroeschell 2005, S. 51f.). Neben dem Wergeld, das die Angehörigen des Opfers erhielten, musste eine Buße wegen des Friedensbruchs an den jeweiligen Gerichtsherrn gezahlt werden.

Herkunft und Rechtsstatus

Solche Wergeld-Kataloge, die wir noch im *Sachsenspiegel* des 13. Jahrhunderts finden, lassen unmissverständlich erkennen, dass die mittelalterliche Gesellschaft von einer gedanklich detailliert ausgearbeiteten Ungleichheit bestimmt war. Der Gedanke der Ausgleichszahlung an die Geschädigten oder ihre Hinterbliebenen lenkt den Blick aber wiederum auf die Gemeinschaften zurück. Sie traten einerseits als Adressaten der Sühneleistungen (lateinisch *compositiones*) in Erscheinung beziehungsweise als Ausführende der Fehden, andererseits aber setzten die überschaubaren Gemeinschaften auch den Rahmen, innerhalb dessen sich Konflikte und Konfliktbeilegung vollzogen, denn Täter und Opfer stammten im Regelfall aus derselben oder aus einander benachbarten Gemeinschaften. Auch wurden die Verstöße gegen das Recht nicht von Berufsrichtern beurteilt, sondern von ehrbaren Mitgliedern der Gemeinschaft. Vor diesem Hintergrund wird nachvollziehbar, dass weniger objektives Recht als die Wiederherstellung der inneren Ordnung und des sozialen Friedens die Handlungen bestimmte. Der Täter hatte sich durch sein Vergehen aus der Gemeinschaft entfernt, und nur der Ausgleich mit den Opfern schien in der Lage, die Tat zu sühnen und gleichzeitig einen langfristigen Frieden zu vermitteln.

Nachbarschaft von Täter und Opfer

Den engen Bezug des mittelalterlichen Rechts auf die überschaubaren Lebensgemeinschaften verdeutlichen die Gottesurteile und die kirchliche Strafe der Exkommunikation besonders gut. Exkommunikation bedeutet nichts anderes als den Ausschluss eines Täters aus der Gemeinschaft (lateinisch *communicare* „gemeinsam machen") der Gläubigen aufgrund schweren Fehlverhaltens. Dabei waren die unmittelbaren Folgen zunächst technischer Natur: Der betroffenen Person wurden die Sakramente bis hin zum kirchlichen Begräbnis verweigert und ihr damit der Zugang zum Heil entzogen. Entscheidender war aber, dass ein Kontaktverbot zu Exkommunizierten bestand. Wer mit ihnen Umgang pflegte, verfiel derselben Strafe. Dies konnte nur deshalb funktionieren, weil im Mittelalter die kirchliche Gemeinschaft mit der Lebensgemeinschaft weitgehend identisch war, sodass die Exkommunikation, die vom Priester öffentlich verkündet wurde, im praktischen Leben das Abschneiden aller sozialen Kontakte zur Folge hatte. Nur so vermochte sie allerdings auch Wirkung zu entfalten, denn die Exkommunikation war in erster Linie eine Beugestrafe. Der Ausschluss aus der Gemeinschaft, der das Seelenheil und die physische Existenz gefährdete, sollte den Delinquenten zur Reue bewegen und dadurch zur Rückkehr in den Schoß der christlichen Gemeinschaft befähigen.

Beispiel Exkommunikation

Ein weiteres interessantes Beispiel bieten die mittelalterlichen Gottesurteile. Bei ihnen resultierte das Urteil über Schuld oder Unschuld nicht aus Zeugenaussagen oder Indizien, sondern aus dem Ausgang von Zweikämpfen, aus der Betrachtung der Wundheilung, nachdem der Beklagte etwa mit bloßen Händen glühendes Metall hatte anfassen müssen (→ ABBILDUNG 5), oder aus der Beobachtung, ob der gefesselte Körper eines Beschuldigten im Wasser schwamm oder versank (Dinzelbacher 2006, S. 27–45).

Beispiel Gottesurteil

Solche Praktiken waren stets umstritten, galten sie doch als Versuchung Gottes. Begüterte Menschen schickten Vertreter in den Zweikampf oder zur schmerzhaften Wahrheitsfindung, sodass vor allem

Abbildung 5: Gottesurteil: Probe des glühenden Eisens, Buchmalerei im Lambacher Rituale (Ende 12. Jahrhundert)

rechtlich und sozial schlechter Gestellte, die sich auch nicht durch einen Eid vom gegen sie erhobenen Vorwurf reinigen konnten, einer derartigen Prozedur der ‚Wahrheitsfindung' unterzogen wurden. Das IV. Laterankonzil hatte 1215 die Gottesurteile als Beweismittel in Prozessen dezidiert verworfen. Das Kirchenrecht vertraute vielmehr seit einigen Jahrzehnten verstärkt auf Beweise in der Sache, die durch Zeugenaussagen und in zunehmendem Maße auf der Basis schriftlicher Dokumente ermittelt wurden (→ KAPITEL 9.1).

Es wirkt auf uns gänzlich irrational, dass sich die Gerichte im frühen und hohen Mittelalter auf die Aussagekraft der Gottesurteile verließen. Aufgrund der in diesem Kapitel gemachten Beobachtungen kann man solche gerichtlichen Praktiken jedoch auch anders einordnen, als unsere logischen Kategorien uns dies nahelegen. Insbesondere vor dem Hintergrund kleinräumiger, sozial eng vernetzter Gemeinschaften rückt der Aspekt der Wiederherstellung des inneren Friedens, des Ausgleichs zwischen Täter und Opfer in den Blickpunkt. Wenn etwa in einem Dorf zwei Familien durch ein Verbrechen aufs Blut entzweit worden waren, war es für diejenigen, die in der Angelegenheit Recht sprechen sollten, nicht leicht, ein Urteil zu finden, das auf Dauer Frieden stiftete. Der Bezug auf eine höhere, nicht bezweifelbare Instanz, ganz gleich ob Naturgewalten oder göttliches Wirken, entrückte letztlich das Urteil jedweder Kritik. Zugleich schützte dieses Verfahren die Urteiler vor dem drohenden Vorwurf der Parteilichkeit und war in schwierigen Fällen vermutlich besonders geeignet, autoritativ und ausgleichend zu wirken. Insofern wohnt den Gottesurteilen wohl durchaus eine Logik inne.

Ausgleich schafft sozialen Frieden

Der Gedanke des Ausgleichs, der inneren Befriedung des Zusammenlebens von Menschen, die ihre jeweiligen Lebenswelten fast unentrinnbar miteinander teilten, ist zumindest über weite Strecken des Mittelalters als wichtiges Motiv der Rechtsprechung und Konfliktbewältigung anzusehen.

Fragen und Anregungen

- Charakterisieren Sie die mittelalterliche *familia* vor dem Hintergrund des modernen Familienbegriffs!
- Formulieren Sie eine Begründung für die Tatsache, dass mittelalterliche Adelsgeschlechter sich gern auf namhafte Spitzenahnen zurückführten!
- Leiten Sie aus den geschilderten Rechtspraktiken des Mittelalters einen Unterschied zwischen Strafe und Sühne ab?
- Überlegen Sie, welchen Einfluss die Größe der Gemeinschaft, in der Menschen alltäglich zusammenlebten, auf die Ordnung der Gesellschaft und ihre Befolgung hat!

Lektüreempfehlungen

Quellen

- **Karl Kroeschell: Deutsche Rechtsgeschichte,** Bd. 1: bis 1250, Hamburg 1972, 13. Auflage 2008. *Kombiniert erklärende Texte stets eng mit exemplarischen Quellen samt deutscher Übersetzung und eröffnet dadurch einen fundierten und lebendigen Zugang zum schwierigen Themenfeld der Rechtsgeschichte.*

- **Monumenta Germaniae Historica, Formulae Merowingici et Karolini aevi**, hrsg. von Karl Zeumer, Hannover 1882–86, Nachdruck 2001. *Enthält unter anderem Formeln für Gottesurteile in lateinischer Originalsprache.*

Forschung

- **Klaus Dinzelbacher: Das fremde Mittelalter. Gottesurteil und Tierprozess**, Essen 2006. *Öffnet einen vor allem mentalitätsgeschichtlichen Zugang zu uns irrational erscheinenden Praktiken und Grundanschauungen mittelalterlicher Rechtsprechung.*
- **Patrick J. Geary: Vivre en conflit dans une France sans état: Typologie des mécanismes de règlement des conflits** (1050–1200), in: Annales. Economies – Sociétés – Civilisations 41, 1986, S. 1107–1133. *Grundlegender Beitrag zu gerichtlichen und außergerichtlichen Mechanismen der Streitschlichtung in der vormodernen Gesellschaft.*
- **Andreas Gestrich / Jens-Uwe Krause / Michael Mitterauer: Geschichte der Familie**, Stuttgart 2003. *Epochenübergreifendes, knappes Kompendium mit eigenem, aktuellem Mittelalterteil.*
- **Otto von Gierke: Das deutsche Genossenschaftsrecht. Rechtsgeschichte der deutschen Genossenschaft**, Berlin 1869, Nachdruck 1954. *Klassiker der Theorie von Herrschaft und Genossenschaft als Grundkräften historischer Entwicklung.*
- **Otto Gerhard Oexle: Einführung: Die Gruppenkultur Europas**, in: Matthias Meinhardt / Andreas Ranft / Stephan Selzer (Hg.), Mittelalter, München 2007, S. 169–176. *Stellt das Phänomen der Gruppen in gedrängter Form vor und skizziert die aktuellen Forschungsansätze.*
- **Karl Schmid: Zur Problematik von Familie, Sippe und Geschlecht, Haus und Dynastie beim mittelalterlichen Adel**, in: Zeitschrift für die Geschichte des Oberrheins 105, 1957, S. 1–62. *Klassiker der Adelsforschung, der den Begriff „Geschlecht" gegenüber der „Sippe" aufwertet und betont an ein sich entwickelndes, kompetitives Selbstbewusstsein adliger Familien bindet.*
- **Hans K. Schulze: Grundstrukturen der Verfassung im Mittelalter**, Bd. 2: Familie, Sippe und Geschlecht, Stuttgart 1986, 3. Auflage 2000, S. 9–58. *Präzise Orientierung über die Begrifflichkeiten, Inhalte und Strukturen der gesellschaftlichen Basiseinheiten.*

4 Von Äckern und Menschen

Abbildung 6: Simon Bening: *Flämischer Kalender,* Monatsbild Juli (Ende 15. Jahrhundert)

Die Landwirtschaft ist ein beliebtes Thema mittelalterlicher Kalender-Illustrationen. Sie eignet sich ideal, um den natürlichen Jahreslauf mit dem menschlichen Leben zu verbinden. Die Abfolge der Jahreszeiten bestimmt die Arbeit auf dem Lande. Das ausgewählte Kalenderblatt zeigt den Juli. Das Gras muss gemäht und als Futtervorrat eingebracht werden. Das Bild macht die Landarbeit zum beherrschenden Thema, alles ist auf den Erntevorgang bezogen: Männer und Frauen mähen und rechen in leuchtend buntem Gewand, Heu wird per Muskelkraft, Pferd und Wagen transportiert, im rechten Hintergrund ist die Scheune zu erkennen. Selbst die Bockwindmühle auf dem Hügel gehört in eine landwirtschaftlich geprägte Welt, in der eine deftige Brotzeit vorne links den Lohn für die Mühe verheißt. Grau und blass erscheint dagegen die Stadt am Horizont, kantig und aus Stein – eine andere, fremde Welt.

Das Mittelalter war durch und durch agrarisch geprägt. Zu Beginn der Epoche arbeiteten fast alle Menschen in der Landwirtschaft, um 1500 war es trotz vielfacher Wandlungen immer noch die deutliche Mehrzahl. Das Leben spielte sich überwiegend auf dem Land ab: in Dörfern, auf Höfen und Burgen. Große Städte blieben lange Zeit die Ausnahme. Ohne die Produkte des Umlandes, die auf ihren Märkten feilgeboten wurden, konnten auch sie nicht existieren. Das Bemühen der Forschung, Landleben und Landwirtschaft des Mittelalters umfassend zu erhellen, zeigt die zentrale Bedeutung dieses Sektors. Die Aufmerksamkeit gilt vor allem drei Bereichen: Zum einen der Agrarwirtschaft im Sinne der landwirtschaftlichen Produktion, ihren natürlichen Voraussetzungen und ihren technischen Mitteln; daneben der Agrarverfassung, den rechtlichen Verhältnissen, innerhalb derer sich die Bearbeitung des Bodens vollzog. Grundeigentum oder Pacht, Freiheit oder Unfreiheit der Bauern sowie die Höhe ihrer Abgaben und Dienstverpflichtungen spielen hier eine Rolle. Und schließlich gilt die Aufmerksamkeit der ländlichen Alltags- und Sozialgeschichte, die versucht zu klären, welche Folgen diese natürlichen und rechtlichen Grundstrukturen und ihre Veränderungen auf die Lebenswelt der Bauern hatten. Die Spannbreite reicht hier von den Siedlungsformen über die Wohnverhältnisse bis hin zu den Dorfgemeinschaften.

4.1 „Land und Unland“

Im frühen Mittelalter waren die Menschen den natürlichen Lebensbedingungen ausgeliefert. Landwirtschaft war nur in ausgewählten Lagen möglich, abhängig von der Beschaffenheit des Bodens und vom Klima. Die Siedlungsfläche machte lediglich 3 % des gesamten Landes aus. Von Mittelgebirgen wie dem Schwarzwald oder dem Odenwald waren im Frühmittelalter nur die Ränder und wenige zugängliche Täler besiedelt. Die rauen Höhenlagen waren unbewohnt. Der Siedlungsraum unserer Vorfahren bestand überwiegend aus dichten Waldgebieten. Nur hier und da gab es Dörfer, deren Größe zudem durch ausgedehnte Sümpfe begrenzt wurde. Ein Leben auf kleinen Inseln bewohnbaren und kultivierten Bodens inmitten von Dschungel und Morast. Wilhelm Berges hat hierfür die eingängige Formel „Land und Unland“ (Berges 1971) geprägt. Siedlungsfläche

Auch die Anbautechniken waren recht einfach. Man nutzte das Land einige Jahre lang als Ackerland, überließ es dann aber wieder dem natürlichen Wachstum. Hatte der Boden sich nach geraumer Zeit regeneriert, brach man ihn erneut um und baute für eine Weile wieder Getreide an. Das wild wachsende Land konnte derweil als Viehweide genutzt werden. Oft wurde nach einiger Zeit die Heideflora abgebrannt, um die Asche als Dünger in die Erde einzuarbeiten und aus dem so verbesserten Boden für einige Jahre reichere Erträge zu erwirtschaften. Als Arbeitsgeräte kamen einfache Hacken und Hakenpflüge aus Holz in Betracht, da Eisen noch sehr teuer war. Der Einsatz des Beet- oder Räderpfluges vom 11. Jahrhundert an bedeutete einen enormen Fortschritt, da mit diesem die Scholle nicht nur aufgekratzt wurde, sondern auch gewendet. Grundvoraussetzung, um diese neue Technik einsetzen zu können, waren effektivere Möglichkeiten, die Zugtiere anzuspannen. Hierzu gehören Hufeisen für die Pferde, vor allem aber das Kummet, das dem Zugtier um den Hals gelegt wurde und für eine verbesserte Kraftübertragung sorgte. Man sollte sich jedoch nicht allein auf das Feld der technischen Neuerungen konzentrieren. Allzu leicht erliegt man dabei einem schematischen Fortschrittsglauben, der das Größere und Neuere stets auch als das Bessere preist. Der wuchtige Beetpflug verdrängte den leichten, für kleine Flächen und schwieriges Gelände bestens geeigneten Hakenpflug keineswegs völlig. Agrartechnik

Auf den kleinen, meist in unmittelbarer Nähe der Siedlungen gelegenen Ackerflächen wurden Roggen, Dinkel, Gerste und Hafer angebaut, während Weizen nur in wenigen bevorzugten Lagen gedieh. Hinzu kamen Gemüsepflanzen wie Rüben, Bohnen oder Erbsen. Angesichts der eingeschränkten Möglichkeiten des Landbaus kam der Viehhaltung besondere Bedeutung zu. Der Wald bot genügend Nahrung für Schweine, während etwa im feuchten Marschland der Küsten mit seinen Wiesen problemlos Rinder und Schafe gehalten werden konnten. Schaut man in die Rechtsbücher des frühen Mittelalters, so dominieren dort die Bestimmungen zur Viehhaltung samt erstaunlich detaillierter Regelungen zur Ahndung von Viehdiebstahl, während Anweisungen zur Feldwirtschaft kaum vorkommen.

Viehhaltung

Eine deutliche Verbesserung der landwirtschaftlichen Erträge ermöglichte bereits im Frühmittelalter die sogenannte Dreifelderwirtschaft. Ihr Charakteristikum ist eine feste Abfolge des Anbaus von Wintergetreide und Sommergetreide, auf die dann eine dritte Periode der Brache folgt. Ein solches Bewirtschaftungssystem ist bereits in einer Urkunde des Klosters St. Gallen am Bodensee aus dem Jahre 763 bezeugt. Der rhythmische Wechsel der angebauten Feldfrüchte verteilte die Arbeit des Pflügens, Säens und Erntens gleichmäßiger auf das Jahr, ebenso die Belastung für den Boden, der zudem erheblich davon profitierte, dass durch die Zeit der Brache in gleichbleibenden Abständen einer Regeneration eintreten konnte. Während der einjährigen Brache konnte das Land als Weidefläche genutzt und dabei durch die Tiere gedüngt werden. Eine erhebliche Steigerung der Produktivität und damit des Ertrages waren die Folge. Mit der weitgehenden Durchsetzung der Dreifelderwirtschaft ging ein Prozess der Vergetreidung einher; man wandte sich von der Viehhaltung ab und dem Anbau von Korn zu. Hinzu gesellten sich Erbsen und Linsen, Hanf und Flachs sowie natürlich Obst und Gemüse, die in Gartenkulturen abseits der Felder angebaut wurden. Nicht zu vergessen ist die Tatsache, dass im Mittelalter der Weinbau erheblich zunahm.

Dreifelderwirtschaft

In Zeiten landwirtschaftlicher Überproduktion hat das Wort Ertragssteigerung freilich eine völlig andere Bedeutung als in der Welt des Mittelalters. Wer im Mittelalter ein Korn Getreide in den Boden steckte, konnte kaum hoffen, mehr als drei Körner zu ernten. Von diesen dreien musste er eines aufsparen, um Saatgut für die nächste Periode zu haben; zwei Körner blieben ihm zum Überleben. Fiel die Ernte geringer aus, so schmolz der über das Saatgut hinaus zur Verfügung stehende Rest drastisch. Es war ein Wirtschaften auf des Messers Schneide, das während der gesamten Epoche den Hunger zur periodisch wiederkehrenden Alltagserfahrung machte.

Produktivität

Die Steigerung landwirtschaftlicher Produktivität ging im Hochmittelalter mit einer Siedlungsverdichtung einher. Beide Elemente wurden durch gemeinsame Rahmenbedingungen begünstigt. Das 12. Jahrhundert bildete eine Warmphase der Klimageschichte. Für die Landwirtschaft hieß das: In Zeiten höherer Temperaturen konnten auch bislang unerschlossene Flächen für den Ackerbau und zur Besiedlung genutzt werden. Auch höhere Lagen der Mittelgebirge wurden nun urbar gemacht, zugleich die Sumpf- und Feuchtflächen zurückgedrängt. Man nennt diesen Vorgang der Erweiterung des Siedlungsraumes „Landesausbau“. Er wurde auf zwei Wegen vollzogen: durch das Erschließen neuer Flächen innerhalb des bestehenden Siedlungsraumes (Binnenkolonisation) und durch Ausbau an den Rändern (Siedlungsexpansion). Beide Phänomene des hochmittelalterlichen Landesausbaus veränderten das Bild der mitteleuropäischen Kulturlandschaft in einer Weise, die mit den Folgen der Industrialisierung im 19. und 20. Jahrhundert vergleichbar ist.

Klima

Landesausbau

Zu den Rahmenbedingungen gehört auch die allgemeine Bevölkerungsentwicklung, die sich mangels verlässlichen Datenmaterials allerdings nur skizzieren lässt. Entscheidend ist die Beobachtung, dass sich die Zahl der Menschen zwischen dem 10. und 14. Jahrhundert etwa verdoppelte, dann aber infolge von Missernten, Hungersnöten und Seuchen wieder deutlich zurückging. Der umfangreiche Ausbau der Siedlungsflächen im Hochmittelalter war eine Reaktion auf den Bevölkerungsanstieg, in Teilen aber auch eine seiner Grundlagen.

Bevölkerung

Die Binnenkolonisation verlief je nach Ausgangslage auf unterschiedlichen Wegen. In den Marschgebieten und Küstenzonen wurde Land durch Trockenlegung gewonnen. Man errichtete Deiche und pumpte das Wasser ab, sodass allmählich der Sumpf dem kultivier-

Binnenkolonisation im Reich . . .

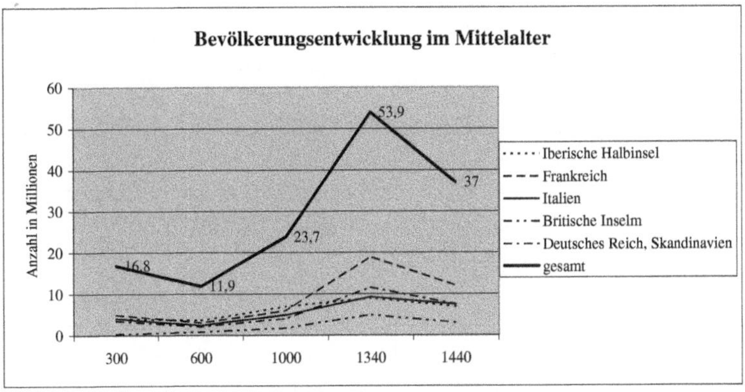

Abbildung 7: Bevölkerungsentwicklung Europas im Mittelalter (nach J. Cox Russell, Die Bevölkerung Europas 500–1000)

baren Boden wich. Dasselbe tat man entlang der großen Flüsse mit ihren feuchten Auen. In den Mittelgebirgen galt es dagegen vor allem, die dichten Wälder zu roden und urbar zu machen. Man kann in diesen Rodungswellen und Entwässerungskampagnen mitunter die Initiative der großen Grundbesitzer, nicht zuletzt der Klöster erkennen, die den Landesausbau planmäßig betrieben, indem sie Dörfer mit zugehörigen Äckern im Neuland errichten ließen. So wurde die landwirtschaftliche Erschließung des Schwarzwalds von den dort gelegenen Abteien Hirsau (bei Calw), St. Peter und St. Blasien getragen, die des Odenwalds vom Kloster Amorbach.

Die Hauptlast der Erschließungsarbeit trugen die Bauern. Sie hofften darauf, das erschlossene Land dauerhaft bestellen zu können. Oft lockten zusätzliche Vorrechte wie die Einräumung des Erbrechts oder schlicht niedrigere Abgabenquoten. In den Marschgebieten der Unterweser siedelte der Erzbischof von Bremen im Jahr 1113 niederländische Kolonisten an, die an den Umgang mit feuchten Böden gewohnt waren und die Techniken der Entwässerung beherrschten. Sie erhielten das Land gegen Zahlung eines äußerst geringen Naturalzinses, weil in den ersten Jahren von den neu angelegten Flächen kaum Ertrag zu erwarten war. Der Anteil der Flamen, Friesen und Niederländer am hochmittelalterlichen Landesausbau in Deutschland war bedeutend. Nicht nur an der Weser und an der Nordsee findet man ihre Spuren, auch im östlichen Westfalen, in Thüringen und im heutigen Brandenburg, wo ein ganzer Landstrich südwestlich Berlins durch seinen Namen Fläming auf diese Siedler hinweist.

... in anderen Regionen

Vergleichbare Binnenkolonisationen sind bereits um die Mitte des 10. Jahrhunderts in Katalonien, Ende des 10. Jahrhunderts in Flandern, im 11. Jahrhundert dann in Mittel- und Oberitalien sowie in Südfrankreich und um Poitiers zu beobachten. Über das Pariser Becken und Lothringen erreichte diese Welle um 1100 schließlich die Gebiete östlich des Rheins und setzte sich im weiteren Verlauf nach Osten hin fort. Eine gewisse Sonderrolle fällt England zu. Hier wurde erst nach der Eroberung durch die Normannen 1066 mit einem Siedlungsausbau im Inneren begonnen, der sich bis ins 14. Jahrhundert hinzog.

Insgesamt ist für das Hochmittelalter die Tendenz zum Ausbau der bisherigen Siedlungskammern zu möglichst flächendeckender Besiedlung und agrarischer Nutzung zu erkennen – soweit die Grenzen der Natur in Form von Hochgebirgen, Mooren oder undurchdringlichen Wäldern dies erlaubten.

Parallel zur Binnenkolonisation erfolgte die Ausdehnung der Wohn- und Ackerflächen in bislang nicht oder wenig erschlossene Gebiete jenseits der östlichen Grenzen des Reichs. „Reich" steht dabei für den Vorläufer des späteren Deutschland, der im Mittelalter bis ins nördliche Italien reichte und mit Burgund auch Teile des heutigen Frankreich einschloss. Für die Zeitgenossen war es das *imperium* oder zu Deutsch das (Kaiser-)Reich. Besonders markant ist der Ausdehnungsprozess, der vom 11. bis zum 14. Jahrhundert, hauptsächlich aber von der Mitte des 12. Jahrhunderts an, das Gebiet östlich von Elbe und Saale erfasste und der vornehmlich von Siedlern aus dem Gebiet des mittelalterlichen Reiches getragen wurde. In diesem Verlauf wurde der deutsche Siedlungs- und Sprachraum um mehr als ein Drittel in Richtung Schlesien, Pommern und Preußen, Böhmen, Polen, Teile Ungarns und des heutigen Kroatien erweitert – unter tätiger Mithilfe von Flamen, Burgundern und Dänen, aber auch unter Einbeziehung der in diesen Gebieten ansässigen Bevölkerung.

Siedlungsexpansion

Auf Initiative adliger oder kirchlicher Grundherren wurde das neue Land besiedelt. Regelrechte Siedlungsunternehmer (Lokatoren) warben Bauern an, die ein vorteilhaftes Erbrecht und reduzierte Abgaben für das neu zu kultivierende Land erwarteten. Man geht für das gesamte 12. Jahrhundert von rund 200 000 neuen Siedlern östlich von Elbe und Saale aus, für das 13. Jahrhundert wäre noch einmal dieselbe Zahl zu veranschlagen. Die beeindruckenden Auswandererzahlen entsprechen in etwa der Größenordnung, in der im Altsiedelland zur selben Zeit Menschen vom Land in die Städte abwanderten. In beiden Fällen dürfte der Bevölkerungsüberschuss auf dem Land und die Hoffnung auf bessere Lebensbedingungen die Menschen zum Aufbruch bewogen haben.

Ein solch erheblicher Zustrom musste die Lebenssituation in den neuen Siedlungsgebieten verändern. Die Siedler aus dem Reich brachten ihre technischen Erfahrungen und ihre Rechtsgewohnheiten mit und setzten diese in weiten Teilen auch gegen die dort heimischen Praktiken durch. Von einer ‚Kolonisierung' des Ostens redet heute allerdings niemand mehr, weil der lange Zeit verwendete Begriff der Ostkolonisation in politisch unangemessener und sachlich falscher Weise Unterlegenheit und Unterwerfung der dort ansässigen Bevölkerung suggeriert. Die vom Boden des mittelalterlichen Reiches ausgehende Bewegung erhält als „Ostsiedlung" in einer gesamteuropäischen Perspektive indessen eine adäquate Einbettung in den allgemeinen Vorgang des damaligen Landesausbaus (Rösener 1992, S. 77–79).

Ostsiedlung

4.2 Fron und Freiheit

Das Leben auf dem Lande war von der Natur bestimmt, unterlag aber auch einer klaren sozialen und rechtlichen Ordnung. Kernbegriff dieser Agrarverfassung ist die Grundherrschaft, ein analytischer Begriff der historischen Forschung, nicht der damaligen Zeitgenossen. Zwei Voraussetzungen sind für das Verständnis der damaligen Verhältnisse entscheidend. Zum einen gab es im Mittelalter große landwirtschaftliche Komplexe, die in der Verfügungsgewalt weniger Grundherren lagen: des Königs, einzelner Kirchen und Klöster oder von Adligen. Zum anderen ist die Verfügungsgewalt dieser Grundherren nicht nur als Herrschaft über Grund und Boden zu verstehen, also als materielles Eigentum, sondern sie geht darüber hinaus und umfasst zugleich die Herrschaft über die Menschen, die auf diesem Grund und Boden lebten. Grundherrschaft ist, so die knappe Formel, Herrschaft über Land und Leute. Grundherrschaft verbindet also wirtschaftliche, soziale und rechtliche Komponenten und schafft so eine allgegenwärtige gesellschaftliche Formation, in der sich ein Grundherr und eine Vielzahl von Grundholden gegenüberstehen, die seiner Verfügungsgewalt unterliegen und mit abgestuften persönlichen Rechten und Möglichkeiten ausgestattet sind.

Grundherrschaft

Vorläufer

Die Grundherrschaft besaß zwei unterschiedliche Vorformen: zunächst die spätantiken, mit Sklaven bewirtschafteten Großgüter (Latifundien). Die Gewalt des Herrn wurde dort durch sein Eigentum am Ackerboden und an den Sklaven begründet, die rechtlich als Sache galten. Weit schwerer zu fassen ist der zweite Vorläufer, eine bei den Germanen vorherrschende Agrarordnung, die vor allem auf der persönlichen Abhängigkeit der Bauern von sozial höher stehenden Anführern beruhte. Weil die mittelalterliche Form der Grundherrschaft eine dingliche und eine personenrechtliche Komponente aufweist, wird angenommen, dass in ihr beide älteren Stränge zu einer neuen Form verschmolzen sind (Schulze 2004, S. 108). Einzelne Etappen einer solchen Verschmelzung lassen sich aber nicht präzise nachzeichnen. Die enorme Vielfalt regionaler Entwicklungen, die unter dem Sammelbegriff der Grundherrschaft firmieren, steht einer Klärung im Wege.

Als das Modellgebiet der klassisch ausgeprägten Grundherrschaft im frühen Mittelalter gilt die Gegend zwischen Rhein und Loire. Hier entwickelte sich im 7. und 8. Jahrhundert ein zweigeteiltes System, das der Forschung als Modell dient. Unsere Kenntnis davon beruht auf detaillierten Aufzeichnungen, die vor allem in den grundbesitzenden Klöstern angefertigt wurden. Diese Aufzeichnungen, die in der französisch orientierten Forschung den griechischen Namen Polyptychon (Kataster, Grundbuch) tragen, in der deutschen die Bezeichnung Urbar, verzeichnen den Immobilienbesitz ebenso wie die Abgaben und Dienste der abhängigen Bauern und ihrer Familien. Es lässt sich daran also das Organisationsschema einer Grundherrschaft ebenso ablesen wie der Umfang des Besitzes und die rechtliche Stellung ihrer Bauern. So heißt es zum Beispiel im vor 829 angelegten Güterverzeichnis der Abtei St-Germain-des-Prés, die heute in Paris liegt:

Polyptychon von St-Germain-des-Prés

> „Das Kloster hat in Nogent(-l'Artaud) einen Herrenhof mit Wohnhaus und Nebengebäuden. Es besitzt dort drei Schläge Ackerland, viereinhalb Landmaß Weinberge, von denen 300 Scheffel Wein gelesen werden können; 43 Landmaß Wiesen, von denen 120 Fuder geerntet werden können. Es besitzt dort Wald [...], in dem 1 000 Schweine gemästet werden können, ferner eine Mühle, aus der ein Zins von 30 Scheffeln Getreide hervorgeht, und eine Kirche" (*Polyptychon von St-Germain-des-Prés*, S. 121).

So weit zum Dorf Nogent. Die Aufstellung reicht aber bis auf die Ebene einzelner Familien hinab:

> „Der *colonus* Wulfhard und seine Frau, eine Freie, haben bei sich im Haushalt drei Kinder. Wulfhard bewirtschaftet eine Freien-Hufe, die aus elf Landmaß Ackerland, zwei Landmaß Weinbergen, dreieinhalb Landmaß Wiesen besteht. Er zahlt als Abgabe für den Kriegsdienst zehn Scheffel Wein, für das Recht zur Schweinemast drei Scheffel sowie ein Schwein im Wert von einem Schilling. Er pflügt für die Wintersaat sechs Joche, zur Saat im Frühjahr drei. Frontage, Hand- und Spanndienste leistet er so viel, wie ihm befohlen wird. Er liefert drei Hühner und 15 Eier ab. Er transportiert Wein, wohin ihm befohlen wird. Er liefert 100 Dachschindeln. Er mäht auf der Wiese ein Landmaß" (*Polypticbon von St-Germain-des-Prés*, S. 121).

Zweigeteilte Grundherrschaft

Der Auszug aus dem Polyptychon lässt die Struktur der klassischen Grundherrschaft erkennen. Man nennt sie bipartite oder zweigeteilte Grundherrschaft, weil der Gesamtkomplex in Herrenland und Hufenland zerfällt. Die Abtei St-Germain besaß in der genannten Ortschaft einen Herrenhof (lateinisch *curtis, villa*), der das Zentrum der dortigen Grundherrschaft bildete. Von ihm aus erfolgte die Bewirtschaftung des Herrenlandes (Salland, lateinisch *terra salica*). Sie wurde teils von (hier nicht genannten) Knechten des Grundherrn ausgeführt, teils von abhängigen Bauern; einer von ihnen war jener Wulfhard. Zur Ausstattung des Herrenhofes in Nogent gehörten ferner eine Mühle, die Einkünfte durch Gebühren erwirtschaftete, sowie eine Kirche.

Herrenhof

Mansus

Die zweite Hälfte der Grundherrschaft bestand aus einer Zahl abhängiger Bauernstellen (Hufen, lateinisch *mansus*) mit Hofstatt, Ackerland und Nutzungsrechten. Die Größe der Hufen schwankte erheblich. Für das Rheinland hat man ermittelt, dass die Fläche eines *mansus* im hohen Mittelalter 45 bis 60 Morgen umfasste, wobei das alte Flächenmaß Morgen selbst nach heutiger Berechnung zwischen 2500 und 3600 Quadratmetern variieren konnte. Die Hufenbauern, die eine solche Stelle innehatten, arbeiteten einerseits für sich selbst, andererseits mussten sie Abgaben entrichten und helfen, das Salland ihres Grundherrn zu bewirtschaften. Der in der Quelle genannte Wulfhard hatte diverse Naturalien abzuliefern. Dafür, dass er seine Schweine zur Eichelmast in den Wald des Grundherrn treiben durfte, wurde eine Nutzungsabgabe fällig. Ferner musste Wulfhard im Winter und im Frühjahr einen Teil des Herrenlandes pflügen, war für das Mähen einer Wiese zuständig und lieferte Schindeln zur Ausbesserung von Dächern. Über diese genau festgelegten Dienste hinaus transportierte er Wein für den Grundherrn und hatte immer dann zur Hilfe bereit zu stehen, wenn die landwirtschaftliche Situation dies erforderte. Das hieß konkret: bei der Ernte helfen, Zäune ausbessern, Schafe scheren und dergleichen mehr, je nach Bedarf.

Frondienst

Derartige Arbeiten der Hofstelleninhaber werden als Herren- oder Frondienste (mittelhochdeutsch *vrône* „Herrschaft") bezeichnet. Sie bildeten die zweite Säule der Pflichten, die ein abhängiger Bauer zu erfüllen hatte. Denn im Rahmen der Grundherrschaft wurde zwischen Grundherrn und Grundholden eine Art Leihevertrag geschlossen. Für die Vergabe des Hufenlandes zur selbstständigen Bewirtschaftung konnte der Herr demnach Leistungen in Form von Ertragsabgaben und Arbeitsdienst beanspruchen.

Die frühmittelalterliche Grundherrschaft bildete eine möglichst autarke Wirtschaftseinheit, in der die meisten Dinge des täglichen Bedarfs produziert wurden. Die zweigliedrige Konstruktion als Verwaltungszentrale mit selbstständigen, aber eng angebundenen Bauernstellen bot auch den abhängigen Bauern gewisse Vorteile. So hielt der Grundherr die zur Feldarbeit nötigen größeren Gerätschaften ebenso bereit wie Zuchttiere, die für den Erhalt der Herden unentbehrlich waren. Ein einzelner Bauer konnte vielleicht einige Ziegen halten, die Ertrag abwarfen. Einen Ziegenbock leistete er sich indessen wohl nicht. Zur Grundausstattung großer Höfe gehörte eine Mühle. In ihr wurde das Getreide weiterverarbeitet. Auch Back- und Brauhäuser, Kalkbrennereien und Spezialeinrichtungen wie Schmieden und Textilwerkstätten, in denen meist die Frauen ihre Frondienste verrichteten,

Mahlen, backen, brauen

fanden sich in zahlreichen Grundherrschaften. Weil solche Einrichtungen hohe Investitionskosten verschlangen, machte der Betreiber oftmals ein Monopolrecht geltend. Aufgrund dieses sogenannten Mühlen-, Ofen- oder Brau-Banns konnte er die Anwohner seiner Grundherrschaft verpflichten, etwa ihr Korn ausschließlich in seiner Mühle mahlen zu lassen. Dies geschah gegen ein gewisses Mahl- oder Braugeld, eine Gebühr, die in die Taschen des Grundherrn floss.

Monopolrechte

Die Größe der Grundherrschaften variierte. Mehrere Herrenhöfe der beschriebenen Art konnten zu regionalen Wirtschaftskomplexen (Villikationen) zusammengefasst werden. In solchen Fällen residierte auf dem Herrenhof nicht der Grundherr selbst, sondern sein Verwalter (Meier, lateinisch *maior*).

Die klassische Form der Fronhofswirtschaft eignete sich besonders für umfangreiche, geschlossene Besitzkomplexe, wie wir sie im Frühmittelalter antreffen. Unter anderen Gegebenheiten war es ökonomisch sinnvoller, statt der Fronhofswirtschaft eine Organisationsform zu wählen, die allein auf Abgaben setzte. Hier fungierte der Herrenhof nicht mehr als logistisches Zentrum der Landwirtschaft, sondern nur noch als Sammelstelle für die von den Bauern zu erbringenden Abgaben. Frondienste wurden in dieser Abgaben- oder Rentengrundherrschaft durch Natural- oder Geldleistungen ersetzt. Erkennbar sind solche Formen auch an den Dokumenten, die sie produzierten. Hatten die Urbare der klassischen Grundherrschaft des frühen Mittelalters, wie das für St-Germain-des-Prés, noch die genaue Hofstruktur mit dem Charakter des bebauten Landes, den dort lebenden Personen, ihren Abgaben und Frondiensten verzeichnet, so konzentrierten sich die Heberegister der Rentengrundherrschaften fast immer auf das, was seitens des Grundherrn ‚erhoben' wurde: auf die Abgaben in Naturalien oder Geldzahlungen. So notierten die Kanoniker von St. Kastor in Karden an der Mosel um 1100 in ihr Güter- und Einkünfteverzeichnis:

Heberegister

> „Im Namen der heiligen und unteilbaren Dreifaltigkeit. Dies sind die Besitzungen, die der Kirche von Karden an verschiedenen Orten gehören: [...] In Klotten hat sie Besitzungen, von denen 20 Pfennige Silbergeld gezahlt werden. In Weiler einen Teil des Landes, der zwei Pfennige Zins entrichtet. Auf dem Berg von Karden einen Teil Land, der zwei Pfennige Zins zahlt. In der *villa*, die Macken heißt, besitzt die Kirche von Karden die Kirche dieser *villa* vollständig. Dazu an einigen Orten den fünften Teil der Ernte, in anderen aber den vierzehnten Teil und den Zehnten" (*Einkünfteverzeichnis von St. Kastor in Karden*, S. 217).

Abgeltung der Frondienste

Frondienste durch klingende Münze zu ersetzen, entsprach dem fortschreitenden Trend, sich mithilfe von Geld insgesamt größere wirtschaftliche Flexibilität zu sichern. Die Grundherren lösten sich von der Verpflichtung, die von ihren Bauern produzierten Naturalien zu lagern, zu transportieren und zu vermarkten. Das Aufblühen der Städte, die aufkommende Geldwirtschaft und die Intensivierung des Handels eröffneten ihnen andere, nicht selten günstigere Möglichkeiten der Versorgung. Viele Grundherren gaben deshalb im Hochmittelalter die Eigenwirtschaft nach und nach auf, parzellierten das Salland und vergaben es an Bauern; der Aufwand sank, die Einkünfte blieben.

Die Veränderungen, denen die Grundherrschaft unterworfen wurde, waren im Umfeld der Städte besonders stark. Der Bedarf der Städter an Nahrungsmitteln, aber auch an Spezialpflanzen wie Krapp und Waid zum Färben von Tuchen bestimmte bald den Anbauplan der umliegenden Landwirte. Um schneller auf die wechselnde Nachfrage reagieren zu können, begann man im 13. Jahrhundert zunächst im Umfeld der rheinischen Städte damit, das Ackerland nicht mehr in traditionell grundherrschaftlicher Weise zu verleihen, sondern gegen Pachtverträge mit immer kürzeren Laufzeiten. Bis zum 14. Jahrhundert wurde die Grundherrschaft alter Prägung fast überall in Europa in neue Formen überführt. Am deutlichsten lebte sie in der Gutswirtschaft des östlichen Mitteleuropa fort.

Sonderkulturen

Ein vergleichender Blick in andere europäische Regionen zeigt Ähnlichkeiten und Differenzen. Auch in Italien und England ging die Eigenwirtschaft zeitlich parallel in die Verpachtung über. Dagegen finden wir in Skandinavien die Fronhofswirtschaft fast nur in Dänemark, während ansonsten freie Bauern auf der Basis einer Ertragsabgabe vorherrschten, nicht aber in persönlicher Abhängigkeit. Im Baltikum wurden im Hochmittelalter die Prinzipien der Grundherrschaft eingeführt und die zuvor existierenden freien Bauern verdrängt, während in Spanien eine Zweiteilung bestand: nördlich des Flusses Duero das klassische Grundherrschaftssystem, südlich davon, in den im Zuge der Reconquista eroberten Gebieten, neu angesiedelte freie Bauern, die weder persönliche Abhängigkeit vom Grundherrn noch die strikte rechtliche Bindung an die Besitzparzelle, auf der sie lebten (Schollenbindung), kannten.

Pacht

Das Vordringen der Pacht, die allein das Land und seine Nutzung zum Gegenstand eines Vertrages (lateinisch *pactum*) machte, markiert zugleich das Zurückweichen der personenrechtlichen Bindungen, die in der klassischen Agrarverfassung zwischen Grundherrn und Grundholden bestanden. Eine Grundherrschaft war eben nicht nur ein landwirtschaftlicher Komplex, sie führte Menschen unterschiedlicher Rechtsstellung unter dem Gebot des Grundherrn zusammen. Die Knechte des Herrenhofes, die abhängigen Bauern und ihre Familien bildeten einen Personenverband, den man *familia* nennt (→ KAPITEL 3.1). Im vorhin zitierten Polyptychon von St-Germain-des-Prés bewirtschaften Wulfhard und seine Frau eine Freienhufe (lateinisch *mansus ingenuilis*). Es ist die attraktivste von drei Kategorien. Denn eine Freien-Hufe war mit geringeren Belastungen versehen als eine Halbfreienhufe (*mansus lidilis*) oder gar eine Knechtshufe (*mansus servilis*). Nur wenige festgelegte Tage im Jahr musste der Inhaber einer Freienhufe Frondienst leisten, während die Knechtshufen beinahe auf Abruf bereitstehen mussten. In der Regel dienten ihre Inhaber an drei Tagen der Woche uneingeschränkt ihrem Herrn; währenddessen lag ihr Hufenland, die eigene Nahrungsgrundlage, brach.

Rechtsstatus

Es ist bislang nicht hinreichend klar, ob die rechtliche Abstufung der Bauernstellen auf der persönlichen Freiheit ihrer Inhaber beruhte oder von der rechtlichen Qualität des übertragenen Bodens abhängig war. In jedem Fall aber unterstanden die Mitglieder der *familia* der rechtlichen Gewalt des Grundherrn. Hofrechte (lateinisch *ius curiae, lex familiae*) geben über die elementaren rechtlichen Regelungen innerhalb eines solchen Personenverbands Auskunft. Unfreie Grundholden etwa konnten ihren Wohnsitz nicht frei wählen, sie waren in gewisser Weise ein Teil der Ausstattung des Ackerlandes, auf dem sie lebten. Wollte ein Grundholde heiraten, so bedurfte er der Zustimmung seines Herrn. Stammte die Auserwählte aus einer anderen Grundherrschaft, wurde die Sache komplizierter, weil das Paar ja einen gemeinsamen Wohnsitz finden musste. Einem der beteiligten Grundherren ging dann ein Grundholde verloren. Noch schwieriger gestaltete sich die Frage, wenn es sich um einen freien Mann und eine unfreie Frau handelte. Welchen Rechtsstatus sollten die gemeinsamen Kinder bekommen, die aus dieser Ehe hervorgingen? Nicht selten folgten die Kinder der sogenannten ‚ärgeren Hand', mussten also in persönlicher Unfreiheit verbleiben. Starb ein Grundholde, so besaß der Grundherr mitunter das Recht, aus dem Stall des Verstorbenen das beste Stück Vieh an sich zu nehmen (Besthaupt) oder aus dessen Behausung den wertvollsten Gegenstand seiner Wahl (Beststück). Derartige Regelungen belegen eindeutig die eingangs zitierte Formel, dass Grundherrschaft eben nicht nur Herrschaft über Grund und Boden war, sondern wesentlich die Herrschaft über die Personen, die auf diesem Boden lebten, einschloss.

Hofrechte

4.3 Bauer und Dorfgemeinde

Der Umbau der Grundherrschaft im hohen Mittelalter lockerte die wirtschaftlichen und die rechtlichen Bindungen zwischen Grundherren und Grundholden. Dies wirkte verändernd auch auf die sozialen Strukturen auf dem Lande ein, da vor allem das Element der Herrschaft des Grundherrn über die Personen allmählich zurücktrat. Siedlungsverdichtung und Siedlungsexpansion des 12. Jahrhunderts schufen zudem günstigere Bedingungen, unter denen sich neue Gruppen freier Bauern etablieren konnten. Sie gaben Raum für stabilere Organisationsformen bäuerlicher Selbstverwaltung.

Seit jeher hatte es eine gewisse Zahl freier Bauern gegeben. Auch Dorfgemeinschaften sind keine Erfindung des Hochmittelalters, doch beschleunigten sich in dieser Periode die Entwicklungen, an deren Ende eine handlungsfähige, weitgehend selbstständige Genossenschaft der Dorfbewohner stand. Tradition und Neuerung sind also gleichermaßen zu beobachten.

Die Dorfgemeinde wurzelte zum einen im Kosmos der Grundherrschaft. Dort hatte der Grundherr die Gerichtsgewalt ausgeübt und insbesondere in Streitigkeiten um Grundbesitz, Nutzungsrechte und Pflichtverletzungen entschieden. Mit der Auflösung der Grundherrschaften erlahmte nach und nach der gerichtliche Arm des Herrn. Die Gemeinschaft der Bauern übernahm daher stillschweigend das alte Hofgericht; die Gerichtsgemeinde wählte die Urteiler aus ihrer Mitte. Die andere Wurzel, aus der sich die Dorfgenossenschaften speisten, bestand in alltäglichen Formen gegenseitiger Hilfe auf dem Lande. Im Sinne verantwortlicher Nachbarschaft regelte man den gemeinsamen Lebensraum durch Vereinbarungen. Dies betraf zunächst Wiesen und Wälder, die man Allmende nannte, weil sie von allen im Dorf genutzt werden konnten, und erweiterte sich sukzessive. Die genaue Festlegung der Fruchtfolgen auf den Äckern, die Benutzung von Backofen, Brauhaus und dergleichen mehr, die früher vom Grundherrn oder seinen Beauftragten kontrolliert worden waren, gingen in die Kompetenz der Dorfgemeinschaft über. Sie trat mehr und mehr in Aufgaben ein, die zuvor durch das rechtliche Gerüst der Grundherrschaft oder den Willen ihres Herrn vorgegeben waren.

Allmende

Dorfgenossenschaft

Die Dorfbewohner ordneten dies im Rahmen einer genossenschaftlichen Struktur. In ihr waren alle Mitglieder prinzipiell gleichberechtigt, sodass auch die rechtlichen Unterschiede zwischen freien, halbfreien und unfreien Bauern dort verblassten. Die vollberechtigten (ausschließlich männlichen) Mitglieder trafen sich auf Dorfplatz oder

Kirchhof, um zu beraten, Gericht zu halten, die Amtsführung ihrer Beauftragten zu prüfen und um neue Funktionsträger zu wählen. Dabei übertrugen sie die Handlungsvollmacht des Dorfes auf einen Vorsteher, der je nach Region Schultheiß, Ammann, Bauermeister oder Schulze genannt wurde. Ihm stand meist ein kleines Kollegium zur Seite, das vielfältige Aufgaben, unter anderem in der Rechtsprechung, übernahm. Auch Förster und Hirten zur Pflege des gemeinsamen Besitzes wurden bestellt, doch war der Grad der Auffächerung dörflicher Selbstverwaltung naturgemäß sehr unterschiedlich.

Im Spätmittelalter war die Dorfgenossenschaft das grundlegende und verbreitete Modell bäuerlicher Selbstverwaltung. Sie bot auch die organisatorische Basis für den bäuerlichen Widerstand gegen (grund-)herrschaftliche Ansprüche und Bedrückungen, der sich vor allem in Spätmittelalter und Früher Neuzeit in spektakulären Bauernaufständen entlud. Zur Durchsetzung ihrer Ziele gingen die bäuerlichen Rebellen spezielle Schwureinungen (lateinisch *coniurationes*) ein und verstärkten damit den inneren Zusammenhalt der bestehenden Bündnisse.

Bauernaufstände

Fragen und Anregungen

- Versuchen Sie, den Begriff „Schollenbindung" in seinen rechtlichen Grundlagen und praktischen Auswirkungen zu klären!
- Analysieren Sie Gemeinsamkeiten und Unterschiede zwischen den Grundholden des Mittelalters und den Sklaven spätantiker Latifundien!
- Charakterisieren Sie die Funktion der Grundherrschaft für das früh- und hochmittelalterliche Königtum!
- Arbeiten Sie den Zusammenhang zwischen mittelalterlicher Grundherrschaft und der Gutsherrschaft der Neuzeit im östlichen Mitteleuropa heraus!

Lektüreempfehlungen

Quellen

- **Siegfried Epperlein: Bäuerliches Leben im Mittelalter. Schriftquellen und Bildzeugnisse**, Köln 2003. *Eröffnet einen quellennahen Zugang zum Leben auf dem Lande.*

- **Dieter Hägermann (Hg.): Das Polyptychon von Saint-Germain-des-Prés. Studienausgabe,** Köln 1993. *Text der berühmten Aufzeichnung des Abtes Irmino vom Beginn des 9. Jahrhunderts mit Sachkommentar.*
- **Ludolf Kuchenbuch: Grundherrschaft im früheren Mittelalter,** Idstein 1991. *Sammlung aussagekräftiger Texte (lateinisch-deutsch) mit erläuterndem Einführungsteil.*
- **Ingo Schwab (Hg.): Das Prümer Urbar,** Düsseldorf 1983. *Besitzaufzeichnung der Abtei aus der Eifel mit karolingischem Kern.*

Forschung

- **Dieter Hägermann / Helmuth Schneider: Landbau und Handwerk 750 v. Chr. bis 1000 n. Chr.,** Berlin 1990, unveränderte Neuausgabe 2003. *Technikgeschichtlich orientiert.*
- **Friedrich-Wilhelm Henning: Deutsche Agrargeschichte des Mittelalters. 9. bis 15. Jahrhundert,** Stuttgart 1994. *Aus Sicht der (Land-)Wirtschaftsgeschichte.*
- **Werner Rösener: Agrarwirtschaft, Agrarverfassung und ländliche Gesellschaft im Mittelalter,** München 1992. *Umfassende Einführung.*
- **Werner Rösener: Grundherrschaft im Wandel. Untersuchungen zur Entwicklung geistlicher Grundherrschaften im südwestdeutschen Raum vom 9. bis 14. Jahrhundert,** Göttingen 1991. *Grundlegendes Werk zur Transformation mittelalterlicher Agrarverfassung.*
- **Klaus Schreiner: „Grundherrschaft“. Entstehung und Bedeutungswandel eines geschichtswissenschaftlichen Ordnungs- und Erklärungsbegriffs,** in: Hans Patze (Hg.), Die Grundherrschaft im späten Mittelalter, Bd. 1, Sigmaringen 1983, S. 11–74. *Umfassende Problematisierung von Begriff und Phänomen.*
- **Hans K. Schulze: Grundstrukturen der Verfassung im Mittelalter,** Bd. 1: Stammesverband, Gefolgschaft, Lehnswesen, Grundherrschaft, Stuttgart 1985, 4., aktualisierte Auflage 2004, S. 95–157. *Rechtlich orientierter Basisbeitrag.*

5 Von Herren und Vasallen

„Als wir nach der Sitte unserer Vorgänger auf dem allgemeinen Hoftag zu Roncaglia zu Gericht saßen, vernahmen wir von den italienischen Fürsten, den Vorstehern der Kirchen wie den anderen Getreuen des Reiches heftige Klage darüber, dass Vasallen, deren Lehen, die sie von ihnen besaßen, ohne Genehmigung der Herren verpfändet, verkauft oder in einer Art geheimer Übereinkunft unter dem Deckmantel der Schuldverschreibung verkauft haben. Dadurch haben sie [nämlich die Fürsten] die geschuldeten Dienstpflichten verloren, und zugleich wurden dadurch die Ehre unseres Reiches und die Durchführung unserer glücklichen Heerfahrt beeinträchtigt. [...]

Nach Einholung des Rates der Bischöfe, Herzöge, Markgrafen, Grafen sowie der Pfalzrichter und anderer Edler gebieten wir daher durch dieses gültige Gesetz, dass mit Gottes Hilfe dauerhaft Bestand haben soll: es ist niemandem erlaubt, sein Lehen insgesamt oder einen Teil davon zu verkaufen, zu verpfänden, auf irgendeine Weise zu veräußern oder für sein Seelenheil wegzuschenken ohne die Erlaubnis des obersten Lehnsherrn, dem das Lehen gehört."

Lehnsgesetz Kaiser Friedrichs I. (Roncaglia, Ende 1154); Spieß 2009, S. 77f.

Auf einem großen Hoftag im italienischen Roncaglia erließ Kaiser Friedrich I. Barbarossa im November 1158 ein detailliertes Gesetz über die Pflichten der Lehnsleute in seinem Reich, aus dem hier nur ein Ausschnitt vorgestellt wird. Friedrich versuchte mit dieser Anordnung Missstände zu beheben, die das Funktionieren des Lehnswesens beeinträchtigten. Obwohl den Lehnsnehmern ihr Leben nur zur Nutzung übergeben worden war, behandelten sie es wie Eigentum. Sie verkauften oder verpfändeten es. Doch sie gingen offenbar noch weiter. Weil sie nun kein Lehen mehr besaßen, erklärten sie sich außer Stande, die auf einem Lehen lastenden Dienstpflichten zu erfüllen. Was auf den ersten Blick wie ein privatrechtliches Problem zwischen Lehnsherren und Vasallen erscheint, erhält durch die Worte des Kaisers eine völlig andere Dimension. Denn es wurden nicht nur die Fürsten des Reiches geschädigt, die Verfügungsgewalt des Kaisers wurde gemindert und ganz praktisch die Durchführung seines Feldzuges erschwert, weil die Fürsten in dieser Situation nicht in der Lage waren, Truppen im erwarteten Umfang bereitzustellen.

Die Forschung hat aus diesem und ähnlichen Quellentexten geschlossen, dass Teile der mittelalterlichen Gesellschaft sowie insbesondere das Heerwesen auf einer hierarchischen Struktur beruhten und dahinter ein umfassendes System erkannt: das Lehnswesen. In jüngerer und jüngster Zeit wird die Systemhaftigkeit des Lehnswesens infrage gestellt, doch sollte jede Darstellung zunächst von diesem klassischen Modell ausgehen. Der König vergab Land an seine bedeutenden Gefolgsleute und erwartete dafür von ihnen militärische und politische Unterstützung. Die Fürsten taten dasselbe auf der Ebene darunter; auch sie erwarteten Dienstleistungen von ihren Vasallen, etwa die Ausrüstung und Bereitstellung von Militär. In konsequenter Anwendung ergab sich so ein System wechselseitiger Beziehungen, das im Idealfall das gesamte Reich vom einzelnen Ritter bis hinauf zum König erfasste und zusammenhielt. Wie die Grundherrschaft im agrarischen Bereich, so bildete das Lehnswesen ein wesentliches Konstruktionsprinzip der mittelalterlichen Gesellschaft, die in weiten Teilen eine Kriegergesellschaft war. Fehlentwicklungen wie die Missachtung der Dienstpflichten durch die Vasallen wirkten sich daher nicht nur auf die militärische Leistungskraft des Reiches aus, sie wirkten auf seine Funktionsfähigkeit insgesamt zurück.

5.1 Vasallität und Lehen

Um diesen Mechanismus zu verstehen, ist zunächst vom Begriff des Lehens auszugehen. In ihm steckt das mittelhochdeutsche Wort *lêhen*, das in den Frühformen des Deutschen etwas Geliehenes bezeichnet, doch ist dies zu schillernd, um eine präzise Erfassung der Eigenheiten zu erlauben. Auch die häufig verwendeten lateinischen Begriffe *beneficium* und *feudum* besitzen hierzu eine zu große Bedeutungsspanne. Als Terminus technicus bezeichnet das Lehen die Gesamtheit von Institutionen, die zwischen einem Freien – genannt Herr oder lateinisch *senior* – und einem anderen Freien – Mann oder Vasall genannt – wechselseitige Verbindungen schaffen und regeln. Nach modernem Verständnis (!) kommt demnach ein Vertrag zustande, der die beteiligten Partner gegenseitig bindet. Die verwendeten Begriffe ‚Herr' und ‚Mann' signalisieren dabei, dass das Verhältnis der Vertragspartner ein Ranggefälle aufweist.

Begriff und Gegenstand

Das Lehnswesen ist in voll ausgebildeter Form ein Phänomen auf zwei Ebenen: einer personalen, die mit dem Begriff der ‚Vasallität' umschrieben wird, und einer materiellen/dinglichen, nämlich dem verliehenem und nutzbarem Gut, das als ‚Lehen', *feudum* oder *beneficium* bezeichnet wird. Vasallität und Lehen sind miteinander verknüpft. (Patzold 2012, Schaubild Umschlaginnenseite) Die ‚Vasallität' wurzelt vermutlich in der antik-germanischen ‚Gefolgschaft' – ein moderner Forschungsbegriff, der eine Kriegergemeinschaft aus freien Männern unter der Führung eines Herrn meint. Man konnte in einen solchen Personenverband eintreten, indem man sich dem Herrn auf Lebenszeit zur Treue verpflichtete. Schon Tacitus (ca. 55 – nach 116 n. Chr.) beschrieb den germanischen *princeps* („Fürst") und die *comites* („Gefolgsleute", „Begleiter"). Auch Julius Cäsar schilderte die Germanen als Kampfgemeinschaften. Diese germanischen Ursprünge wurden im Frühmittelalter insofern verändert, als sich statt der Vielzahl von Gefolgschaften die Bindung an einen König zunehmend durchsetzte. Die Freiwilligkeit des Eintritts blieb aber weiterhin von großer Bedeutung.

Bereits in der Zeit der Merowinger (6.–Mitte 8. Jahrhundert) rückte beim Eintritt in die Gefolgschaft der Gedanke des Schutzes in den Vordergrund. Der fränkische Geschichtsschreiber des 6. Jahrhunderts, Gregor von Tours (538–594), benutzte für den Vorgang des Eintritts in die Gefolgschaft das lateinische Wort *commendare* – „sich in die Hand eines anderen geben". Es entstand so ein asymmetrisches Verhältnis zwischen Herrn und Gefolgsmann, das ein

Kommendation

fränkisches Urkundenformular aus der ersten Hälfte des 8. Jahrhunderts deutlich werden lässt:

> „Wer sich der Gewalt eines anderen übergibt: [...] Es ist allen bekannt, dass ich nichts besitze und daher der Kleidung und Nahrung bedarf. Daher habe ich mich an Eure Vornehmheit gewandt und beschlossen, mich in euren Schutz zu begeben oder zu kommendieren. Dies habe ich auch getan, und zwar so, dass Ihr mir mit Lebensunterhalt und Kleidung helfen und mich unterstützen mögt gemäß dem Dienst, den ich Euch leisten werde. Bis zu meinem Tod werde ich Euch im Stand eines Freien Dienst und Gefolgschaft leisten, mich zeitlebens Eurer Verfügungsgewalt niemals entziehen und mein Leben unter Eurem Schirm und Schutz führen."
> (*Fränkisches Urkundenformular*, S. 158, Übersetzung d. Verf.)

Eindeutig ist das Gefälle zwischen beiden Vertragspartnern erkennbar, das nur in eine Abhängigkeit führen konnte. Die versprochenen Dienste mussten aber mit dem Stand eines Freien vereinbar bleiben. Der Rechts-

Rangfragen

status der persönlichen Freiheit war mit einer sozialen Nachrangigkeit des Lehnsmanns gekoppelt, worauf auch die sprachliche Wurzel des Wortes ‚Vasall' hindeutet, die in dem keltischen *gwas* (‚Knecht') zu liegen scheint.

Der Kern der im Urkundenformular wechselseitigen Verpflichtungen wird in zwei Paarformeln ausgedrückt. Der Vasall leistet dem Herrn Treue und Dienst und erhält dafür Schutz und Unterhalt. Konkreter heißt dies: Der Lehnsherr gewährt seinem Lehnsmann militärischen Beistand, wenn dieser bedroht wird, und unterstützt ihn vor Gericht. Darüber hinaus stattet er den Lehnsmann mit Besitz und Rechten aus, die diesem zum Lebensunterhalt dient.

Dem Lehnsmann wurden im Gegenzug Treue und Dienst abverlangt. Bemerkenswert ist in diesem Zusammenhang die Pflicht zur Treue (lateinisch *fidelitas*). Denn während ein Abhängiger gehorchen musste, war Treue ein willentlicher, bewusster Akt. Und er band den Vasallen ebenso wie den Herrn. Dies führte trotz möglicher materieller Bedürftigkeit zu einer sozialen Aufwertung der Lehnsmänner und hebt nochmals das Lehnswesen von der bloßen Landleihe ab.

Doch mit Treue allein war es nicht getan. Die Vasallität begründete eine Dienstpflicht, für die häufig die Formel „Rat und Hilfe" verwendet wird. Sie ist eine direkte Übersetzung der lateinischen Begriffe *consilium* und *auxilium* in den zeitgenössischen Quellen. Der Lehns-

Beratung und Waffendienst

mann hatte seinem Herrn Beratung zu gewähren, ihm bei Gericht, in der Verwaltung und bei politischen Dingen zumindest durch sein Wissen und seine Meinung zu assistieren. *Auxilium* meint dagegen sehr konkret die Unterstützung in Form von Waffendienst.

Materielle Komponente

Damit rückt die zweite, materielle Komponente des Lehnswesens ins Blickfeld: Besitz, Rechte oder Einkünfte, die dem Lehnsmann zur Nutzung übertragen werden; all dies wird auf den kurzen Begriff ‚Lehen' gebracht. Mitunter ermöglichte erst ein solches Lehen die Erfüllung der Verpflichtungen, die aus der Vasallität herrührten. Die jüngere Forschung bestreitet mit guten Gründen die Annahme, dass das Lehen erst im Hochmittelalter gegenüber den personalen Bindungen der Vasallität an Bedeutung gewann. Die persönlichen Dienste des Lehnsmanns etwa wurden später oft in Geldzahlungen umgewandelt, an die Stelle von Kampftruppen, die der Lehnsmann selbst in die Schlacht zu führen hatte, erhob man Umlagen für Söldner.

Lehnsgüter

Als Lehen kam zunächst Grundbesitz in Betracht. Er konnte selbst bearbeitet werden, war aber vor allem als Quelle von Einkünften und Rechten begehrt. Infolge der Intensivierung der Geldwirtschaft wurden seit dem 12. und 13. Jahrhundert Lehnsformen angewandt, die reine Geldbeträge zum Gegenstand hatten (Rentenlehen, Geldlehen, Pfandlehen). Der rasante Ausbau der Burgen im hohen Mittelalter erschuf das Burglehen. Der Lehnsherr verpflichtete gegen Naturalien oder Geldbeträge die Burgmannen zur Bewachung und gegebenenfalls Verteidigung einer seiner Burgen. Er gewann also durch die Lehnsvergabe Personal für seine eigenen Verteidigungsanlagen, die nicht selten auch administrative Zentren des umliegenden Territoriums waren. Natürlich konnte er auch komplette Burgen zu Lehen geben. Vom Spätmittelalter an sind die Lehensformen derart variantenreich, dynamisch und regional geprägt, dass der Versuch einer Systematisierung vorschnell, ja fehl am Platze wäre. (Patzold 2012, S. 107–116)

In seiner Konstruktion ähnelt das Lehnswesen der Grundherrschaft (→ KAPITEL 4.2). Auch dort wird Land gegen Leistung übertragen, werden personenrechtliche Bindungen geschaffen. Auch im Wortlaut der deutschsprachigen Quellen liegen bäuerliche Landleihe und Lehen mitunter verwirrend dicht beieinander. Umso wichtiger ist es, sich den Unterschied zwischen beiden Systemen in ihrer jeweiligen Modellform klarzumachen. In der Grundherrschaft werden die Beziehungen zwischen dem Grundherrn und den von ihm rechtlich abhängigen Bauern geregelt. Das Lehnswesen setzt dagegen eine Stufe darüber an. Es ist ein Vertrag zwischen persönlich freien, zunächst voneinander unabhängigen Menschen zu beiderseitigem Nutzen und bleibt gesellschaftlich auf eine andere Gruppe beschränkt als die sozial umfassende Grundherrschaft; es ist weitgehend ein Phänomen innerhalb der Welt des Adels und der Ritter. Der Unterschied wird noch deutlicher, wenn wir uns klarmachen, dass ein Lehen, das zur Ausstattung eines Vasallen vergeben wurde, aus einer oder mehreren Grundherrschaften bestehen konnte.

Ende der Lehnsbindung

Die grundlegende vertragliche Wechselseitigkeit zeigt sich deutlich noch einmal am Ende einer Lehnsbindung. Das oben zitierte Urkundenformular des 8. Jahrhunderts ging davon aus, dass sich der Lehnsmann auf Lebenszeit in die Gefolgschaft des Herrn begab. Starb der Herr (Herrenfall) oder starb der Mann (Mannfall) erlosch der Vertrag, der allein auf die Personen bezogen war. Das Lehen fiel jeweils an den Herrn oder seinen Rechtsnachfolger zurück und konnte dann erneut ausgegeben werden. Dieser strikten Vorstellung der modernen Juristen entsprach die mittelalterliche Praxis nur bedingt. Denn die Lehnsleute versuchten, ihr Benefizium auch über den Herren- oder Mannfall hinweg in der Hand zu behalten, um es auf dem Weg des dauerhaften Besitzes in Eigengut (Allod) umzuwandeln und als freies Erbe in der Familie weitergeben zu können. Die Erblichkeit der Lehen, die im Hochmittelalter deutlich zu verfolgen ist, war auf Dauer nicht aufzuhalten.

Auch eine Lösung des Lehnsvertrages war möglich. Gründe hierfür boten vor allem Pflichtverletzungen. Versäumte der Herr, seinem Vasallen Schutz zu gewähren, oder vernachlässigte er die Ausstattung, so konnte der Lehnsmann die Treue aufkündigen; lateinisch spricht man von *diffidatio*. Umgekehrt konnte der Herr das Lehen einziehen, wenn der Vasall gegen seine Dienst- oder Treuepflicht verstieß (Felonie).

Forschungskontroverse Entstehung

In der vorgestellten Form ist das Lehnswesen weitgehend ein Konstrukt der Forschung – ein Konstrukt, das der Suche nach der inneren Ordnung mittelalterlicher Gemeinwesen geschuldet ist. Weil diese meist ohne schriftlich fixierte Ordnungen oder gar Verfassungen auskamen, rekonstruierte man aus einzelnen Quellenbelegen mit juristischem Scharfsinn Funktionsweisen und Systeme als Baupläne mittelalterlicher Staatlichkeit; so auch „das Lehnswesen". Nach einer radikalen Attacke auf die zum Handbuchwissen gewordenen traditionellen Ansichten (Ganshof 1944) von Susan Reynolds im Jahr 1994 verstärkte sich die Beschäftigung mit dem Thema. Abschließende Neubewertungen sind noch selten, doch zeigt sich ein Trend zu Differenzierung und Modellkritik.

Statt die Verbindung von Vasallität und Lehen in die Zeit des 7./8. Jahrhunderts zu datieren, betont man heute die Vielfalt der Leiheformen und Gefolgschaftsverhältnisse, die in den Quellen dieser Zeit dokumentiert sind. Erst im 11. bis 13. Jahrhundert lassen sich in größerem Umfang Praktiken nachweisen, die dem vorgestellten Modell in etwa entsprechen. Regional unterscheiden sich die Befunde erheblich. Das eingangs zitierte Lehnsgesetz Friedrich Barbarossas von 1154 fixierte demnach wohl nicht eine lange geübte Praxis, es wäre eher ein Zeugnis für die Anfänge des Lehnswesen im klassischen Sinne. Die Klagen über die Entfremdung von Lehen durch die Vasallen wären dann keine Degenerationserscheinung des Lehnswesens, sondern diesem offenbar von vornherein eigen.

Mit dieser chronologischen Verschiebung der Anfänge des Lehnswesens und mit dem Verschwimmen seiner Modellkonturen geraten die alten Interpretationen unter Druck. Als hauptsächliches Konstruktionsprinzip mittelalterlicher Staatlichkeit, wie es Heinrich Mitteis interpretierte, taugt es nicht mehr. Wenn es sprachlich möglich wäre, müsste man Lehnswesen ob seiner Erscheinungsvielfalt im Plural benutzen (Patzold 2012, S. 120).

5.2 Strukturen einer Kriegerkaste

So unverzichtbar die Klärung der historischen Wurzeln und der rechtlichen Grundregeln des Lehnswesens ist, so sehr muss man sich bewusst sein, dass unsere analytische Betrachtung des Phänomens den realen mittelalterlichen Praktiken nie völlig gerecht wird. Die damaligen Zeitgenossen bauten lange Zeit weniger auf schriftlich fixierte Vereinbarungen. Sie bewegten sich in einer Welt, in der symbolische Akte, Gesten und Gebärden eine weit unmittelbarere Wirkung entfalteten als Urkunden und Gesetzestexte, deren Inhalt nur Eingeweihten verständlich war und deren Medium, das geschriebene Wort, aufgrund der wenig verbreiteten Lesefähigkeit den Zugang erschwerte.

Lehnsmann werden

Auch ein Lehnsverhältnis wurde durch eine Urkunde nur gesichert, nicht aber begründet (→ KAPITEL 9); dazu musste man öffentlich handeln.

Symbolische Handlung

Es sind Bildquellen wie diese Miniatur (→ ABBILDUNG 8) in einer Rechtshandschrift aus dem 14. Jahrhundert, die uns die Handlungswelten des Mittelalters eröffnen. Sie entstammt einem Rechtsbuch, das sich ausschließlich mit Fragen des Lehnsrechts beschäftigt. Dargestellt ist der Akt der *commendatio*, der Selbst-Übertragung an einen Lehnsherrn. Dieser Herr sitzt links auf einem Stuhl, während sein künftiger Lehnsmann vor ihm niederkniet. Der Fuß des Knienden ragt sogar aus dem Rahmen des Bildes heraus. Beide agieren also nicht auf gleicher Augenhöhe, das Ranggefälle zwischen ihnen ist sichtbar. Zwischen beiden Personen vollzieht sich die entscheidende Handlung. Der Lehnsmann faltet seine Hände und streckt sie dem

Abbildung 8: Libri feudorum (Initiale) (14. Jahrhundert)

Lehnsherrn entgegen. Die Geste bedarf der Übersetzung. Offen dargebotene oder gefaltete Hände symbolisieren das Fehlen von Waffen, zeigen Schutzlosigkeit ebenso wie Arglosigkeit. Der Lehnsmann erklärt mit dieser Handhaltung für alle Umstehenden sichtbar, dass er sich dem Schutz seines Gegenübers anvertrauen will. Der Lehnsherr umfasst seinerseits die dargebotenen Hände mit den seinen. Er nimmt den Schutzlosen auf.

Man nennt diesen Akt der Übertragung entsprechend Handgang. Das Sprichwort „sich in die Hand eines anderen begeben" erhält hier eine sinnfällige Bedeutung. Im Lateinischen spricht man von *hominium* oder *homagium* und betont damit eine andere Wurzel. In beiden Wörtern steckt *homo* – der Mann. Damit rückt der Aspekt in den Vordergrund, dass der Freie auf der rechten Seite Mannschaft leistet, sich zum Gefolgsmann macht. Diesem Akt, der den Lehnsvertrag zwischen beiden begründete, folgte meistens noch die Ableistung eines gegenseitigen Treueversprechens, in einigen Fällen auch der sogenannte Lehnskuss, der aber nie obligatorisch war.

Hominium

Abbildung 9: Übergabe von Zepter und Fahnen als Investitursymbole (aus dem *Sachsenspiegel*, um 1230), Ausschnitt aus der Heidelberger Bilderhandschrift (um 1330)

Damit war die Bindung zwischen beiden Partnern bekräftigt, die Übertragung des Lehens stand aber noch aus. Sie erfolgte ebenfalls auf dem Wege der für alle Umstehenden sichtbaren Handlung im Vorgang der Investitur in das Lehen (lateinisch *investitura* „Einkleidung", „Einsetzung"). Der Lehnsherr überreichte dem neuen Vasallen ein Symbol des Besitzes oder der Rechte, mit denen er ihn ausstattete. Häufig wurden Zepter oder Fahnen gewählt (→ ABBILDUNG 9), um das komplexe Bündel von Besitz, Einkünften und Rechten verkürzt darzustellen, die aus dem übertragenen Lehen entsprangen. Mit dem Investitursymbol gingen sie in die neuen Hände über.

Investitur

Entscheidend war bei diesen Handlungen die Herstellung von Öffentlichkeit. Belehnungen wurden immer vor Zeugen vollzogen. Dies erlaubte später die Bestätigung der Vorgänge durch die Anwesenden, diente aber auch der Zurschaustellung und Bekräftigung des sozialen Ordnungsgefüges. Zeitgenössische Darstellungen zeigen den Lehnsherrn in zentraler Position, physisch und in der Gestik seinem Rang angemessen über die Vasallen erhöht. Im 15. Jahrhundert nahm dieses Bedürfnis nach öffentlicher Inszenierung, ungeachtet der wachsenden Bedeutung juristischer Sachverhalte und deren schriftlicher Fixierung, mitunter erstaunliche Formen an. Mächtige Holztribünen wurden errichtet, um das Schauspiel weithin sichtbar zu machen.

Öffentlichkeit

Kriegsdienst

Lehnswesen und Kriegsdienst waren dem Anschein nach eng aufeinander bezogen. Nur wer über einträglichen Grundbesitz verfügte, war in der Lage, berittene Truppen auszurüsten, die militärisch lange Zeit die Schlachtfelder dominierten. Ein Lehnsherr konnte bei Bedarf Truppenkontingente von seinen Vasallen anfordern. Wir besitzen mit dem *Indiculus loricatorum*, dem Verzeichnis der Panzerreiter aus dem Jahr 981, eine aufschlussreiche Quelle, die als einzige den Mechanismus dieser Kriegslogistik zeigt. Damals befand sich Kaiser Otto II. bereits mit sächsischen Kriegern in Italien, forderte aber weitere Truppen aus seinem Reich in folgender Form an:

> „Bischof Erkembald (von Straßburg) soll 100 Panzerreiter schicken; der Abt von Murbach führe 20 mit sich; Bischof Balzzo (Balderich von Speyer) 20; Hildebald von Worms führe 40; der Abt von Weißenburg schicke 50 [...]“ (*Indiculus loricatorum*, S. 183).

Herzogtum für Herzogtum veranschlagte Otto sein Reich. Seine Anweisung scheint vor allem die Bischöfe und die großen Kirchen belastet zu haben, doch ist davon auszugehen, dass die weltlichen Großen in derselben Weise zur Gestellung herangezogen wurden.

Solche Kontingente mussten ausgerüstet, trainiert und unterhalten werden; das Lehen konnte hierfür die materielle Basis schaffen. Es stammte in der Regel aus Eigengut des Lehnsherrn. Dies machte die Eroberung von Land geradezu zu einer Grundbedingung dafür, eigene Vasallen mit Benefizien ausstatten zu können. Ein militärisch glückloser König, der nichts mehr zu verteilen hatte, konnte sich der bedingungslosen Treue seiner Gefolgsleute nicht lange sicher sein. So hatte nicht zuletzt die Aussicht auf reiche Beute Wilhelm, den Herzog der Normandie, und seine Truppen ermuntert, im Jahr 1066 den wegen der herbstlichen Überquerung des Ärmelkanals gefahrvollen Angriff auf England zu wagen. Mustergültig lässt sich im Anschluss an das siegreiche Unternehmen das Funktionieren einer landhungrigen Kriegergesellschaft beobachten. Wilhelm, nun König von England und später mit dem Beinamen „der Eroberer“ versehen, entfernte systematisch die unterworfenen angelsächsischen Adligen und übertrug deren Landbesitz zu unterschiedlichen Bedingungen an seine Gefolgsleute aus der Normandie. Der Austausch der politischen Eliten und die Belohnung des militärischen Engagements der normannischen Ritter waren eins.

Landhunger der Krieger

Das Verfahren war üblich, ist aber in diesem Falle besonders präzise dokumentiert. 1085 gab Wilhelm der Eroberer eine genaue Verzeichnung des Landbesitzes auf der Insel in Auftrag, um den Wert der Lehen zu ermitteln. Das Resultat dieser flächendeckenden Überprüfung ist das berühmte *Domesday Book*. Grafschaft für Grafschaft führt es Land und Landbesitzer samt deren Einkünften auf und macht so den tief greifenden Umbruch, den die Eroberung durch die Normannen bedeutete, ablesbar. Denn es sind dort nicht nur die aktuellen Landbesitzer aufgeführt, sondern auch ihre (angelsächsischen) Vorgänger. Man kann die Fälle ganz willkürlich herausgreifen: Bischof Odo von Bayeux, ein Halbbruder des Königs, erfreute sich in der Grafschaft Somerset unter anderem an Besitz, der zuvor dem Earl Leofwin gehört hatte, Odos Amtsbruder aus Coutances erhielt Land eines Alward, und in Yorkshire hatten vor 1066 unter anderem Menschen mit Namen Edwin, Tosti oder Morcar den Grund und Boden besessen, der nun in der Hand des neuen Königs lag. *Domesday Book*

5.3 Europäische Feudalgesellschaften

In England ging nach der Eroberung alle Gewalt vom neuen König aus. Er allein vergab Benefizien in Form von Land und Rechten an seine Vasallen, die wiederum ihren Lehnsbesitz zum Teil an eigene Vasallen weiter verliehen. Auf diese Weise entstand eine Hierarchie der Lehnsgesellschaft, die das gesamte Reich erfasste. Es bildete sich ein abgestufter Verband, an dessen Spitze der König stand. Er konnte direkt auf die von ihm selbst belehnten Kronvasallen einwirken, nur indirekt dagegen auf die weit zahlreicheren Aftervasallen (nachrangige Vasallen), die in Diensten der Kronvasallen standen. Dieses idealtypische Bild der im Herrscher gipfelnden Lehenshierarchie ist heute überholt, weil die Forschung andere Formen der Bindung zwischen König und Untertanen stärker gewichtet als früher. Gleichwohl dient es als abstrahierendes Verständnismodell. Die in vielen Lehrbüchern abgebildete Lehnspyramide mit dem König an ihrer Spitze sagt daher weniger über den Aufbau mittelalterlicher Herrschaft aus als über Vorstellungen und Konzepte der Historiker. In der Pyramidenform zeigt sich der Grundgedanke mittelalterlicher Staatlichkeit, wie er der verfassungsgeschichtlich orientierten Forschung des 19. und 20. Jahrhunderts vorschwebte: Zwar gab es keine zentrale staatliche Lenkung über einen Behördenapparat, aber die Ämter des Reiches waren direkt oder über mehrere Stufen der Hierarchie mit dem Herrscher verbunden, der aufgrund der Treueversprechen flächendeckend Loyalität beanspruchen konnte (Mitteis 1940). Die Realitäten des Mittelalters decken sich jedoch nur bedingt mit den Ordnungsvorstellungen der Moderne und den Bedürfnissen didaktischer Vereinfachung. Lehnspyramide

Gern werden derart aufgebaute Gemeinschaften als Feudalstaaten bezeichnet, die Epoche als Zeitalter des Feudalismus. Der Begriff Feudalismus ist direkt vom mittellateinischen *feudum*, dem Wort auch für Lehen, abgeleitet, doch wie der Terminus Lehnswesen ist auch Feudalismus eine gedankliche und begriffliche Schöpfung der Neuzeit. Beide sind synonym, sofern man das technische und juristische Phänomen im Blick hat. Feudalismus wird im weiteren Sinne aber auch zur Kennzeichnung einer bestimmten Gesellschaftsordnung verwendet, die agrarisch bestimmt war und in der sich Grund und Boden in den Händen einer abgeschlossenen adligen Oberschicht befanden. Feudalismus ist ein Kampfbegriff der französischen Revolution, der sich gegen die Ordnung des Ancien régime richtete. In der marxistischen Geschichtsauffassung stand Feudalismus schließlich für einen Entwicklungsschritt, den jedes Gemeinwesen auf seinem Weg von der Sklavenhaltergesellschaft zur bürgerlichen Revolution zurückzulegen hatte. Bei diesen modernen Bedeutungsvarianten steht nicht die Beschreibung des mittelalterlichen Lehnswesens im Vordergrund, sondern seine gesellschaftsgeschichtliche Bewertung (Patzold 2012, S. 13).

Feudalismus

Wie sehr das Lehnswesen selbst eine Frage der Bewertung ist, zeigt beispielhaft die Forschungsentwicklung der letzten Jahre zu Kernetappen seiner Entwicklung im Reich. Lange Zeit war man gewiss, dass das Lehnswesen schon vom 10. Jahrhundert an zur Bindung von Amtsträgern wie Grafen und Herzögen benutzt und dann von den Staufern im 12. Jahrhundert zum bestimmenden Prinzip der Reichsorganisation ausgebaut wurde. Das Wormser Konkordat des Jahres 1122, mit dem auf Reichsgebiet der Investiturstreit seinen formalen Abschluss fand, bildete einen Markstein dieser Entwicklung. Denn statt der Einweisung der Bischöfe in ihr Amt mit den geistlichen Symbolen Ring und Stab, die die Kirche vehement bekämpft hatte, sollte der König fortan die Kandidaten nur noch in den weltlichen Besitz und die Rechte einsetzen, die mit dem geistlichen Amt verbunden waren. Dafür sollten die Kandidaten ihm Mannschaft (*hominium*) leisten und aus der Hand des Herrschers ein Zepter empfangen. Aufgrund dieser, einer Einweisung in ein Lehen ähnlich erscheinenden Zeremonie galten nun auch Äbte und Bischöfe in das königliche Lehnssystem eingegliedert (Classen 1973). Von heute aus betrachtet ist dies eine Überinterpretation. Denn *hominium* begegnet als Ausdruck keineswegs nur im Kontext des Lehnswesens. Das Wormser Konkordat muss an dieser Stelle also sehr viel offener gedeutet werden als lange angenommen (Dendorfer 2010).

Die staufischen Herrscher erprobten seit der Mitte des 12. Jahrhunderts verstärkt die Verbindung von Vasallität und Lehen. Davon zeugen die präziser werdenden Rechtstexte, in denen strittige Fragen systematisch geregelt und erläutert wurden. Die Eingangsquelle dieses Kapitels gehört ebenso dazu wie die Rechtsbücher, in denen Bestimmungen gesammelt und nach Themenbereichen systematisiert wurden. Der *Sachsenspiegel* Eikes von Repgow, eine Sammlung von Rechtsgewohnheiten, die zwischen 1220 und 1235 niedergeschrieben wurde und das Recht in deutschen Landen massiv beeinflusst hat, bietet mit der sogenannten Heerschildordnung eine prägnante Gliederung der damaligen (Lehns-)Gesellschaft. Den Beginn der Kapitel über das Lehnsrecht in Eikes Buch macht eine Aufreihung von sieben Wappenschilden, die gleichsam die Stufen der Lehnshierarchie bilden. Oben steht der König, gefolgt von den geistlichen Fürsten, dann von den weltlichen Fürsten. Den vierten Schild nehmen die Grafen ein, den fünften die freien Herren, den sechsten wiederum deren Vasallen. Der siebte Schild bleibt unbestimmt und ist vermutlich angeführt, um die heilige Siebenzahl zu erreichen.

Heerschildordnung

Die Heerschildordnung hat der Lehnspyramide, dem Verständnismodell moderner Historiker, gedanklich vorgearbeitet, doch ging es damals nicht um eine auf den König bezogene Gesamthierarchie. Der Heerschild bezeichnete das Recht, Vasallen aufzubieten. Die Heerschildordnung legte in diesem Sinne fest, dass ein Lehnsherr nur Vasallen haben konnte, die im Rang des sozialen Ordnungsmusters unter ihm standen. Das Gefälle zwischen Herrn und Mann musste gewahrt bleiben. Eike von Repgow wies darauf unmissverständlich hin, indem er eingangs feststellte, dass geistliche und weltliche Fürsten ursprünglich denselben (zweiten) Heerschild eingenommen hätten. Da aber die weltlichen von den geistlichen Fürsten Lehen angenommen hätten, seien sie im Rang unter die Geistlichen abgerutscht. Die Heerschildordnung visualisiert also nichts weniger als die mittelalterliche Standesordnung des Adels, die im Kern das gesamte Mittelalter hindurch Gültigkeit behielt und deren Lehnsvorschriften doch keineswegs so fest zementiert war, wie Eikes Rechtsbuch sie erscheinen lässt. Die Wirklichkeit durchbrach nicht selten solche mittelalterlichen Normen, die weniger Gesetze waren als eingeübte und verallgemeinerte Gewohnheiten.

... als Rangordnung

Im günstigsten Falle war der Lehnsverband oder genauer gesagt die Summe der Lehnsverbände eines Reiches durch diese gestufte Ordnung auf die Spitze, auf den Herrscher, ausgerichtet. Solange man Lehen nur von einem Herrn besaß, war es wohl nicht schwer, ihm die Treue zu halten. Was aber, wenn man Lehen von unterschiedlichen Herren hielt und diese Herren miteinander in Konkurrenz oder gar in Konflikt gerieten? Konkret: Was tat ein Vasall in der Normandie oder in Südwestfrankreich, der gleichzeitig Lehen vom französischen und vom englischen König inne hatte, die einander im Hoch- und Spätmittelalter ausdauernd bekämpften? Beiden gleichzeitig Loyalität zu erweisen, war kaum möglich und für den Lehnsmann zudem kaum lohnend. Man hat daher angenommen, dass die Vasallen solche Konflikte auszusitzen versuchten. Zumindest für Deutschland lassen die Quellen aber erkennen, dass die Lehnsleute in diesen Situationen zur definitiven Parteinahme für einen ihrer Lehnsherren genötigt wurden (Spieß 2009, S. 35).

Loyalitätskonflikte

Mehrfachbelehnungen, die im Hochmittelalter schnell um sich griffen, führten zur Abschwächung der Treuebindung. In Konfliktsituationen konnte der Lehnsmann abwägen, wem er seine Loyalität gewährte und wem nicht. Wiederum im Westen des Kontinents beginnend, versuchte man gegen diese faktische Wahlfreiheit einen unbedingten Treuevorbehalt durchzusetzen. Der Lehnsherr erklärte sich zum ligischen Lehnsherrn (mittellateinisch *ligius* „ungeschmälert“), dem der Vasall vorbehaltlos *contra omnes homines* – „gegen alle anderen“ beizustehen hatte. Mithilfe dieser Ligesse suchten insbesondere die englischen und französischen Könige im Spätmittelalter einen Treuevorbehalt zu ihren Gunsten durchzusetzen. Ihr Erfolg war sporadisch, die Attraktivität der ligischen Lehen blieb, auf das gesamte Europa bezogen, gering.

Ligische Lehen

Fragen und Anregungen

- Rekapitulieren Sie die symbolischen Handlungen bei der Vergabe eines Lehens. Versuchen Sie dabei, die Gesten und die verwendeten Symbole in ihrem Bedeutungsgehalt zu charakterisieren!
- Stellen Sie die mittelalterliche Heerschildordnung und das Modell der Lehnspyramide einander gegenüber und versuchen Sie, die Unterschiede im Detail zu beschreiben. Entwerfen Sie im zweiten Schritt eine grafische Umsetzung, die der Heerschildordnung angemessener ist!
- Analysieren Sie die gedanklichen Beziehungen zwischen den Begriffen Lehen, Feudalgesellschaft und Feudalismus!
- Finden Sie gegenwärtige Formen feudalistischer Gesellschaftsordnungen!

Lektüreempfehlungen

Quellen

- **Walter Koschorrek (Hg.): Der Sachsenspiegel in Bildern. Aus der Heidelberger Bilderhandschrift,** Frankfurt a. M. 1976, Nachdruck 2006. *Der in Bezug auf die Forschungslage nicht mehr ganz aktuelle Band bietet zahlreiche Abbildungen der prachtvollen Handschrift und erläutert deren rechtliche Symbolik. Mehrere illuminierte „Sachsenspiegel"-Handschriften sind im Internet zugänglich.*
- **Karl-Heinz Spieß: Das Lehnswesen in Deutschland im hohen und späten Mittelalter,** Idstein 2002; 2., verbesserte und erweiterte Auflage Stuttgart 2009. *Nach einer forschungsorientierten Einleitung eröffnet die umfangreiche Auswahl von kommentierten und teils übersetzten Quellen einen bequemen und zuverlässigen direkten Zugang zum Thema.*

Forschung

- **Marc Bloch: Die Feudalgesellschaft,** Paris 1939, durchgesehene deutsche Neuausgabe Stuttgart 1999. *Ein Klassiker der sozialgeschichtlichen Forschung, der die gesamtgesellschaftlichen Wirkungen des Lehnswesens beschreibt.*
- **Jürgen Dendorfer / Roman Deutinger (Hg.):** Das Lehnswesen im Hochmittelalter: Forschungskonstrukte – Quellenbefunde – Deutungsrelevanz, Ostfildern 2010. *Wichtiger, Problemhorizonte aufweisender Band zur Entwicklungsphase des Lehenswesens.*
- **François-Louis Ganshof: Was ist das Lehnswesen?,** Brüssel 1944, 7. deutsche Auflage Darmstadt 1989. *Ältere Einführung, deren präzise Vorstellungen von der modernen Forschung nicht mehr geteilt, sondern zur Profilierung neuer Sichtweisen genutzt werden.*
- **Heinrich Mitteis: Der Staat des hohen Mittelalters. Grundlinien einer vergleichenden Verfassungsgeschichte des Lehnszeitalters,** Weimar 1940, 11. Auflage 1986. *Betrachtet das Lehnswesen als Grundprinzip insbesondere hochmittelalterlicher Staatlichkeit und verfolgt die Phänomene europaweit von den Germanen bis zum Ausgang des Mittelalters. Die strikt verfassungsrechtliche Perspektive wird von der modernen Forschung nur mit großen Vorbehalten akzeptiert. Sie bildet nur ein Segment heutiger Zugangsweisen ab und entwirft wohl zu stark eine verbindliche Mechanik rechtlicher und gesellschaftlicher Prozesse.*

- **Steffen Patzold:** Das Lehnswesen, München 2012. *Instruktive und gut lesbare Übersicht über die Kritik an der älteren und den Stand der gegenwärtigen Forschung.*
- **Susan Reynolds: Fiefs and Vasalls,** Oxford 1994, Nachdruck 1996. *Stellt die frühmittelalterlichen Anfänge des Lehnswesens infrage und löste damit eine heftige Diskussion im Fach aus.*
- **Hans K. Schulze: Grundstrukturen der Verfassung im Mittelalter,** Bd. 1, Stuttgart 1985, 4. Auflage 2004, S. 54–94. *Zuverlässige Orientierung über die rechtlichen Grundlagen und ihre praktische Umsetzung, allerdings ohne die jüngeren Entwicklungstendenzen.*

6 Von Bürgern und Einwohnern: die Stadt

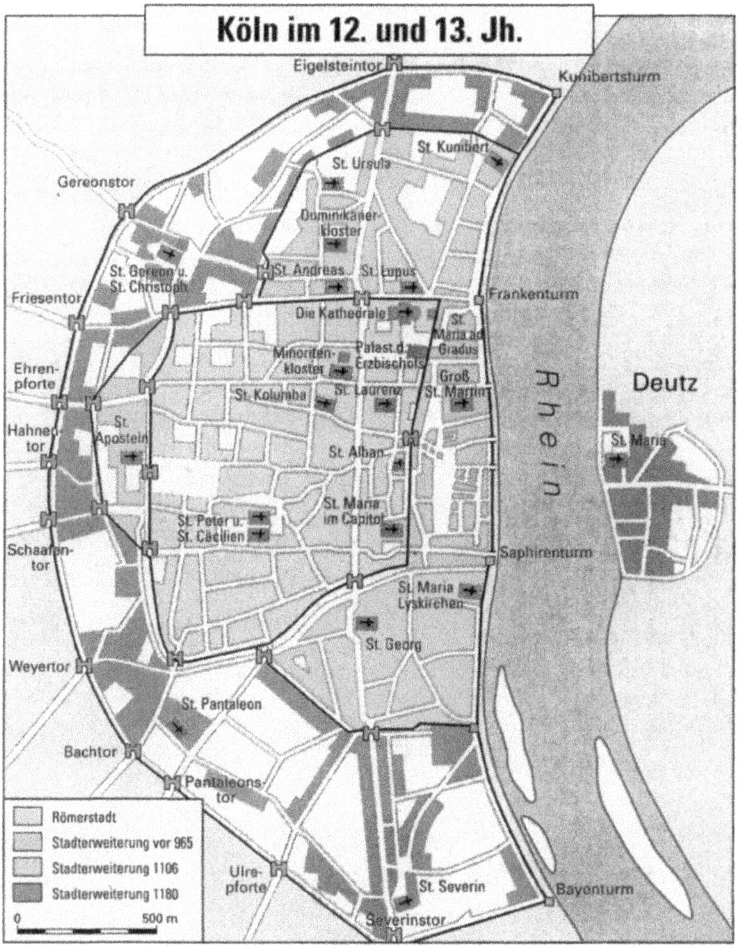

Abbildung 10: Köln im 12. und 13. Jahrhundert

Städte entwickeln sich. Auf einen Blick zeigt die Rekonstruktion des mittelalterlichen Köln im vorliegenden Plan die historischen Wachstumsphasen der Siedlung am Rhein, die im Mittelalter die größte Stadt im späteren Deutschland war: die fast quadratische Grundanlage der Römerstadt, die über lange Zeit hinweg ausreichend blieb; die Ausdehnung zum Rheinufer hin, die entstand, als man im 7. Jahrhundert den verlandenden Rheinhafen zuschüttete; das 1106 neu befestigte Areal und schließlich das charakteristische, über 400 ha große Halbrund links des Rheins, für das Kaiser Friedrich I. Barbarossa den Kölnern 1180 eigens das Recht zum Bau einer neuen Stadtbefestigung zugestand. Fast ein Jahrhundert sollte es dauern, bis der Mauerring um die Stadt mit seinen 52 Türmen und zehn Toren geschlossen war.

Nur erahnen kann man anhand des Planes, welche dynamischen Kräfte die rapide Ausweitung der Siedlungsfläche jeweils vorangetrieben hatten. Wirtschaftlicher Aufschwung und Bevölkerungsanstieg gingen Hand in Hand, doch garantierte dies allein noch keine städtische Blüte. Eine Stadtgemeinde musste sich bilden, sich in oftmals zehrenden Kämpfen aus der Gewalt des Stadtherrn – in Köln war dies der Erzbischof – lösen, Handlungsspielraum gewinnen. Diese innere Autonomie galt es schließlich auch formal durch verbriefte Vorrechte abzusichern, wollte man als selbstständiges Gemeinwesen auftreten.

Die Geschichte einer mittelalterlichen Stadt ist von vielen variablen Konstellationen abhängig und trägt daher vielgestaltige Züge. Die Handelsmetropole Köln ist mit einer Kleinstadt auf dem Lande kaum zu vergleichen. Dennoch lassen sich Grundmuster der Entstehung, Entwicklung und Gestaltung erkennen, die es erlauben, von „der mittelalterlichen Stadt“ zu sprechen. Was machte diese Stadt aus? Wie funktionierte die Lenkung des Gemeinwesens? Wie staffelte sich die Bevölkerung in ihren Mauern?

6.1 Ein vielgestaltiges Phänomen

Definitionsprobleme

„Stadt" zu definieren ist nicht leicht. Entsprechende Versuche geraten entweder zu allgemein und bleiben damit nichtssagend, oder sie sind zu eng gefasst und damit nicht handhabbar. Die wechselnde Bevorzugung politisch-administrativer, ökonomischer oder sozialer Stadtbegriffe macht eine klare Profilierung nicht einfacher. In den einschlägigen Büchern sucht man daher oft vergeblich nach einer konzisen Begriffsbestimmung des komplexen Phänomens. Eine Richtung wies indes bereits Isidor von Sevilla, ein Gelehrter des 7. Jahrhunderts. In seinen *Etymologien* (um 630 abgeschlossen), einer Art mittelalterlichen Wörterbuchs, nennt er die umgebende Mauer als charakteristisches Merkmal einer Stadt. Von Isidor ausgehend kann man „Stadt" allgemein als einen von Mauern umgrenzten Lebens- und Rechtsbereich mit all seinen Funktionen differenziert beschreiben. Eines der modernsten Überblickswerke der Stadtgeschichtsforschung, die *Cambridge Urban History of Britain*, gibt dagegen zu bedenken: „Isidore of Seville had defined a city (*urbs*) as ‚made by its walls', and German and French medievalists still tend to assume a similar definition" (Palliser 2000, S. 175). Die feine britische Polemik setzt der kontinentalen Mauer-Fixierung einen Stadtbegriff entgegen, der im Gedanken der Urbanität, einer spezifischen städtischen Lebensart, wurzelt; statt der äußeren Form wird die vitale Qualität betont. Freilich galt weder die simplifizierende Gleichung „Mauer = Stadt", noch vermag der Begriff „Urbanität" auf einen Schlag definitorische Klarheit zu schaffen. Auch er summiert letztlich zahlreiche Elemente und Facetten.

Kriterienbündel statt Definition

Es bietet sich an, an die Stelle einer absoluten Definition ein Bündel von Wesensmerkmalen zu setzen, die in ihrer Summe die mittelalterliche Stadt charakterisieren. Diese Merkmale lassen sich in fünf Aspekten fassen: wirtschaftlich, rechts- und verfassungsgeschichtlich, sozialgeschichtlich, unter dem Gesichtspunkt der Zentralität und schließlich siedlungsgeschichtlich beziehungsweise topografisch.

Wirtschaftliche Aspekte

1. Das städtische Wirtschaftsleben war durch Handel und Gewerbe bestimmt. Der städtische Markt bestand zum einen aus dem gewöhnlichen täglichen oder wöchentlichen Markt für den Alltagsbedarf, der durch die landwirtschaftliche Überproduktion des Umlandes gedeckt wurde. Hinzu kamen überregionale Jahrmärkte und Messen, die für den Fernhandel attraktiv waren. In der Stadt wurde aber nicht nur konsumiert, sondern auch produziert. Qualifizierte handwerkliche Arbeit konzentrierte sich immer stärker in der Stadt, wurde dort technisch spezialisiert und durch arbeitsteilige Verfah-

ren wirtschaftlicher gestaltet. In der Stadt produzierte Waren konnten unmittelbar vermarktet und in den Handelskreislauf eingeschleust werden. Die Konzentration auf Handel und Gewerbe in der Stadt bedeutete nicht, dass die Stadtbürger ohne Interesse an der Landwirtschaft waren. Sie betätigten sich aber seltener als Landwirte, eher als Eigentümer von Land, das sie gezielt nach den Bedürfnissen des städtischen Marktes nutzten, indem sie dort etwa Färbepflanzen anbauen ließen (→ KAPITEL 4.2).

Rechtliche Aspekte

2. Die Mauer diente nicht nur Verteidigungszwecken, sie markierte den Geltungsbereich städtischer Autonomie und schied diesen sichtbar vom Umland, wo andere die Herrschaft ausübten. Innerhalb der Befestigung regierte die Bürgerschaft, die *universitas civium* (lateinisch „Gesamtheit der Bürger"), als selbstständige Körperschaft, deren vollgültige Mitglieder nur die Bürger (lateinisch *cives*) der Stadt waren. Innerhalb der Mauer entstand damit ein besonderer Friedensbereich, in dem das Stadtrecht galt. Es bestand einerseits aus vom Stadtherrn verliehenen Privilegien, andererseits aus dem von der Stadtgemeinde autonom gesetzten Recht. Die Autonomie der Bürgergemeinde war von Ort zu Ort verschieden ausgeprägt und abhängig davon, in welchem Maße sich die Bürgerschaft aus der Gewalt des Stadtherrn zu emanzipieren vermochte. Daher waren mittelalterliche Stadtgemeinden zwar autonom – das heißt, sie konnten ihre inneren Angelegenheiten selbstständig regeln –, nicht aber souverän in dem Sinne, dass sie überhaupt keiner anderen Gewalt mehr unterworfen waren.

Soziale Aspekte

3. Die Bürger waren in rechtlicher wie in sozialer Hinsicht privilegiert, doch machten sie nur einen Teil der Stadtbevölkerung aus. Die Einwohnerschaft wies eine differenzierte Sozialstruktur auf, deren Kern zumeist Kaufleute, Handwerker, kleine Händler und Gewerbetreibende bildeten. In kleinen Städten konnten jedoch durchaus bürgerliche Landwirte dominieren (Ackerbürgerstadt).

Zentralität

4. Die Stadt war Mittelpunkt ihres Umlands. Dies gilt weniger im geografischen Sinne der Verkehrslage, es soll vielmehr andeuten, dass in der Stadt Einrichtungen existierten, die für das Umland von vitalem Interesse waren. Wirtschaftliche Momente wie ein regionaler Markt spielten hier ebenso eine Rolle wie Einrichtungen der praktischen Herrschaftsausübung, etwa ein zentrales Gericht, fürstliche Residenzen oder eine Kathedrale als sakrales Zentrum samt bischöflicher Administration.

Topografie

5. Der Blick auf Karten, Stadtansichten oder moderne Luftbilder zeigt die Stadt als geschlossenen Raumkörper. Auch hier ist die

Stadtmauer signifikant. Die innere Aufteilung einer Stadt und ihr Straßenbild spiegeln die natürlichen Voraussetzungen der Siedlungsgeschichte wie Begrenzungen durch Flüsse oder Berge wider, sie verraten aber auch etwas über die soziale Topografie: Es lassen sich Kaufmanns- und Handwerkerviertel rekonstruieren, ebenso Plätze sichtbar machen, die wie der zentrale Markt nicht nur von der primären Funktion bestimmt waren, sondern eine Rolle auch in der städtischen Repräsentation erfüllten. Der Grundriss einer Stadt kann, wie das Kölner Beispiel (→ ABBILDUNG 10) zeigt, wilde und gestaltete Wachstumsphasen dokumentieren. Der Zugang über die Topografie erlaubt demnach Vergleiche selbst dort, wo Städte infolge erheblich differierender Einwohnerzahlen ansonsten kaum vergleichbar erscheinen.

Das Wesen einer mittelalterlichen Stadt entfaltete sich im konkreten Ineinandergreifen dieser Aspekte, wobei die gestaltende Rolle der Stadtgemeinde zu betonen ist. Man tut gut daran, die einzelnen Kriterien nicht zu strikt zu handhaben. Als Bündel sagen sie mehr über den Stadtcharakter einer Siedlung aus als ein Stadtprivileg, das den juristischen Status quo der Gemeinde feststellt.

Vorformen

Städte gab es bereits vor dem Mittelalter. Ihre ersten Spuren finden sich in Asien und nach 2500 v. Chr. auch auf dem europäischen Kontinent. Als direkte Vorläufer der mittelalterlichen Stadt sind Siedlungen des Mittelmeerraums anzusprechen, die seit circa 800 v. Chr. von Phöniziern, Griechen, Etruskern und schließlich Römern gegründet wurden. Aus diesen vielfältigen historischen Wurzeln (Schmieder 2005, S. 7–11) speist sich die mittelalterliche Form, wobei der römischen *civitas* besondere Impulskraft zukommt. Sie war nicht nur Siedlungsstelle, sondern Mittelpunkt einer geografisch oft weit ausgreifenden römischen Verwaltungseinheit. Insbesondere in den Gebieten, in denen eine Siedlungskontinuität zwischen römischer Antike und Mittelalter bestand – zum Beispiel im nördlichen Italien, in Spanien, im südlichen Frankreich, aber auch entlang des Rheins –, hat diese Form des zentralen Ortes prägend gewirkt. Die Kontinuitätslinien sollten insbesondere nördlich der Alpen allerdings nicht zu dick gezeichnet werden, denn die tiefgreifenden Veränderungen der Völkerwanderungszeit führten dazu, dass vom Glanz mancher *civitas* nur noch der Name übrig blieb.

Civitas

Die Germanen, die in das zerfallende Römische Reich eindrangen, kannten die Stadt als Siedlungsform nicht. Sie nutzten zwar zum Teil die römischen Wohnplätze, doch zog dies meist eine Umprägung des antiken Stadtbildes nach sich. Das Köln der Merowinger (7./8. Jahrhundert) vermochte nur ein Viertel des antiken Köln auszufüllen. Oftmals trat die christliche Kirche in die ehemals römischen Positionen ein. In Metz oder Paris, aber auch in Trier, Mainz, Köln, Worms, Speyer, Straßburg und Konstanz übernahmen die Bischöfe die antiken Metropolen. Die Gebiete östlich des Rheins und nördlich der Donau waren dagegen nicht römisch geprägt. Im Hinblick auf die Stadtentwicklung sind daher andere, genuin mittelalterliche Faktoren der Stadtentstehung hervorzuheben. Als wichtige Momente sind hier festzuhalten:

Mittelalterliche Faktoren der Stadtentstehung

- herrschaftliche Faktoren: Der Siedlungsort liegt strategisch günstig, die Siedlung entwickelt sich an einer Burg und wird zum Zentrum regionaler Administration;
- wirtschaftliche Faktoren: Der Siedlungsort liegt an einer oder am Schnittpunkt mehrerer Handelsrouten und entwickelt die Funktionen eines Marktes mit regionaler oder sogar überregionaler Bedeutung;
- kirchliche Faktoren: Die Entwicklung der Siedlung erfolgt an Bischofskirchen oder Klöstern.

Diese drei Hauptfaktoren sind nicht zu isolieren, sie griffen in den meisten Fällen organisch ineinander: Ein prosperierender Handelsplatz bedurfte der Befestigung, während umgekehrt die für den Warenverkehr genutzten Routen zugleich strategisch besonders interessant waren. Herrscher, hoher Klerus und Kaufleute zogen einander unwiderstehlich an. Kaufmannssiedlungen, die an stark frequentierten Handelsstraßen oder an Häfen entstanden, entfalteten im Frühmittelalter große Bedeutung. In den Quellen werden sie als *portus* (lateinisch „Hafen") oder *vicus* (lateinisch „Weiler") bezeichnet. Von Letzterem leitet sich das Suffix *-wik/wijk* ab, das sich in manchen Ortsnamen erhalten hat. Berühmte Beispiele solcher meist in Küstennähe liegender Siedlungen sind Haithabu bei Schleswig, Dorestad am Niederrhein, Quentovic nahe Calais am Ärmelkanal oder Birka in Schweden.

Stadttypologie

Ausgehend von diesen frühen Handels- und Hafenstädten hat die Forschung eine immer weiter verfeinerte Typologie der mittelalterlichen Stadt entworfen, um einzelne Städte nach den bestimmenden Faktoren ihrer Entstehung (Bischofsstädte, Hafenstädte, Pfalzstädte), nach ihrem Stadtherrn (Reichsstädte, Bischofsstädte, Freie Städte, landesherrliche Städte), nach ihren wirtschaftlichen Merkmalen (Handelsstädte, Gewerbestädte, Bergstädte, Ackerbürgerstädte), nach anderen Funktionen (Residenzstadt, Universitätsstadt) und schließlich nach der Einwohnerzahl (Großstadt, Kleinstadt) zu klassifizieren. Auch hier ist die stadthistorische Realität komplexer als das nützliche idealtypische Schema.

Die mittelalterliche Stadt entwickelte sich individuell und ungleichmäßig. Schon im Frühmittelalter lässt sich die gezielte Ausweitung von Handelsplätzen im Landesinneren beobachten. Hierzu wurde oftmals das königliche Markt-, Münz- und Zollrecht in Form eines Einzelprivilegs an den jeweiligen Stadtherrn verliehen. Eine regelrechte Stadtgründungswelle ist für das 12. Jahrhundert im Römisch-Deutschen Reich zu verzeichnen. Könige und große Grundherren richteten auf ihrem Besitz neue Städte ein. Die im Zuge des Landesausbaus (→ KAPITEL 4.1) neu erschlossenen Siedlungsgebiete boten sich hierzu an. Freiburg im Breisgau (um 1120), München (1158), Lübeck (1159) oder Leipzig (zwischen 1160 und 1170) sind frühe Produkte dieser Aktivitäten, durch die das Städtenetz erheblich engmaschiger wurde. Der für solche Orte verwendete Begriff ‚Gründungsstädte' verdeckt allerdings, dass es sich nur in seltenen Fällen um völlige Neuansätze handelte, häufiger um die planvolle Aufwertung bereits bestehender Siedlungen durch die Verleihung des Stadtrechts; in Freiburg und München etwa bestanden bereits florierende Märkte.

Gründungswelle

Die neuen Städte verdankten ihre Existenz vor allen Dingen den territorialen Interessen der Stadtherren. Diese nutzten die Stadt als Mittel der Festigung und administrativen Durchdringung ihrer Herrschaftsbereiche. Die Städte wirkten im Territorium wie stabilisierende Pfeiler. Von der Mitte des 13. Jahrhunderts an nahm der breite Trend zur Stadtgründung problematische Züge an. Die neuen Siedlungen wurden immer kleiner, ihre Lebensfähigkeit damit immer prekärer.

Die rasante Gesamtentwicklung des mittelalterlichen Städtewesens ist in Zahlen ausdrückbar. Kann man für den Beginn des 12. Jahrhunderts von ungefähr 50 Städten auf Römisch-Deutschem Reichsgebiet ausgehen, so wurden bis ca. 1250 rund 1 000 Neugründungen realisiert. Für das Ende des 15. Jahrhunderts ist mit insgesamt 3 000 bis 3 500 Städten zu rechnen.

Städte im Reich

6.2 Eine verschworene Gemeinschaft

Stadt und Stadtherr sind untrennbar. Der Stadtherr, ganz gleich ob König, Bischof, Abt oder Fürst, bestimmte Recht und Verfassung der Siedlung, kontrollierte Abgaben und Zölle, führte Aufsicht über den Markt, die Maße, Münzen und Gewichte. Dabei ließ er sich von Amtleuten vertreten, welche die Marktaufsicht oder die Gerichtsbarkeit ausübten. Auf der anderen Seite organisierten sich die tonangebenden Gruppen der städtischen Bevölkerung mit dem Ziel, die Kompetenzen des Stadtherrn zum eigenen Nutzen zurückzudrängen. Meist boten punktuelle Konflikte mit dem Stadtherrn den Anlass, dass sich die Städter zu einer geschworenen Einung (→ KAPITEL 3.2) zusammenfanden.

In Mailand, der größten Stadt Norditaliens, verbündeten sich 1035/37 die Einwohner gegen den erzbischöflichen Stadtherrn, der gemeinsam mit dem Kaiser versucht hatte, die prosperierende Stadt unter seine Kontrolle zu bringen. Es gelang den Mailändern, den Erzbischof zu vertreiben und anfangs selbst die Stadtherrschaft zu übernehmen. Dies war die Initialzündung für die Gemeinschaftsidee der

Kommune

Kommune. Die Kommune, abgeleitet vom lateinischen *communis* beziehungsweise von der neutralen Form *commune* – „das Gemeinsame", bezeichnete die Gesamtheit der Bürger im Sinne einer politischen Gemeinde. Waren dem Stadtherrn zuvor nur einzelne adlige oder besonders wohlhabende Personen aus der Stadt gegenübergetreten, so sah er sich nun mit den Bürgern als Korporation konfrontiert. Die Stadt konkretisierte ihren Handlungswillen in der *universitas civium*, in der Gesamtheit der Bürger, die wie eine juristische Person handelte.

Die Kommune trat einen raschen Siegeszug an, zunächst im nördlichen Italien, wo sich zwischen 1085 und 1123 Stadtgemeinden in Asti, Arezzo, Genua, Pistoia, Ferrara, Cremona und Piacenza bildeten. Schwureinungen und Kommunebildungen sind dann im nördlichen Frankreich zu beobachten: 1070 in Le Mans in der Bretagne, 1077 in Cambrai an der Schelde, dann in weiteren Städten bis hin zu Laon 1112/16. Zeitlich parallel zur Kommunebewegung in Nordfrankreich erfasste der Gedanke auch das Rheinland: Worms 1073/74, Köln 1074, Speyer 1111, nochmals Worms 1115, schließlich Mainz 1135. Die Städte Flanderns folgten wenig, die Englands erheblich später. Die Kommunebildung und damit die Entstehung des Bürgertums erfasste Europa, ohne ein europaweit flächendeckender Prozess zu sein (Schulz 1995, S. 6–11).

Beispiel Worms

Anlässe und Verläufe der kommunalen Schwureinungen sind unterschiedlich, die Mechanismen dagegen sehr ähnlich. Worms bietet ein frühes Beispiel: In der heißen Phase der Auseinandersetzung Kaiser Heinrichs IV. mit Papst Gregor VII. verwehrte der Bischof von Worms 1074 dem Kaiser den Zugang zur Stadt. Die Bürger von Worms nutzten diese Gelegenheit, vertrieben ihren bischöflichen Stadtherrn und empfingen Heinrich prunkvoll. Der Kaiser revanchierte sich für diesen Treuebeweis mit einem Privileg, das die Wormser von allen Zöllen in seinem Herrschaftsbereich befreite – ein Vorrecht, das vor allem den Fernhändlern zugute kam, welche die städtische

Führungsschicht stellten. Besonders bemerkenswert an dieser Urkunde ist, dass sie die erste ihrer Art im Römisch-Deutschen Reich ist, die an die Gesamtheit der Stadtbürger gerichtet war. Damit hatte der Kaiser implizit anerkannt, dass die Stadt gemeinschaftlich, als Kommune, handelte.

Derartige Erhebungen manifestierten das Streben der Stadtgemeinden nach Autonomie, nicht aber schon ihren Sieg über den Stadtherrn, der seine Rechte zäh verteidigte. Die Lösung aus seiner Gewalt war ein langwieriger Prozess mit vielen Rückschlägen, doch können die Anerkennung der Kommune und die Ausbildung einer städtischen Selbstverwaltung als erfolgreiche Schritte auf diesem langen Weg gewertet werden. Diese Erfolge förderten das Selbstbewusstsein der Kommunen, ablesbar in neuen Formen der Selbstdarstellung. Die Stadtgemeinden begannen, prächtige Bauwerke zu errichten. Vor allem das Rathaus wurde zum steinernen Manifest städtischen Selbstwertgefühls. Es lag meist am zentralen Marktplatz, der genügend räumlichen Abstand gewährte, um die mit Giebeln und allerlei Bauschmuck aufwendig gestalteten Schaufassaden angemessen zur Geltung kommen zu lassen. Könige und Kurfürsten (Lübeck, Aachen, Esslingen), aber auch Stadtgründer, Stadtpatrone (Münster), Apostel (Köln) und stets das Stadtwappen bestimmten die reichen Bildprogramme der Fassaden. Mit ihrer Hilfe wurden Geschichte und Selbstverständnis der städtischen Eliten visualisiert.

Kommunales Selbstbewusstsein

Stadtsiegel

Dies gilt in vergleichbarer Weise für die Stadtsiegel, deren älteste erhaltene deutsche Exemplare in der ersten Hälfte des 12. Jahrhunderts von den Stadtgemeinden Aachens sowie der rheinischen Bischofsstädte Köln, Trier und Mainz benutzt wurden. Waren die Siegel primär zur Beglaubigung von Rechtsdokumenten der Stadtgemeinde gedacht, wozu sie die Bürgermeister verwahrten, so offenbaren sie als Auftragskunstwerke in ihrer bildlichen und textlichen Gestalt doch zugleich das Selbstverständnis der Gemeinde beziehungsweise der führenden Gruppen. Die frühen Siegel kombinierten schematisierte Merkmale einer Stadt (Stadtabbreviaturen) – oftmals die Mauer – mit der beherrschenden Schutzfigur eines Heiligen im Zentrum (→ ABBILDUNG 11). Damit löste sich die Gemeinde gedanklich aus den irdischen Abhängigkeiten lokaler Herrschaft heraus und rückte die Stadt in die Nähe des himmlischen Jerusalem, das der Evangelist Johannes in der Apokalypse beschrieben hatte.

Was verbirgt sich hinter den Begriffen ‚Kommune' und *universitas civium* (Bürgergemeinde)? Es handelte sich um eine geschworene Einung, die auf der Basis der gegenseitigen Selbsthilfe die Belange im

Abbildung 11: Gotisches Siegel der Stadt Köln (1268/69)

Städtische Eidgenossenschaft

eigenen Zuständigkeitsbereich regelte. Nicht immer war dies bereits eine verfasste Stadtgemeinde, doch ging die Entwicklung meist in diese Richtung. Der Eid, den die Bürger auf die städtische Gemeinschaft und ihre Prinzipien ablegten, war das zentrale Element, war gleichermaßen „Geltungsgrund und Gestaltungsprinzip des deutschen mittelalterlichen Stadtrechts" (Ebel 1958). – Geltungsgrund insofern, als durch ihn die Normen einer Stadt als verpflichtend anerkannt wurden; Gestaltungsprinzip, weil allein die Bürger als Eidgenossen die aktiven politischen Rechte im Gemeinwesen ausüben und seine Satzungen verändern konnten.

Bürgerrecht

Das Bürgerrecht war dem männlichen Geschlecht vorbehalten und an lokal wechselnde Bedingungen geknüpft. Gefordert wurden meist Wohneigentum und Ansässigkeit in der Stadt sowie ein Mindestvermögen, denn der Bürger musste sich durch Steuern und Abgaben an den Aufgaben des Gemeinwesens beteiligen. Erst unter diesen Voraussetzungen wurde man zum einzeln zu leistenden Eid des Neubürgers zugelassen. Der Bürgereid begegnet in einer weiteren, nicht minder wichtigen Form: als kollektiver Schwur. Einmal im Jahr traf sich die Gemeinschaft der Bürger zu einem öffentlichen Schwörtag, der in Norddeutschland *Bursprake* oder *Echteding* hieß. Im Rahmen dieser Tage fand häufig auch die Rechenschaftslegung der städtischen Amtsträger statt, wurden politische Entscheidungen getroffen, Privilegien verlesen oder Änderungen der Grundordnung vorgenommen. In gewisser Weise aktualisierte der gemeinsame Eid aller Bürger das Gemeinwesen. Insbesondere wenn zuvor innere Konflikte die Stadtgemeinde erschüttert hatten, fand auf diesem Wege gleichsam eine Neubegründung der Schwureinung statt.

Es war auf Dauer unpraktisch, ja unmöglich, alle Bürger an den politischen Geschäften zu beteiligen. Deshalb delegierte die Gemeinde Aufgaben der Selbstverwaltung an Einzelpersonen und Gremien. In vielen Städten wählte man dazu einen Rat. Stadträte kamen um die Wende zum 13. Jahrhundert auf und verbreiteten sich innerhalb von 50 Jahren rasant. Vorbilder fand man erneut im nördlichen Italien, in Flandern und Nordfrankreich. Die Ratsleute (lateinisch *consules*) agierten als Kollegium von meist zwölf, manchmal auch 24 Personen oder mehr. Im Spätmittelalter vergrößerten sich die Räte zum Teil auf mehr als 100 Mitglieder, bildeten gleichzeitig aber sogenannte ‚kleine' oder ‚enge' Räte aus, die nach Art eines Exekutivausschusses die Geschäfte der Kommune führten. Dem Kollegium der Ratsleute standen meistens zwei Bürgermeister (lateinisch *magister civium*) vor, die sich in der Geschäftsführung abwechselten und gegenseitig kontrollierten. Sie vertraten die Stadtgemeinde nach außen. Die Bandbreite der lokalen Varianten ist allerdings enorm. In Lübeck etwa amtierten die Bürgermeister auf Lebenszeit, während in Nürnberg sämtliche 26 Ratsleute eines Jahres abwechselnd mit dem Bürgermeisteramt betraut wurden. Jeweils zwei Bürgermeister waren für einen Zeitraum von 28 Tagen im Amt.

Ratsverfassung

Bürgermeister

Obwohl man durch begrenzte Amtszeiten, die Einschränkung der Wiederwahl und das Kontrollprinzip der Kollegialität zu verhindern suchte, dass ein kleiner Personenkreis die Schaltstellen der Gemeinde okkupierte und missbräuchlich handhabte, entwickelte sich der Rat zusehends von der Bürgervertretung zu einer städtischen Obrigkeit, in deren Händen alle wichtigen rechtlichen und administrativen Kompetenzen gebündelt waren. Das Ratskollegium fächerte sich daher im Spätmittelalter zunehmend in fachorientierte Zuständigkeiten für Finanzen, Polizei, Marktaufsicht, Bauwesen oder die Verwaltung von Hospitälern auf. Diese Ressortbildung ist gut zu verfolgen, weil die

Rat als Obrigkeit

Städte, die Vorreiter der Schriftlichkeit in diesen Belangen waren, Verwaltungsschriftgut in reichem Maße hinterlassen haben (→ KAPITEL 9.1).

6.3 Eine heterogene Einheit

Die idealtypische Skizze legt nahe, dass in der mittelalterlichen Stadt alle Gewalt von der regelmäßigen Bürgerversammlung ausging. Von einer Basisdemokratie auszugehen, würde die Verhältnisse jedoch überzeichnen, denn die Stadt war im Hinblick auf ihre Bevölkerung weder rechtlich noch sozial homogen. Zwischen Bürgern und bloßen Einwohnern klaffte die Lücke der Teilhabeberechtigung am Gemeinwesen und seinen Vorrechten. Auch ist zu bedenken, dass für ein Amt im Rat oder in der städtischen Verwaltung nur Vermögende in Betracht kamen, die den Lebensunterhalt nicht mit der eigenen Hände Arbeit erwerben mussten. Vor allem wohlhabende Kaufleute, aber auch die Dienstleute des Stadtherrn konnten den Zeitaufwand, den eine städtische Spitzenposition erforderte, weit eher aufbringen als ein Handwerksmeister, der seine Gesellen selber anleitete. Angesichts des Fehlens von Sitzungsgeldern oder Diäten war das Prinzip der wirtschaftlichen Abkömmlichkeit von eminenter Bedeutung.

Abkömmlichkeit

Die ältere Forschung hat versucht, die Sozialstruktur der Stadt in einem zweipoligen Modell zu erfassen, das zwischen Patriziern und Handwerkern unterscheidet. ‚Patrizier' bezeichnete dabei vor allem Kaufleute, die ihre Wirtschaftskraft und ihre Position im Rat kombinierten und sich so zu einer auf wenige Familien beschränkten, exklusiven Führungsschicht entwickelten, während Handwerker aufgrund mangelnder Abkömmlichkeit in den einflussreichen Positionen der Stadt weitgehend fehlten. Die Gegenüberstellung von Patriziern und den Zünften als Organisationsform der Handwerker ist weitgehend individual-ökonomischen Perspektiven gewichen, die sich an spätmittelalterlichen Steuerlisten orientieren. Je nach veranschlagtem Vermögen unterscheidet man Ober-, Mittel- und Unterschicht.

Patrizier gegen Handwerker?

In der mittelalterlichen Gesellschaft zählten jedoch nicht allein ökonomische Faktoren. Die soziale Position wurde vielmehr durch die Zugehörigkeit zu bestimmten Gruppen bestimmt. Am oberen Ende der gesellschaftlichen Leiter rangierten die Familien, deren Mitglieder den Rat bildeten. Lukrative Gewerbe wie etwa Gewandschneider oder Kürschner genossen ein anderes Prestige als Leinenweber oder Schuhmacher. Fernhandelskaufleute, die über Niederlassungen andernorts verfügten, waren mit Kleinkrämern nicht zu vergleichen, zumal in einer städtischen Welt, in der beinahe jede Hausfrau nebenbei mit einfachen Waren handelte. Innerhalb der Gewerbe schließlich war nicht zu vernachlässigen, ob man Meister, Geselle oder Knecht war; jeder von ihnen gehörte einer anderen Welt an. Selbst ein feierabendliches Bier oder einen Wein genoss man nur mit seinesgleichen in den sogenannten Trinkstuben. Dabei handelt es sich um abgeschlossene Zirkel, in denen nicht nur eine standestypische Kultur gepflegt wurde. Die Trinkstuben oder ‚Gesellschaften', die in einer sozialen Spannweite vom Stadtadel über Patrizier und Zünfte bis hin zu den Handwerksgesellen existierten, waren ebenfalls als Einungen konzipiert. Sie knüpften ihre sozialen und politischen Netze also mit engeren Maschen als das gesamtstädtische Gemeinwesen.

Trinkstuben

Ungeachtet der Aufgliederung in eine Vielzahl von Lebenskreisen erscheint das Dreischichtenmodell für eine Annäherung an die Bevölkerungsstruktur tauglich, sofern man es mit den genannten sozialen Differenzierungen verbindet. Grob vereinfacht ist davon auszugehen, dass zur städtischen Oberschicht, die höchstens ein Zehntel der Stadtbevölkerung ausmachte, Leute mit ebenso hohem Einkommen wie Sozialprestige gehörten. Hier war die Tendenz zur Abschließung gegenüber den anderen Kreisen am deutlichsten. Zur Mittelschicht, die etwa 40 % der Bevölkerung ausmachte, gehörten der einfache Handel und das Handwerk. In mittelgroßen Städten stellten Handwerker oft die Hälfte der Einwohner. Fast ebenso groß war in manchen Städten der Anteil der Unterschicht. Zu ihr zählten die Personen, die kaum eigenes Vermögen besaßen. Das Spektrum reichte vom armen Handwerksmeister über Gesellen, Dienstboten, Tagelöhner, Hafenarbeiter bis hin zu Bettlern.

Ökonomische Kraft und soziales Prestige

Mit den Bettlern ist der Begriff der Randgruppe einzuführen, die sich ökonomischen Kriterien ebenfalls entzieht. Zu den Randgruppen zählten die Armen, die von Almosen lebten, aber auch stigmatisierte Berufe wie die als „gemeine Frauen" bezeichneten Prostituierten, Abdecker, Totengräber und Henker, deren (öffentlichen) Umgang man mied. Am Rand befanden sich auch die Leprakranken, denen man aus Angst vor Ansteckung gesonderte Wohnbereiche zuwies.

Randgruppen

Ein Fremdkörper blieben auch die Juden, die zwar in der mittelalterlichen Stadtgeschichte fest verankert und ökonomisch bedeutend waren, aber nicht zum vollen Bürgerrecht zugelassen wurden. Eine Sonderrolle im städtischen Gefüge nahmen schließlich die Geistlichen ein. Sie zahlten keine Abgaben und verfügten über eine eigene Gerichtsbarkeit. Große Kirchen und Klöster bildeten, obwohl innerhalb der Stadtmauer gelegen, gleichsam exterritoriale Immunitäten, in denen

Sonderfall Klerus

die Stadt keinerlei Zugriffsrechte besaß – ein Feld stetiger Spannungen zwischen Klerus und Kommune.

Die mittelalterliche Stadt präsentiert sich als Gemeinwesen, das auf genossenschaftlichen Fundamenten ruhte und damit die Herrschaftsstrukturen der Zeit durchbrach. Nach außen als homogene Bürgergemeinde auftretend, war die Stadt im Inneren rechtlich und sozial mannigfach gegliedert. Die städtische Lebensform wirkte in vielen Bereichen prägend auf das Mittelalter. In Religion und Kunst setzten die Bürger Akzente – nicht selten durch die Verbindung beider Themenfelder. Die neuen Eliten der Stadt formten ein Schulwesen, das sich an den praktischen Bedürfnissen der Kaufleute orientierte, nicht mehr am Alltag der Klöster (→ KAPITEL 11.3). Nicht nur auf diesen Feldern ist die historische Bedeutung der Stadt als dynamische Kraft des Mittelalters kaum zu überschätzen.

Fragen und Anregungen

- Benennen Sie die wichtigsten Faktoren mittelalterlicher Stadtentstehung!
- Erläutern Sie die Funktionen des Eides im Kontext der städtischen Gemeindebildung!
- Skizzieren Sie die Bedingungen, unter denen sich der Rat von der Vertretung der Stadtbürger zur oligarchischen Obrigkeit entwickeln konnte!
- Vergleichen Sie die Bedingungen politischer Partizipation (aktiv und passiv) der Bürger in der mittelalterlichen und der modernen Stadt!

Lektüreempfehlungen

Quellen

- **Rheinischer Städteatlas**, hg. v. Landschaftsverband Rheinland, Amt für Rheinische Landeskunde, Köln 1972ff. *Behandelt in sukzessiven Lieferungen alle Städte und Stadtrechtsorte der ehemaligen Preußischen Rheinprovinz und verbindet dazu die Analyse der jeweiligen Stadtentwicklung mit historischen Karten, Plänen und Stadtansichten.*

- **Urkunden zur Geschichte des Städtewesens in Mittel- und Niederdeutschland bis 1350,** hg. v. Heinz Stoob, Köln 1985. Bd. 2: 1351–1475, Köln 1992. *Thematisch geordnete Quellensammlung zur Stadtgeschichte ohne Kommentar und Übersetzung ins moderne Deutsch.*

Forschung

- **Edith Ennen: Die europäische Stadt des Mittelalters,** Göttingen 1972, 4. Auflage 1987. *Klassiker der Stadtgeschichtsforschung.*
- **Eberhard Isenmann: Die deutsche Stadt im Mittelalter 1150–1550. Stadtgestalt, Recht, Verfassung, Stadtregiment, Kirche, Gesellschaft, Wirtschaft,** Köln 2012. *Grundlegendes, thematisch umfassendes Werk zur Stadtgeschichte, übersichtlich gegliedert und daher zur Konsultation in Einzelfragen bestens geeignet.*
- **David M. Palliser (Hg.): The Cambridge Urban History of Britain,** Vol. I: 600–1540, Cambridge 2000. *Aktuelles, gut ausgestattetes Handbuch, das Faktoren der Urbanität von Bildung bis Topografie stärker gewichtet als die traditionell rechtsgeschichtlich orientierte Forschung auf dem Kontinent.*
- **Felicitas Schmieder: Die mittelalterliche Stadt,** Darmstadt 2005, 3. Auflage 2012. *Aktuelle Einführung, die das Thema kompakt und mit Schwerpunktsetzungen entfaltet; mit Literaturauswahl.*
- **Knut Schulz: „Denn sie lieben die Freiheit so sehr …" Kommunale Aufstände und Entstehung des europäischen Bürgertums im Hochmittelalter,** Darmstadt 1992, 2., verbesserte Auflage 1995. *Verfolgt die Kommunebewegung des 11. und 12. Jahrhunderts, die in fast ganz Europa autonome städtische Bürgergemeinden hervorgebracht hat.*
- **Hans K. Schulze: Grundstrukturen der Verfassung im Mittelalter,** Bd. 2: Familie, Sippe und Geschlecht, Stuttgart 1986, 3. Auflage 2000, S. 127–205. *Präzise Orientierung über die Begrifflichkeiten, Inhalte und Strukturen.*

7 Vielfalt unter der Krone

Abbildung 12: Evangeliar Kaiser Ottos III., Szene: Der thronende Herrscher (um 1000)

Das Eingangsbild eines prachtvollen Evangeliars zeigt Otto III. (983–1002) als thronenden Herrscher in vollem Ornat. Die Handschrift, eine Sammlung der Evangelientexte für den liturgischen Gebrauch, wurde um das Jahr 1000, also zu Lebzeiten des Herrschers, in der Abtei Reichenau am Bodensee angefertigt. Sie präsentiert Otto in seiner ganzen Majestät: unter einem Baldachin sitzend, bekleidet mit feierlichen Gewändern und ausgestattet mit der Krone sowie weiteren Insignien seiner Würde. Aber mit den vier Männergestalten, die den Thron flankieren, werden auch die Grundlagen der Herrschaft angedeutet. Zu Ottos Rechten stehen zwei Erzbischöfe, die anhand des Palliums, der schmalen weißen, mit Kreuzen bestickten Binde, die über den Schultern liegt und nach vorn herabfällt, zu erkennen sind. Ihre Gegenüber auf der anderen Seite des Throns sind mit Lanze, Schild und Schwert ausgestattet und stellen vornehme Krieger dar. Die Unterstützung beider Gruppen, der weltlichen und der geistlichen Großen, war für einen König unverzichtbar. Zugleich sind damit die beiden gedanklichen Wurzeln des Königsamtes aufgedeckt, das kriegerische und religiöse Komponenten in sich vereinte.

Könige sind die Charakterköpfe des Mittelalters. Als ritterliche Heroen, glänzende Staatenlenker, Schwächlinge auf dem Thron oder charakterlose Schurken dienen sie der ereignisgeschichtlich orientierten Geschichtswissenschaft wie der populären Biografik als beliebte Objekte. Das Königsamt selbst, seine Grundlagen und Bedeutung, werden meist übergangen. Die strukturellen Bedingungen der Herrschaftsausübung in damaliger Zeit und die Grenzen königlicher Handlungsspielräume stoßen ebenfalls seltener auf Interesse, obwohl sie für das Verständnis auch der individuellen Herrschaftsstile sehr bedeutend sind. Im Folgenden wird daher das Königtum ins Zentrum gestellt. Die Erlangung des Königsamtes – durch Erbschaft oder Wahl –, die praktischen und administrativen Grundlagen der Herrschaftsausübung und die Frage nach der Reichweite königlicher Macht sind Markierungszeichen auf diesem Weg.

7.1 Wege zum Thron

Das Königtum ist keine Erfindung des Mittelalters. Wie auf so vielen Feldern konnte die Epoche an antike Formen anknüpfen, doch liegt diesmal das Übergewicht nicht bei Rom, sondern auf Seiten der Germanen. Das mittelalterliche Königtum speist sich aus zwei Wurzeln: aus einem besonders bei den ostgermanischen Stämmen ausgeprägten archaischen Sakralkönigtum, das Anführerschaft und religiöse Kultfunktion vereinte, und aus einem Heerkönigtum. Allerdings kannte insbesondere das Heerkönigtum parallel agierende Anführer, die sich nur bedingt der einheitlichen oberen Befehlsgewalt eines anderen unterordnen ließen. Königliche oder königsgleiche Stellung implizierte also stets die Rangerhöhung eines Anführers.

Monarchie?

Der Weg zur Monarchie war aus einem weiteren Grunde steinig. Das griechische *mon-archein* bedeutet „alleine herrschen“. Im Frühmittelalter war es indessen gängige Praxis, die Herrschaft beim Tode des Königs unter dessen legitime Söhne aufzuteilen. Auch Karl der Große (768–814) hatte dies 806 so bestimmt. Der frühe Tod zweier Söhne führte jedoch dazu, dass Ludwig der Fromme (814–840) den Vater allein beerbte – ein dynastischer Zufall rettete Karls Großreich vor der Teilung, die dann jedoch eine Generation später eintrat. Anders machte es erst Heinrich I. (919–936), der erste Herrscher aus dem Geschlecht der Liudolfinger. Er designierte im Jahr 929 oder 930 nur einen seiner Söhne zum Nachfolger, wies den anderen Aufgaben ohne Krone zu. Damit waren die Weichen gestellt für ein Reich, das dauerhaft ungeteilt bleiben sollte und das jeweils dem ältesten Sohn besonders große Chancen auf die Thronfolge eröffnete.

Dass sich die Reiche Karls des Großen oder Heinrichs ganz selbstverständlich als Erbreiche präsentieren, bedarf der Erklärung angesichts der Heerkönige, die von der Truppe spontan auf den Schild gehoben wurden. Das Heerkönigtum war im Laufe der Zeit mit dem archaischen Gedanken aufgeladen worden, dass nur bestimmte Geschlechter für die Übernahme der Herrschaft geeignet seien, weil ihnen besondere charismatische, ja magische Fähigkeiten anhafteten oder sie eine familiäre Bindung an die Götter aufwiesen. So führten sich etwa die Könige der Angelsachsen in direkter Linie auf den germanischen Gott Wotan zurück. Das Königsamt wurde demzufolge in einer Familie weitergegeben, was dazu führte, dass neben die Wahl durch das Heer die Designation als Thronfolgeprinzip trat, die Benennung des Nachfolgers durch den König. Unter dem beherrschenden Einfluss des Christentums wurden die charismatischen Qualitä-

Herrscher-Charisma

ten, die ein König aufweisen sollte, nicht mehr durch Ansippung an die germanische Götterwelt gewährleistet, sondern in ein Gottesgnadentum umgewandelt. Der König herrschte kraft göttlicher Verleihung des Amts.

Drei Qualitäten verschafften demnach einem neuen Herrscher die nötige Legitimität: die Abstammung aus einer Königsfamilie, die Zustimmung der wehrfähigen Untertanen und die Gnade Gottes. Vermittelt oder manifestiert wurden diese Qualitäten durch unterschiedliche öffentlich vollzogene Akte der weltlichen und geistlichen Untertanen im Rahmen der Königserhebung. Auf dem Weg zum Königtum hatte der Kandidat folglich mehrere Etappen zurückzulegen. Nicht das Aufsetzen der Krone machte ihn zum König, sondern erst die komplette Folge der Einzelhandlungen, die in ihrer Gestaltung und Bedeutung genau festgelegt waren. Die Erhebung eines mittelalterlichen Herrschers war eine Kettenhandlung, bei der zur vollen Anerkennung nicht ein Glied fehlen durfte.

Königserhebung als Kettenhandlung

Verfolgen wir dazu den Bericht des Geschichtsschreibers Widukind von Corvey (um 925 – nach 973) über die Königskrönung Ottos I. im Jahre 936. Widukind war kein Augenzeuge des Ereignisses. Er dürfte vielmehr Einzelheiten der Krönung Ottos II. (961–983), der er beiwohnte, auf den Amtsantritt von dessen Vater übertragen und mit Nachrichten darüber vermischt haben (Keller 2000). Das mindert den Wert des Berichts als authentische Ereignisschilderung. Lenkt man aber das Interesse von der bloßen Rekonstruktion der Geschehnisse ein wenig zur Seite, so eröffnet Widukind reizvolle Perspektiven. Er gibt höchstwahrscheinlich die Krönung in ihrem nach damaligem Verständnis idealen Verlauf wieder, sodass vor unseren Augen ein Bild nicht nur der Herrschererhebung Ottos I. entsteht, sondern der Erhebung eines Königs schlechthin.

Ideale Krönung

> „Nachdem nun also der Vater des Vaterlands und der größte und beste der Könige, Heinrich, verschieden war, da erkor sich das ganze Volk der Franken und Sachsen den, der schon vor langem vom Vater als der künftige König benannt worden war, seinen Sohn Otto, zum Oberhaupt. Und als sie den Ort der allgemeinen Wahl bekannt gaben, bestimmten sie, daß es die Pfalz zu Aachen sein solle. [...] Und als man dorthin gekommen war, da setzten die Herzöge und die ersten der Grafen mit der übrigen Schar der vornehmsten Vasallen, die sich im Innenhof, der zur Basilika Karls des Großen gehörte, versammelt hatten, den neuen Anführer auf den dort errichteten Thron und machten ihn nach ihrer Sitte zum König, indem sie ihm durch den Handgang huldigten, ihm Treue ver-

sprachen und ihre Hilfe gegen alle Feinde gelobten" (Widukind, *Res gestae Saxonicae*, Buch II, Kapitel 1, S. 63f.).

Soweit Widukind, der hier die erste von drei Etappen eines Staatsakts schildert; jede spielte in einem eignen Raum, an jeder waren unterschiedliche Personen beteiligt. Es begann im Säulenvorhof der Aachener Marienkirche mit einer weltlichen Komponente. Herzöge und Grafen setzten Otto auf einen Thron – eine Parallele zur Erhebung auf den Schild –, und sie leisteten ihm Mann für Mann die Huldigung in Form des Handgangs (→ KAPITEL 5.2). Hier konstituierte sich der Kriegerverband. Das ‚Volk', das in diesem Fall aus den Großen des Reiches bestand, hatte Otto erwählt, nachdem dessen verstorbener Vater ihn weit vorher als Nachfolger designiert hatte. Designation und Wahl waren also gekoppelt.

Die lateinischen Quellen verwenden für die Wahl das Wort *electio* (*eligere* „wählen"). In deutschsprachigen Texten begegnen hierfür die Vokabeln *kesen* („kiesen") und *welen* („wählen"). Modernen Wahlkriterien vermochte das mittelalterliche Vorgehen nicht zu genügen. Es gab weder eine klar umrissene Wahlkörperschaft noch eine Mehrheitsbildung durch Stimmenauszählung. Die Widukind-Stelle lässt zudem erkennen, dass es nicht um eine Auswahl unter mehreren Kandidaten ging. Die mittelalterliche Königswahl ist vielmehr als Akt der Zustimmung zu einem Kandidaten zu werten, und sie enthält zugleich das Versprechen, dem neuen Herrscher zu folgen. Wahl

„Während dies von den Herzögen und den übrigen Amtsträgern vollzogen wurde, erwartete der höchste Bischof [der Erzbischof von Mainz] mit allen Rängen der Priesterschaft und dem ganzen Volk im Innern der Basilika den Einzug des neuen Königs. Als dieser näherkam, trat ihm der Bischof entgegen, berührte mit seiner Linken die Rechte des Königs [...] und als er bis in die Mitte des Heiligtums geschritten war, hielt er inne, und zum Volk gewendet, das ringsherum stand [...], sagte er: ‚Sehet, ich führe zu euch den von Gott erkorenen und vom mächtigen Herrscher Heinrich einst benannten, nun aber von allen Fürsten zum König erhobenen Otto; wenn euch diese Wahl gefällt, so bezeugt dies mit der zum Himmel erhobenen Rechten.' Daraufhin hob alles Volk die Rechte zum Himmel und wünschte unter lautem Geschrei dem neuen Lenker Heil. Sodann schritt der Erzbischof mit dem König, der nach fränkischem Brauch mit einem eng anliegenden Gewand bekleidet war, zum Altar, auf dem die königlichen Insignien deponiert waren: das Schwert mit dem Wehrgehenk, der Mantel mit den Armspangen, der Stab mit dem Zepter und die Krone. [...] Dieser aber trat zum Altar, nahm von dort das Schwert mit dem Wehrgehenk und sprach zum König gewendet: ‚Empfange dieses Schwert, auf daß du mit ihm austreibst alle Widersacher Christi, die Heiden und schlechten Christen, da durch Gottes Urheberschaft dir alle Macht im ganzen Imperium der Franken übertragen ist, zum sichersten Frieden aller Christen'" (Widukind, *Res gestae Saxonicae*, Buch II, Kapitel 1, S. 64–66).

In derselben Weise wurden Otto alle Insignien der königlichen Gewalt übergeben. Anschließend salbte man ihn mit heiligem Öl und geleitete ihn zum Thron im Obergeschoss der Kirche, und alle Anwesenden konnten ihn dort in vollem Ornat sitzen sehen. Die zweite Etappe der Erhebungszeremonie umfasste also die kirchliche Herrscherweihe und die Übergabe der königlichen Rangabzeichen inklusive der Krönung. Nochmals wurde Ottos umfassende Legitimation bekräftigt: von Gott auserwählt, vom König designiert, durch Thronsetzung zum Herrscher erhoben und schließlich vom ‚Volk' durch Zuruf bestätigt. Durch die Ausstattung mit den Insignien wurde die vorausgehende weltliche Königserhebung komplettiert und durch die Salbung, die in Anlehnung an die Könige des Alten Testaments vollzogen wurde, sakral überhöht.

Weihe

Die dritte und letzte Etappe der Erhebung wurde im Pfalzgebäude Karls des Großen, das unweit der Kirche lag, mit dem Krönungsmahl absolviert. Dabei leisteten die Herzöge von Lothringen, Franken, Schwaben und Bayern dem neuen König symbolische Hofdienste. Sie sorgten für die Logistik der Veranstaltung und bedienten ihn bei Tisch. In sorgsamer Inszenierung – die Herzöge leisteten Knechtsdienste – stellten sie sich als Spitzen des Reiches demonstrativ in die unmittelbare Nähe und in den Dienst des neuen Herrschers und akzeptierten so für alle sichtbar die aktuelle Rangordnung des Reichs.

Krönungsmahl

Widukind präsentiert das Römisch-Deutsche Reich des 10. Jahrhunderts vornehmlich als Erbreich, doch musste sich der König in einem mehrschrittigen Verfahren die Loyalität seiner Untertanen erst sichern. In dieses Grundmuster der Thronfolge schnitt die Wahl des Schwaben-Herzogs Rudolf von Rheinfelden ein, der 1077 in Forchheim zum (Gegen-)König gekürt wurde. Unter dem Eindruck der Absetzung und Exkommunikation Heinrichs IV. durch Papst Gregor VII. übertrugen die Fürsten das Königsamt per Wahlentscheid auf Rudolf – nicht ohne ihm zuvor massive Zugeständnisse abzuringen, darunter den Verzicht, seinen Sohn zum Nachfolger zu designieren. Künftig sollte der Herrscher durch freie Wahl der Fürsten bestimmt werden. Erst allmählich setzte sich das Wahlprinzip durch, doch wusste der Geschichtsschreiber Otto von Freising (ca. 1112–58) zu berichten, es sei die Besonderheit des Römisch-Deutschen Reichs, dass sein Königtum nicht nach den Regeln der Blutsverwandtschaft vergeben werde, sondern durch die Wahl der Fürsten. Das klingt grundsätzlicher, als es tatsächlich war. Das Erbrecht war zwar gebrochen, das Reservoir der Königskandidaten blieb indes auf wenige Familien beschränkt.

Wahlprinzip

Im Laufe des späteren Mittelalters festigten sich die formalen Vorgaben für die Wahl. Insbesondere verengte sich der Kreis der Wähler. An die Stelle der Fürsten und des ‚Volkes' trat allmählich ein Kollegium von sieben Kurfürsten, über dessen historische Entwicklung die Forschung bis heute uneins ist (Erkens 2002). Der *Sachsenspiegel* des 13. Jahrhunderts zeigt die Kurfürsten als diejenigen, die in der Wahlversammlung ihr Votum als erste abgeben durften und damit die Richtung vorgaben. Knapp ein Jahrhundert später wurde dagegen in der Goldenen Bulle Karls IV. aus dem Jahr 1356 festgelegt, dass die sieben Kurfürsten (die Erzbischöfe von Köln, Mainz und Trier, der König von Böhmen, der Pfalzgraf bei Rhein, der Herzog von Sachsen und der Markgraf von Brandenburg) als einzige mit dem Wahlrecht ausgestattet seien. Diese Regelung blieb im Kern bis zur Auflösung des Alten Reiches 1806 in Kraft.

Kurfürsten

Die Wahl war anfangs einer von mehreren formalen Akten auf dem Weg zum Thron, doch rückte die willentliche Zustimmung der Fürsten mehr und mehr ins Zentrum der Herrschernachfolge: Der Wahlakt begründete im Spätmittelalter das Königtum allein. Der Bedeutungswandel ist in den Königsurkunden zu erkennen. Datierten die Könige des frühen und hohen Mittelalters ihre Herrscherjahre bevorzugt nach dem Tag ihrer Weihe bzw. Krönung, so begegnet zum Ende des 13. Jahrhunderts verstärkt das Datum der Wahl als Stichtag. Unter Sigismund (1410–37) setzte sich dann die Datierung nach dem Tag der Königswahl durch – mit der pikanten Note, dass sich im Wahlreich 1437 faktisch die Erbfolge innerhalb des Hauses Habsburg etablierte.

Wahlreich

In der Tat unterschied, wie Otto von Freising behauptete, die Königswahl das Römisch-Deutsche Reich von seinen Nachbarn. Sowohl in England wie in Frankreich dominierte bei der Thronfolge das Prinzip der Erblichkeit. So blieb die Zahl der Dynastien auf dem mittelalterlichen Königsthron dort überschaubar, während in Deutschland zumindest zeitweise der Wechsel vorherrschte. Die Kapetinger regierten Frankreich von 987 bis 1328. Dabei wussten sie die Kraft der

Erbreiche

Salbung des Königs mit heiligem Öl und vermeintlich wunderheilsame Kräfte der königlichen Amtsinhaber zur Stützung ihrer Dynastie einzusetzen.

Das Königtum hat dem Mittelalter seinen Stempel aufgedrückt. Monarchische Strukturen bildeten sich in fast ganz Europa in einer Vielfalt rechtlicher und praktischer Erscheinungsformen aus, die den König mal als Ersten unter Gleichen, mal als autokratischen Herrscher zeigten (Jussen 2005).

7.2 Bedingungen königlicher Herrschaft

Auf das Königwerden folgte das Königsein. Bei der Ausübung der Herrschaft sah sich der Herrscher mit strukturellen Problemen konfrontiert. Seinen Willen im gesamten Herrschaftsbereich gleichzeitig zur Geltung zu bringen, war in einer Zeit ohne Massenkommunikationsmittel unmöglich. Auch fehlte es an einem institutionellen Unterbau; ein hierarchisch strukturierter Behördenapparat, in den man eine Anordnung oben einspeiste und der diese zuverlässig bis auf die unteren Ebenen durchreichte, existierte nicht. Das auf das 10. Jahrhundert gemünzte Schlagwort „Königsherrschaft ohne Staat" (Althoff 2005) charakterisiert gerade in dieser Hinsicht weite Strecken des Mittelalters zutreffend. Unter den gesellschaftlichen Bedingungen der damaligen Zeit musste Herrschaft stets persönlich, in direktem Austausch ausgeübt werden, auch zwischen dem König und seinen Untertanen. Aus diesem Grunde besaßen die meisten Königreiche bis weit ins späte Mittelalter hinein nur im Ausnahmefall eine feste Residenz, in der man den Herrscher antreffen konnte, erst recht keine Hauptstadt, in der gemäß modernen Vorstellungen politische Entscheidungsgewalt und Verwaltungskompetenz an einem Ort gebündelt waren. Die Könige regierten ihr Reich aus dem Sattel, buchstäblich ambulant. Diese Reiseherrschaft war nötig, weil:

Kommunikation

Reiseherrschaft

- die Verpflegung für den königlichen Hof in einer Welt schlechter Wege, geringer Transportkapazitäten und weitgehend fehlender Konservierungsstoffe am besten dadurch gewährleistet werden konnte, dass nicht die Lebensmittel zum Herrscher kamen, sondern dieser sich an Orte begab, die ausreichend Nahrung boten;
- der König persönlich das Heer an die Grenze oder darüber hinaus führen musste;
- der Herrscher häufig in Konflikte zwischen den Untertanen eingreifen musste;

- es immer wieder aufs Neue des persönlichen und aufwendig inszenierten Auftretens des Königs an unterschiedlichen Orten bedurfte, um dessen Macht für alle sichtbar zur Geltung zu bringen.

Erfordernisse des Militärischen, der Rechtsprechung, der Kommunikation und Repräsentation sowie die Versorgung mit alltäglichen Gütern bedingten also das unstete Leben der Könige. Bei ihren Reisen gehorchten sie stärker den Anforderungen des Augenblicks, als dass sie einer Planung hätten folgen können, welche die Regionen des Reiches gleichmäßig berücksichtigte. Die Rekonstruktion des königlichen Reisewegs (Itinerar) eines beliebigen Jahres (→ ABBILDUNG 13) lässt ahnen, dass die Bewohner mancher Randgebiete ihren Herrscher höchst selten, wenn überhaupt, zu Gesicht bekamen.

Reichsgut

Der Versorgung mit Lebensmitteln diente das Reichsgut mit seinen Erträgen. Im Früh- und Hochmittelalter war der König der größte Grundherr und daher nicht selten bei sich selbst zu Gast, wenn er bei seinen Reisen auf Reichsgut Station machte. Bereits in der Karolingerzeit waren Pfalzen entstanden, von denen aus einerseits die Bewirtschaftung der landwirtschaftlichen Komplexe betrieben wurde, die andererseits aber teilweise so ausgebaut waren, dass sie den Herrscher mit Gefolge aufnehmen und versorgen konnten. Pfalzen und Reichsgut trugen lange Zeit die Hauptlast der königlichen Versorgung, doch konnte der König aufgrund des *servitium regis*, des Gastungsrechts, auch vom Adel und von der Kirche Unterkunft und Verpflegung beanspruchen. An hohen Kirchenfesten hielt er sich gern an Bischofskirchen oder in bedeutenden Klöstern auf, weil sich dort der festliche Gottesdienst perfekt mit dem Repräsentationsbedarf des Herrschers verbinden ließ.

Pfalzen

Nahrungsversorgung

Eine Vorstellung vom Umfang der Bewirtung gibt eine Aufstellung der Abtei Werden bei Essen vom Beginn des 11. Jahrhunderts. Für den königlichen Hof musste sie an einem Tag Folgendes bereitstellen: 8 Kühe, 68 Schweine, 50 Ferkel, 8 Pfauen, 195 Hühner, 95 Käse, 870 Eier, 41,5 Malter Brotgetreide, 95 Scheffel Hafer, 172 Krüge Bier, 485 Schüsseln und 147 Becher. Obwohl die Größe des königlichen Gefolges sich der genaueren Schätzung entzieht, war ein längerer Aufenthalt des Hofes für die Felder und Speicher am Ort und in der Umgebung eine immense Beanspruchung.

Das Reichsgut bildete die materielle Grundlage der Herrschaftsausübung und war daher im Prinzip unveräußerlich. In der Realität vergaben die Herrscher das Reichsgut, das nicht immer vom königlichen Familienbesitz zu unterscheiden war, in großem Umfang an Adlige und Kirchen, um deren Loyalität zu gewinnen oder zu belohnen.

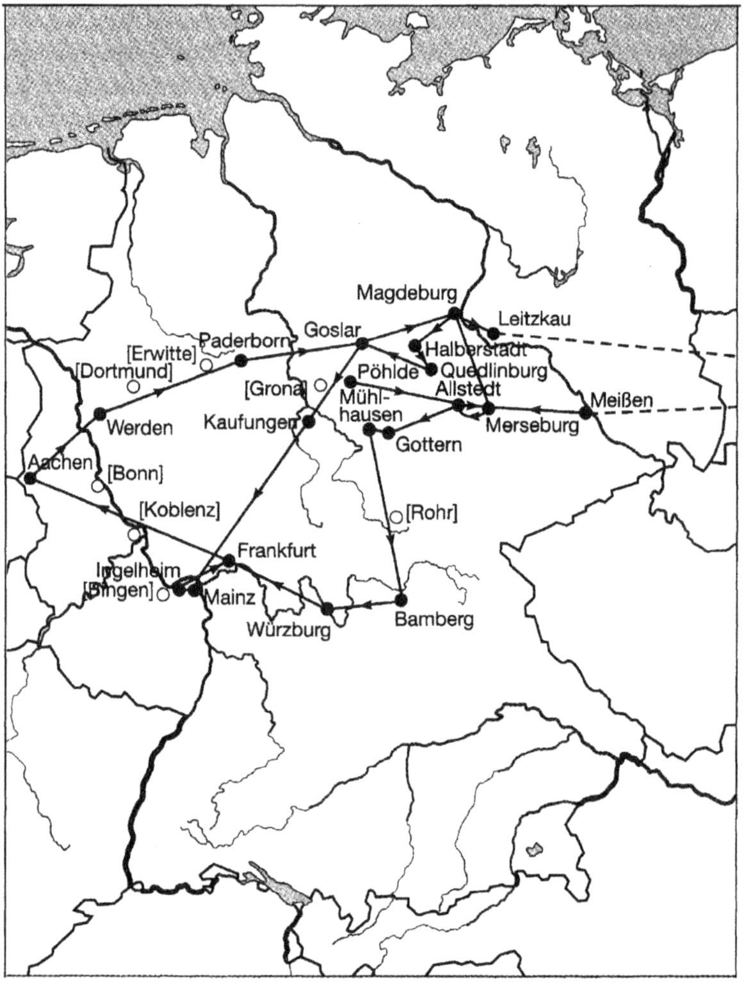

Abbildung 13: Itinerar (Reiseweg) Heinrichs II. für das Jahr 1017

Die Übertragung erfolgte als Lehen, sodass dem Reich keine Einkünfte verloren gingen. Oft waren sogar die Reichskirchen vor Ort besser in der Lage, den Besitz effizient zu verwalten, als der ferne König. Dem Trend der Zeit entsprechend wurden jedoch immer mehr Lehen entfremdet und in Eigengut (Allod) der Lehnsleute umgewandelt (→ KAPITEL 5.1). Insbesondere in der Stauferzeit und im anschließenden Interregnum (1250–73) gingen weite Teile des Reichs-

Verlust des Reichsguts

guts in die Hände der Fürsten und Städte über. Auch das Bemühen König Rudolfs I. (1273–91) um Restitution der Besitzungen und Rechte vermochte diese Entwicklung nicht aufzuhalten. Im Spätmittelalter trennten sich die deutschen Könige vom ländlichen Reichsgut und setzten die Reichsstädte als Pfänder ein, um Bargeld zu erhalten und politischen Handlungsspielraum zu erkaufen.

Die ambulante Herrschaftsform führte dazu, dass dem Römisch-Deutschen Reich ein Mittelpunkt in Form einer festen Residenz oder gar einer Hauptstadt fehlte, an dem der König zuverlässig anzutreffen war und wo auch die zum Regieren nötigen Einrichtungen wie die Kanzlei für die Urkundenausfertigung, ein zentrales Gericht oder ein Finanzhof ihre Heimat hatten. Stattdessen gab es einen personalen Mittelpunkt, den mobilen Herrscher und seinen Hof.

Hauptstadt im Reich ...

In benachbarten Königreichen entwickelten sich die Dinge anders. Auf den französischen König Philipp II. Augustus (1180–1223) gehen nicht nur die heute noch sichtbaren Grundmauern des Louvre als ständige Residenz der französischen Könige in Paris zurück, er etablierte dort auch einen königlichen Rat, ein Hofgericht und eine Rechnungskammer, die auch bei Abwesenheit des Herrschers funktionierten. Paris schickte sich an, Hauptstadt des Königreichs Frankreich zu werden. Zugleich sicherte der König seine flächendeckende Präsenz in den Regionen durch Verwaltungsbeamte, die Baillis oder (im Süden) Sénéchaux, sodass das französische Krongut mit einem Netz von Amtsbezirken überzogen wurde. Auf diesem administrativen Fundament ließ sich Frankreich von der Zentrale aus regieren.

... in Frankreich

Ähnlich agierten die Könige des anglo-normannischen Reichs, das sich seit 1066 zu beiden Seiten des Ärmelkanals erstreckte und ihnen ein ständiges Pendeln über die Meerenge abverlangte. Sie schufen für England eine Hauptresidenz in Westminster, später in London. Im Laufe des 12. Jahrhunderts wurden aus dem reisenden königlichen Hof ein zentrales Gericht und ein Schatzamt, Exchequer genannt, ausgegliedert und dauerhaft in Westminster verortet. Richter, die in herrscherlichem Auftrag durch das Land reisten, Recht sprachen und die Amtsträger vor Ort kontrollierten, taten ein Übriges, um den Willen des Königs auf breiter Front zur Geltung zu bringen.

... in England

England und Frankreich entwickelten in der Frage der Herrschaft und Verwaltung von einer ‚Hauptstadt' aus einen Vorsprung, dem im Westen allein die römische Kirche folgen konnte. Mit Konstantinopel, der traditionsreichen Metropole des byzantinischen Kaiserreiches, lassen sich die hochmittelalterlichen Kapitalen jedoch nicht vergleichen. In der überwiegenden Zahl der Reiche auf dem Kontinent blieb die unstete, mobile, nicht selten auch organisatorisch improvisierte Königsherrschaft noch für lange Zeit dominant.

7.3 Herrschaft und Konsens

Die Macht des Königs war nicht nur von den kommunikativen und organisatorischen Möglichkeiten der Zeit abhängig, sie beruhte in entscheidender Weise darauf, dass die mächtigen Fürsten seines Reiches den Monarchen unterstützten. Selbstverständlich war das nicht. Das aus Indien stammende, aber im 13. Jahrhundert europäisch überformte ‚königliche Spiel' Schach demonstriert, dass der König zwar die entscheidende Figur ist, aber keineswegs die mit dem größten Spielwert. Dame, Turm oder Läufer sind auf dem Spielbrett viel beweglicher. Parallelen lassen sich in der mittelalterlichen Realität schnell entdecken. Fiel der König in der Schlacht, war alles verloren; die durch den Lehnseid allein dem Anführer persönlich verpflichteten Schlachtreihen lösten sich auf. Er musste geschützt werden, als Einzelner vermochte er wenig; der König bedurfte der Kooperation seiner Fürsten. Unsere Vorstellung vom tatkräftigen Monarchen mag auf manche Herrscher zutreffen, sie verstellt aber auch ein wenig die Sicht auf die Fragilität des Königtums. Ein König ohne Untertanen war hilflos und letztlich nutzlos.

Fragilität königlicher Macht

Die Schilderung der Herrschererhebung Ottos I. hat gezeigt, dass die Fürsten sich demonstrativ in seine Gefolgschaft begaben. Wie lange aber hielt ein solches Versprechen? Und wie war es bei Königskandidaten, die umstrittener waren als Otto? Heinrich II. etwa konnte 1002 nur eine schwache verwandtschaftliche Verbindung zu seinem plötzlich und kinderlos verstorbenen Vorgänger Otto III. (983–1002) als Thronfolge-Legitimation geltend machen. Auch wusste er bei seiner Krönung die Großen nicht geschlossen hinter sich; einige hatten sich offen gegen ihn erklärt. Auch aus diesem Grund unternahm Heinrich einen gewaltigen Umritt durch sein Reich. Vom Krönungsort Mainz zog er nach Süden, um im Bodenseegebiet seinen direkten Kontrahenten Hermann von Schwaben niederzuringen. Anschließend erlangte er in Thüringen die Huldigung der dortigen Fürsten, dasselbe in Sachsen. Über Westfalen kam er an den Niederrhein, wo er die Lothringer für sich zu gewinnen vermochte. Ihren glanzvollen Abschluss fand die Reise gegen den Uhrzeigersinn schließlich in Aachen, als Heinrich nach nochmaliger Huldigung zum Zeichen der nun voll-

Gefolgschaft gewinnen

ständig gewonnenen Herrschaft auf dem Thron in der Marienkirche Platz nahm.

Die Quellen berichten von den Aufenthalten Heinrichs II., dass er verhandelte, Privilegien erteilte und sich nach erfolgreicher Annäherung an die regionalen Großen als König präsentierte, indem einzelne Elemente der Königserhebung nochmals nachvollzogen wurden – jeweils mit den neu gewonnenen Untertanen. Es war ein gegenseitiges Geben und Nehmen, das sich in Heinrichs krisenhaftem Herrschaftsbeginn besonders deutlich zeigte.

Zugespitzter noch war die Situation 1077 in Forchheim. Nachdem sich am Ort des Geschehens Gesandte aller Stämme eingefunden und sich auf Rudolf von Rheinfelden als neuen König geeinigt hatten, versuchte jeder Einzelne, so der Wortlaut der Quellen, bei der Huldigung gesonderte Verabredungen mit dem Herrscher zu treffen. Am Ende versprach Rudolf, gegenüber allen gerecht zu sein, und er verzichtete zugunsten der Königswahl durch die Großen auf die erbliche Thronfolge seines Sohnes. Hier wurde grundgelegt, was sich in späteren Jahrhunderten im Römisch-Deutschen Reich zur Praxis entwickelte: Der Kandidat verhandelte vor der Wahl mit den wichtigsten Wählern und machte dabei Zusagen für seine Amtszeit. Diese zunächst informellen Vereinbarungen wurden später in sogenannten Willebriefen und Wahlkapitulationen schriftlich fixiert. Auswahl und Erhebung eines Königs rücken durch diese formale Verfahrensweise in die Nähe eines Herrschaftsvertrags, doch trifft man die mittelalterlichen Eigenheiten besser, wenn man einen grundlegenden Bedarf des Herrschers an Konsens mit seinen wichtigen Untergebenen voraussetzt.

Wahlversprechen

Der Konsens musste immer wieder überprüft und gegebenenfalls neu hergestellt werden. Dies erfuhr zum Beispiel König Johann I. von England (1199–1216) mit dem Beinamen Ohneland, der unter anderem 1204 die Normandie an den französischen König Philipp II. Augustus verloren hatte. Als er seine erfolglose Politik militärischer Interventionen auf dem Kontinent fortsetzte, kündigten ihm die englischen Großen und die Stadt London die Gefolgschaft und machten gegen ihn mobil. Sie nötigten Johann zur Ausstellung der *Magna Carta Libertatum* vom 15. Juni 1215, eines königlichen Privilegs, in dem das Verhältnis des Königs zu seinen Vasallen, deren Lehnspflichten und die Modalitäten zur Erhebung von Sonderabgaben durch den König detailliert geregelt wurden; ein Reichsrat sollte künftig darüber wachen.

Widerstand der Untertanen

Der Entzug der Unterstützung konnte bis zur faktischen oder formal vollzogenen Absetzung des Herrschers führen. Als im Jahre 833

Kaiser Ludwig der Fromme bei Colmar seinen Söhnen Lothar, Pippin und Ludwig auf dem Schlachtfeld gegenüberstand, weil sich die karolingische Herrscherfamilie in der Nachfolgefrage bis aufs Blut zerstritten hatte, verließen den Kaiser plötzlich all seine Truppen. Diese Verlassung durch die Gefolgsleute war eine „spontane Gehorsamsverweigerung“ (Boshof 1996, S. 196), die Ludwig buchstäblich allein stehen ließ, ihn unter Eidbruch in die Hände seiner Gegner spielte, vor allem aber dem Imperator für alle sichtbar jegliche Befehlsgewalt entzog.

Verlassung des Anführers

Im Spätmittelalter, als die Königswahl in Deutschland ausschließlich von den Kurfürsten abhing, lastete auf deren Schultern auch die Verantwortung, gegen allzu willkürliche oder unfähige Monarchen einzuschreiten. Allerdings verliefen solche Vorgänge nun nicht mehr in spontaner Aktion, sondern auf der Basis mittlerweile etablierter rechtlicher Verfahren und begleitet von erheblichem Aufwand an Schriftverkehr. Die Absetzung des deutschen Königs Wenzel im Jahre 1400 liefert ein anschauliches Beispiel dafür, wie einige der wichtigsten Fürsten des Reiches den von ihnen erhobenen Herrscher mit seinen persönlichen und amtlichen Fehlleistungen konfrontierten, ihn abmahnten, ihn vor Gericht luden und ihn schließlich als Verschleuderer von Reichsvermögen unter dem Leitmotiv des unnützen Königs (lateinisch *rex inutilis*) aus dem Amt entfernten.

Absetzung des Königs

Solche Absetzungsszenarien waren nicht allein auf Deutschland als Wahlreich beschränkt. Ein Jahr früher als Wenzel ereilte den englischen König Richard II. (1377–99) dasselbe Schicksal. Auf Intervention des Parlaments musste er seinen Siegelring zurückgeben und Platz machen für einen geeigneter erscheinenden Nachfolger. Selbstverständlich führten jeweils handfeste politische Interessen in diesen Inszenierungen königlicher Unfähigkeit Regie. Festzuhalten bleibt aber der Gedanke der Umkehrbarkeit einer Königserhebung, ganz gleich ob durch den Bruch des persönlichen Treuegelöbnisses oder durch Verlagerung der Entscheidung auf führende Repräsentanten des Gemeinwesens (Rexroth 2005). Der Konsens der Untertanen war für die Königsherrschaft unverzichtbar, er musste erzielt und gepflegt werden. Seine Aufkündigung konnte den Herrscher kurzzeitig lähmen oder irreversibel schädigen.

Umkehrung der Königserhebung

Fragen und Anregungen

- Welche Herrschaftsprobleme konnten aus der mittelalterlichen Praxis des Reisekönigtums entstehen?
- Versuchen Sie, die Begriffe „Volk“ und „die Großen“ im Kontext der Königsherrschaft genauer zu bestimmen!
- Nennen Sie die wichtigsten Elemente königlicher Legitimation und wie diese im Zeremoniell der Herrschererhebung sichtbar gemacht wurden!
- Entwerfen Sie auf der Basis der Königserhebung eine Zeremonie für die Absetzung eines mittelalterlichen Herrschers!

Lektüreempfehlungen

Quellen

- **Walter Böhme (Hg.): Die deutsche Königserhebung im 10.–12. Jahrhundert**, 2 Hefte, Göttingen 1970. *Thematische Sammlung der einschlägigen Quellen in der Originalsprache.*
- **Wilfried Hartmann (Hg.): Deutsche Geschichte in Quellen und Darstellung**, Bd. 1: Frühes und hohes Mittelalter 750–1250, Stuttgart 1995, S. 143–146. *Leicht zugängliche deutsche Fassung der Widukind-Stelle über die Krönung Ottos I. im Rahmen einer nützlichen Sammlung kommentierter Quellenübersetzungen.*
- **Hans-Eberhard Lohmann / Paul Hirsch: Die Sachsengeschichte des Widukind von Korvei**, Hannover 1935, Nachdruck 1989. *Immer noch maßgebliche Ausgabe des lateinischen Quellentextes.*
- **Andreas Büttner: Der Weg zur Krone: Rituale der Herrschererhebung im Römisch-Deutschen Reich des Spätmittelalters**, 2 Bde., Ostfildern 2012. *Berücksichtigt vor allem Fragen der symbolischen Kommunikation.*

Forschung

- **Bernhard Jussen (Hg.): Die Macht des Königs. Herrschaft in Europa vom Frühmittelalter bis in die Neuzeit**, München 2005. *Aktueller Sammelband, der das mittelalterliche Königsamt in thematische und zeitliche Einzelbetrachtungen auflöst und damit dessen Einheitlichkeit infrage stellt.*

- **Ernst H. Kantorowicz: Die zwei Körper des Königs. Eine Studie zur politischen Theologie des Mittelalters,** München 1990, 2. Auflage 1994 (Originalausgabe: The King's Two Bodies. A Study in Mediaeval Political Theology, Princeton 1957). *Klassiker, der zwischen dem König als sterblichem Individuum und dem König als unsterblichem Funktionsträger eines Gemeinwesens unterscheidet.*
- **Mario Kramp (Hg.): Krönungen. Könige in Aachen – Geschichte und Mythos,** 2 Bände, Mainz 2000. *Begleitpublikation zur Ausstellung anlässlich des Krönungsjubiläums Karls des Großen, die sich umfassend mit rechtlichen, materiellen und symbolischen Aspekten der Königserhebung beschäftigt.*
- **Jörg Rogge: Die deutschen Könige im Mittelalter. Wahl und Krönung,** Darmstadt 2006, 2. Auflage 2011. *Kompakte, zuverlässige Darstellung der Fakten, die Zugang auch zur verwickelten Forschungsgeschichte der Königswahl eröffnet.*
- **Rudolf Schieffer: Von Ort zu Ort. Aufgaben und Ergebnisse der Erforschung ambulanter Herrschaftspraxis,** in: Caspar Ehlers (Hg.), Orte der Herrschaft. Mittelalterliche Königspfalzen, Göttingen 2002, S. 11–23. *Skizziert das Prinzip der Reiseherrschaft und beschreibt die Möglichkeiten der daraus zu gewinnenden Erkenntnisse.*
- **Ernst Schubert: Königsabsetzung im deutschen Mittelalter. Eine Studie zum Werden der Reichsverfassung,** Göttingen 2005. *Souveräne Zusammenschau im Hinblick auf das Entstehen einer politisch-rechtlichen Grundordnung des Römisch-Deutschen Reiches im späten Mittelalter.*

8 Umfassende Präsenz: die lateinische Kirche

Abbildung 14: Die Weihegrade der Kirche (um 845)

Sieben Stufen musste ein Kleriker erklimmen, um den höchsten Weihegrad der christlichen Kirche, die Bischofsweihe, zu erlangen. Die Miniatur aus einem frühmittelalterlichen Sakramentar, einer Zusammenstellung liturgischer Texte für die verschiedenen Anlässe der Sakramentenspendung, lässt uns diese Welt der stufenweisen Annäherung an das religiöse Mysterium mit einem Blick erfassen. In der unteren Hälfte befinden sich die niederen Weihegrade. Von ihnen sind die hohen Grade Bischof, Priester und Diakon durch ein doppeltes Schriftband getrennt. Den Weihegraden der oberen Hälfte war die Verwaltung der Sakramente vorbehalten, denen im unteren Teil oblagen die Assistenzfunktionen. Allen gemeinsam ist die Tonsur, jene kreisrunde Rasur, die im Haupthaar absichtlich eine kahle Stelle schafft. Sie weist ihre Träger als Angehörige des Klerikerstandes aus.

Die christliche Kirche prägte das Mittelalter nachhaltig. Zwar hat die jüngere Geschichtswissenschaft die absolute Dominanz des Christentums mit guten Gründen relativiert (→ KAPITEL 2.3), kaum zu bestreiten ist aber die Tatsache, dass die lateinische Kirche eine enorme Ausdehnung erreichte und dass ihre Führung in Rom seit dem hohen Mittelalter Autorität und Weisungsrecht nicht nur in geistlichen Dingen beanspruchte. Eine klare organisatorische Struktur verlieh dem geografisch weit gespannten Gemeinwesen, das nur über sehr eingeschränkte eigene weltliche Machtmittel verfügte, Stabilität. Diese Struktur gilt es zunächst zu erläutern, danach die tiefe Verankerung und alltägliche Präsenz von Religion und Kirche im Leben der mittelalterlichen Menschen zu skizzieren: in Pfarrkirchen, Bruderschaften oder im von christlichen Festen bestimmten Kalender. Zuletzt ist die Frage zu stellen, in welcher Weise sich die lateinische Kirche als politische Macht im Konzert der Völker und Königreiche bewegte, wie sie ihre einflussreiche Position erarbeitete und zu behaupten suchte.

8.1 Grundstrukturen

Die Kirche war in mehrere Gruppen aufgeteilt. Sie umfasste Laien und Kleriker, letztere waren gleichsam das Personal der Kirche. Die Kleriker bildeten einen gesonderten, dem männlichen Geschlecht vorbehaltenen Stand. Seinen Mitgliedern wurden besondere Vorrechte zuteil: Sie waren dem Zugriff der weltlichen Gerichtsbarkeit entzogen (lateinisch *privilegium fori*), genossen erhöhten Schutz vor tätlichen Angriffen (*privilegium canonis*) und nicht zuletzt Abgabenfreiheit (*privilegium immunitatis*). Die Kleriker fügten sich in eine Hierarchie von sieben Weihegraden, die sich nach der Funktion in Liturgie und Sakramentenspendung aufschlüsseln lassen. Die niedrigste Stufe nahm der Ostiarius (lateinisch „Türsteher“) ein, die zweite der Akolyth, im heutigen Verständnis der Messdiener, die dritte der Lektor (Vorleser), die vierte der Exorzist (Austreiber). Während diese vier niederen Weihegrade im Wesentlichen auf Hilfsdienste in der Liturgie oder ihrem Umfeld beschränkt waren, verfügten die drei höheren Weihegrade Diakon, Priester und Bischof über abgestufte Vollmachten zur Spendung der Sakramente. Die Unterscheidung zwischen höheren und niederen Weihen war unter anderem dafür ausschlaggebend, ob ein Kleriker den Zölibat zu beachten hatte oder nicht.

Weihegrade

Der Blick auf Abbildung 14 zum Auftakt des Kapitels entlarvt diese Siebenzahl als idealtypisch; dort finden wir bei den niederen Weihen zusätzlich den Subdiakon. Die Einteilung in sieben Stufen ist theologisch motiviert, während im mittelalterlichen Kirchenrecht bis zu neun Weihegrade unterschieden wurden. Jenseits dieser feinen Unterschiede bleibt das Prinzip der inneren sakralen Differenzierung des Klerus nach Weihestufen wichtig. Es ist sorgfältig zu trennen von der Hierarchie der kirchlichen Ämter. Auch der Papst als höchster Amtsträger der lateinischen Kirche verfügte lediglich über die Bischofsweihe.

Der Klerus gliederte sich zugleich nach Lebensformen. Während die Priester als Weltgeistliche inmitten der Laien für die Verwaltung der Sakramente zuständig waren, folgten die Ordensleute beiderlei Geschlechts, die sogenannten Religiosen, einem anderen Lebensentwurf. Sie lebten allein oder in Gemeinschaft zunächst abseits des weltlichen Treibens und stellten nicht die Verkündung des Gotteswortes, sondern Askese und absolute Unterwerfung unter die Disziplin der Ordensregeln in den Mittelpunkt eines förmlichen Gelübdes. Es war eine Absonderung, die als elitäre Form der Frömmigkeit empfunden wurde, weil sie sich demütig ganz in den Dienst von Gebet, Gesang

Ordensklerus

und Meditation über die heiligen Schriften stellte. Mönch (lateinisch *monachus*) oder Nonne zu sein, galt lange Zeit als privilegierter Weg zu religiöser Perfektion. Das Leben im Kloster war geradezu eine Schwellenexistenz; hier war man Gott nahe wie nirgendwo sonst.

Parallel zu den Klöstern existierten die Stiftskirchen. Auch hier lebte man in Gemeinschaft, doch waren die Anforderungen an die Kanoniker (lateinisch *canonicus* „in die Liste einer Kirche eingeschriebener Kleriker") einer Stiftskirche meist weniger streng als die einer klösterlichen Ordensregel. Ordensleute gelobten beim Eintritt in ein Kloster Armut, Keuschheit, absoluten Gehorsam gegenüber dem Abt sowie das dauerhafte Verweilen in diesem Kloster; eigener Besitz war ihnen verboten. Ein Kanoniker durfte dagegen Eigentum haben, das Gemeinschaftseigentum der Stiftskirche wurde sogar in einzelne Portionen – lateinisch *praebenda,* zu deutsch Pfründe – zerlegt, die dem Unterhalt der einzelnen Kanoniker dienten. Im Frühmittelalter lassen sich Mönchskloster und Kanonikerstift nicht immer leicht auseinander halten. Zwar schrieb das Konzil von Aachen im Jahre 816 vor, dass sich auch die Kanoniker analog zur Regel des heiligen Benedikt von Nursia (ca. 480–547) einer einheitlichen Satzung unterwerfen sollten, Misch- und Übergangsformen zwischen Kloster und Stift existierten dennoch zunächst fort.

Pfründen

Ämterhierarchie

Ungeachtet der formalen Unterschiede und divergierenden Lebensformen wurde die Kirche als Institution durch eine hierarchische Ämterstruktur gestützt. Noch heute reihen sich die Ämter in der katholischen Kirche wie die Perlen an der Schnur vom Gemeindepfarrer bis zum Papst an ihrer Spitze. Diese kirchliche Hierarchie ist ein Produkt der historischen Entwicklung. Denn Petrus war zwar nach den Worten des Neuen Testaments (*Matthäus* 16,18f.) zum Ersten der Apostel berufen worden, es herrschte in der frühen Kirche indes eine synodale Struktur vor, in der die Apostel und später die Bischöfe als deren Nachfolger auf gleicher Augenhöhe miteinander agierten; die Bischofsweihe als höchste Ordination erinnert daran. In der Zeit vor dem 11. Jahrhundert konnten die römischen Bischöfe eine herausgehobene Position beanspruchen, die auf der Petrus-Nachfolge gründete sowie auf der Tatsache, dass in Rom die Gräber zweier Apostel, Petrus und Paulus, verehrt wurden. Diese besondere Stellung Roms, die durch gewaltige Pilgerströme dokumentiert wurde, war aber zunächst ein bloßer Ehrenvorrang. Die anderen Patriarchate – Konstantinopel, Jerusalem, Alexandria und Antiochia – fühlten sich Rom gleichrangig und betonten ihre eigene Herkunft als Apostelgründungen.

Die rückblickend so stringent erscheinende Gliederung der lateinischen Kirche wurzelt in einer langfristigen Ausrichtung auf das römische Zentrum im Hochmittelalter (→ KAPITEL 8.3). Dazu wurde das bischöflich-synodale Prinzip durch den universalen Führungsanspruch des Papstes abgelöst und auch institutionell in eine Hierarchie der kirchlichen Ämter übersetzt. Sie umfasste in absteigender Folge diese Stufen:

Ämterhierarchie

- Metropoliten. Sie standen einer Kirchenprovinz vor, die mehrere Diözesen zusammenfasste. („Metropolit" ist dem geläufigen, aber weniger präzisen Begriff „Erzbischof" vorzuziehen).
- Bischöfe. Sie führten eine Diözese, die ihrerseits weiter untergliedert war.
- Archidiakone. Ihr Amtssprengel, der Archidiakonat, vereinigte mehrere Dekanate, denen jeweils
- Dekane vorstanden. In den Dekanaten waren einzelne Pfarreien organisatorisch gebündelt.
- Pfarrer leiteten die kleinsten selbstständigen Einheiten der Kirche. Auch die Pfarreien zeigten freilich die Tendenz, sich organisatorisch und personell weiter zu differenzieren.

Die lateinische Kirche weist eine pyramidenförmige Struktur einzelner Zellen auf, wie sie bei Organisationen, die einen großen Raum erfassen sollen, üblich ist. Die politisch-administrative Gliederung der Bundesrepublik Deutschland in Bundesländer, Kreise und Kommunen folgt denselben Prinzipien, ebenso die Vertriebsorganisation von Staubsaugern oder Versicherungen.

Die enorme geografische Ausdehnung der lateinischen Kirche war für den Versuch, den Willen der römischen Zentrale flächendeckend zur Geltung zu bringen, eine Herausforderung. Es ist der Versuch zu erkennen, diese mithilfe einer regelmäßigen Kommunikationsstruktur zu überwinden, welche die einzelnen Stufen der hierarchischen Ordnung verknüpfte. Den Abgesandten der lateinischen Kirche wurde auf dem IV. Laterankonzil (1215) die Verpflichtung eingeschärft, auf der Ebene der Kirchenprovinzen einmal im Jahr eine Synode abzuhalten und solche Kirchenversammlungen auch in den Diözesen durchzuführen. Die Beschlüsse eines Generalkonzils sollten über die Provinzialsynoden in die Diözesansynoden getragen werden und von dort weiter hinab bis in die Pfarreien. Auch die Gegenrichtung wurde berücksichtigt. Im Rahmen der Diözesansynoden sollten – wie schon lange üblich – Missstände im Glauben und in der kirchlichen Amtsführung bekämpft werden. Zugleich sollten besonders markante Defizite an die Provinzialsynoden weitergegeben und dort besprochen

Kommunikationswege

werden. Von dort aus konnten sie gegebenenfalls zum Tagesordnungspunkt eines späteren Generalkonzils werden, das der Papst einberief und leitete. Im Idealfall verknüpften also die regelmäßigen Synoden unterschiedlicher Ebenen die Gläubigen in der Pfarrei mit dem Papst in Rom zu einem hierarchisch gegliederten Ganzen. Erst infolge dieser organisatorischen und kommunikativen Strukturen, die Weisung und Kontrolle kanalisierten, war an eine zentrale Lenkung der lateinischen Kirche überhaupt zu denken. Umgekehrt erhielt eine solche Hierarchisierung nur Sinn mit einer Spitze, die kraftvoll einen universalen Führungsanspruch erhob.

Allzu stark suggeriert ein solcher Bauplan jedoch Gleichförmigkeit und institutionelle Verlässlichkeit. Die zeitlich versetzte und in der Intensität stark variierende Durchdringung der europäischen Regionen mit christlichem Gedankengut und kirchlichen Strukturierungsmitteln stand jedoch einer homogenen Gesamtkirche unter dem Gebot päpstlicher Autorität im Wege (Johrendt / Müller 2008). Dennoch war die mittelalterliche Kirche in organisatorischer Hinsicht auf vielen Feldern Vorreiterin in Europa.

Hierarchie ohne Homogenität

8.2 Religion und Kirche im Alltag

Klöster

Es wäre eine Verkürzung, die Kirche nur als irdische Verwalterin des Religiösen mit politischen Ambitionen zu begreifen. Das Mittelalter erscheint nicht nur kirchlich überformt, Religion und Kirche waren im Alltag der Menschen tatsächlich in einer umfassenden Weise präsent, die in der heutigen, fortschreitend säkularen Welt schwer vorstellbar ist. Klerikern begegnete man auf Schritt und Tritt, seltener den Mönchen des frühen und hohen Mittelalters, die hinter Klostermauern der Welt zu entkommen suchten. Doch es war fast immer eine gemilderte Eremiten-Existenz. Die Klöster besaßen umfangreiches Land, das sie ausschließlich mit der Arbeitskraft ihrer Mönche kaum zu bestellten vermochten. Klöster waren Arbeitgeber und Wirtschaftsunternehmen und paradoxerweise beides oft umso erfolgreicher, je strikter sie anfangs ihre Ideale eines von der Welt abgeschiedenen Lebens verfolgten, das auf Gebet und Arbeit konzentriert war. Die Religiosen galten aufgrund ihres Gelübdes und ihres regulierten Lebenswandels als vorbildlich, ihre Fürbitte im Gebet als besonders wirksam. Die Gläubigen suchten daher ihr eigenes Seelenheil mithilfe von Spenden und Stiftungen an Klöster und Kirchen zu befördern.

Spenden und Stiftungen

Die Spannung zwischen geistlicher Konzentration und weltlicher Attraktivität äußerte sich in wellenförmig auftretenden Bestrebungen, das Mönchtum zu erneuern, indem man sich auf dessen geistige Wurzeln besann – Reform (lateinisch *re-formare* „wieder in Form bringen") hat im Mittelalter stets vergangene Idealzustände im Blick. Als unmittelbar an der Wende zum 12. Jahrhundert im burgundischen Kloster Cîteaux der Grundstein für den späteren Zisterzienserorden gelegt wurde, stand ebenfalls die Rückbesinnung auf die Benediktregel im Zentrum. Dabei setzten sich die Zisterzienser vom benachbarten Cluny ab. Cluny hatte im 10. und 11. Jahrhundert an der Spitze der benediktinischen Reformbewegung gestanden, wurde nun aber von den Zisterziensern, deren Klöster sich in atemberaubender Geschwindigkeit in Europa ausbreiteten, wegen seines Reichtums und seiner überbordenden Liturgie scharf kritisiert.

Frauenklöster

In einer Kirche, deren Ämter größtenteils Männern vorbehalten waren, bot die klösterliche Lebensform auch den Frauen Möglichkeiten aktiver Teilhabe. Stiftskirchen und Klöster mit weiblichen Konventen standen in geistlichen Dingen unter priesterlicher Aufsicht, brauchten in Belangen der Wirtschaft, der Spiritualität und der kulturellen Leistungen den Vergleich mit Klosterbrüdern und Stiftskanonikern jedoch nicht zu scheuen. Nicht selten fanden besonders im Frühmittelalter die Töchter des hohen Adels ihre Lebensaufgabe in solchen Gemeinschaften.

Bettelorden

Gravierende Veränderungen erfuhr die Welt der Religiosen durch das Aufkommen der Bettelorden im 13. Jahrhundert. Am bekanntesten sind Franziskaner und Dominikaner, die beide nach ihren charismatischen Gründern benannt wurden, dem Kaufmannssohn Franz von Assisi (1181/82–1226) und dem spanischen Kleriker Dominikus (um 1170–1221). Beide sind für die Ziele der vielgestaltigen Bettelorden charakteristisch: einerseits eine religiöse Laienbewegung, die sich an der Armut der Apostel orientierte, andererseits eine Klerikergemeinschaft, die ihre Aufgabe aus derselben apostolischen Motivation in der Bekämpfung der Häresie sah. Die Mendikanten (lateinisch *mendicare* „betteln") verzichteten ihrem Namen entsprechend auf existenzsichernden Grundbesitz, sie lebten in freiwilliger Armut von Spenden. Sie gaben die Tradition klösterlicher Abgeschiedenheit und das ortsfeste Leben auf und fanden stattdessen in den Städten einen angemessenen Wirkungskreis für Seelsorge, Predigt und Mission. Das neue, in die Stadt getragene Mönchtum war die Antwort auf die gewandelten gesellschaftlichen Gegebenheiten der Zeit. Seine Wirksamkeit und Bedeutung lässt sich in der Topografie der spätmittelalterlichen Städte ablesen. Die Kirchen und Niederlassungen der Mendikanten gehörten überall zum Stadtbild.

Häufig übernahmen Bettelmönche die Pfarrseelsorge. Sie traten damit an die Spitze jenes sozialen Verbandes, in dem jeder Mensch Kirche und Religion täglich erlebte: der Pfarrei mit ihrem Einzugsbereich, dem Pfarrsprengel. Entstanden waren die Pfarreien aus der Konkurrenz der Kirchen um den Kirchenzehnten, jenen Teil der Ernte, den die Gläubigen zum Unterhalt der Priester abführen mussten. Bereits im 8. Jahrhundert forderten auch die Herrscher dazu auf und beschleunigten so die genaue Gebietsabgrenzung zwischen den Kirchen. War die Pfarrei zunächst ein Personenverband, so setzte sich allmählich eine geografisch bestimmte Zugehörigkeit des Einzelnen zu einer bestimmten Kirche durch. Man besuchte die Pfarrkirche, in deren Sprengel man lebte, musste dort seine Kinder taufen lassen, mindestens einmal im Jahr die Beichte ablegen und die Kommunion empfangen. Eheschließungen und Bestattungen wurden ebenfalls durch den zuständigen Pfarrer vollzogen. Die Pfarrei bildete ungeachtet der im Einzelfall großen räumlichen Ausdehnung eine überschaubare Gemeinschaft, besonders dann, wenn, wie oft auf dem Dorf, Pfarrei und weltliche Gemeinde deckungsgleich waren. Kirche und Kirchhof waren öffentliche Räume, die nicht nur liturgisch genutzt wurden. Sie waren als Versammlungsorte prädestiniert, und so wurden von der Kanzel herab oder vor der Kirchentür nicht nur Verlautbarungen der kirchlichen Obrigkeit verkündet, sondern auch gerichtliche Vorladungen oder Erlasse der weltlichen Herrschaft. Verträge wurden nicht selten auf dem Kirchhof geschlossen und vom Pfarrer beurkundet.

Pfarrei

Die Pfarrkirche war auch der Ort, an dem sich Frömmigkeit und Selbstbewusstsein der Pfarrkinder manifestierten. Sie gaben Geld für die bauliche Ausschmückung des Gebäudes, für die Errichtung von Altären, für den Unterhalt weiterer Priester. Diese Zuwendungen galten als Dienst für das eigene Seelenheil, sie boten aber auch Gelegenheit, den eigenen Namen oder den der Familie im öffentlichen Raum der Pfarrkirche zu verewigen, indem man etwa ein kunstvolles Altarbild in Auftrag gab oder Geld für das regelmäßige Lesen einer Messe stiftete. Hier bot sich insbesondere dem städtischen Bürgertum des Spätmittelalters ein Tummelplatz der Selbstdarstellung.

Pfarrkirche als öffentlicher Ort

Je weiter das Mittelalter voranschritt, desto mehr wurden auch gemeinsame Formen der Frömmigkeit unter Laien gepflegt. Es bildeten sich Bruderschaften, die als religiös motivierte Genossenschaften das gemeinsame Totengedenken pflegten, sich der Heiligenverehrung

Bruderschaften

widmeten oder karitative Aufgaben übernahmen. Religiöse Praxis und soziale Vernetzung gingen hier Hand in Hand.

Wie tief verwurzelt die Religion im Leben der mittelalterlichen Menschen war, lässt sich in den wenig beachteten Dingen des Alltags besonders gut erkennen, z. B. am Gebrauch des Kalenders. Zur Datierung ihrer Urkunden übernahmen Herrscher, Päpste und Bischöfe den römischen Kalender, der anhand von drei Stichtagen im Monat rückwärts zählte. Diese eindrucksvolle Übernahme aus der Antike war für die Notwendigkeiten des Alltags jedoch kaum tauglich. Bauern, die den Zehnten abliefern sollten, operierten nicht mit astronomischen Einheiten, ebenso wenig Kaufleute, die das Fälligkeitsdatum eines Kredits verabredeten, und Boten, die zur Hochzeit des Fürsten einluden oder die Vorladungen zu einer Gerichtsverhandlung überbrachten. Sie orientierten sich an einem Netz aus kirchlichen Hochfesten wie Weihnachten, Ostern, Pfingsten, Fronleichnam oder Christi Himmelfahrt. Diese Feste waren im Leben der Menschen verankert, sie strukturierten das Jahr zusätzlich zu den Zyklen der Natur und bedurften keiner Erklärung.

Christlicher Festkalender

Die weiten Maschen dieses Fest-Netzes wurden durch eine dichte Folge von Heiligentagen enger geknüpft. Ob Gestalten der Bibel wie Maria, Johannes oder Petrus, ob Märtyrer und Heilige wie Katharina, Barbara oder Martin, sie alle hatten je eigene Feiertage, die als Fixpunkte der Jahreseinteilung dienten. Die Ernteabgaben wurden am Fest des Erzengels Michael (29. September) gezahlt oder zu Remigius, zwei Tage später; das Gericht trat am Dienstag nach Dreikönige (6. Januar) zusammen und zur Hochzeit fand man sich am dritten Sonntag nach Ostern ein, der nach dem Beginn der Liturgie dieses Tages (*Jubilate deo omnis terra*) der Sonntag *Jubilate* genannt wurde. Am Vorabend des Martinsfestes (11. November), drei Tage vor Nikolaus (6. Dezember), eine Woche nach dem Kreuzfest (14. September) – mithilfe der christlichen Wegmarken war es leicht, Verabredungen alltagstauglich zu terminieren.

Datierungspraxis

Wie die Zählung der Jahre nach Christi Geburt (→ KAPITEL 2.2) bot der christliche Festkalender auf der Ebene der Monate und Tage einen hilfreichen Orientierungsrahmen. Über Herkunft und Bedeutung dieses Kalenders machten die damaligen Menschen sich ebenso wenig Gedanken wie die heutigen, wenn sie ein Datum notieren. Die unbewusste, selbstverständliche Anwendung unterstreicht, welche den Alltag prägende Kraft Religion und Kirche im Mittelalter entfalteten. Zwar gelten diese Beobachtungen für die christliche Welt, doch mussten auch religiöse Minderheiten wie die Juden oder muslimische

Händler dieses chronologische System neben ihren eigenen, auf andere Sinnformationen ausgerichteten Zeiteinteilungen tunlichst beherrschen, um mit ihrer Umwelt kommunizieren zu können.

8.3 Papstkirche zwischen Machtfülle und Ohnmacht

Die mittelalterliche Kirche ist als kraftvolle Institution mit gesamteuropäischer Spannweite ein Produkt des Hochmittelalters. Vom Ehrenvorrang der römischen Bischöfe, der nicht gleichbedeutend war mit einer rechtlichen und politischen Führungsrolle, war bereits die Rede. In der Mitte des 11. Jahrhunderts kündigten sich jedoch rasante Veränderungen an. Zunächst trennte 1054 ein Schisma die lateinische Kirche dauerhaft von der orthodoxen. Der Stuhl Petri, der lange Zeit Verfügungsmasse in den Händen des stadtrömischen Adels gewesen war, gewann Anschluss an die damalige Erneuerungsbewegung der Kirche, deren geistiges Impulszentrum in Lothringen lag (Hartmann 2007, S. 9–25). Schon bald sollte von Rom aus ein universaler Reform- und Lenkungsanspruch formuliert werden.

Dictatus papae

Papst Gregor VII. (1073–85) bündelte die Gedanken einer von Rom geführte Christenheit 1075 im sogenannten *Dictatus papae*, einer Denkschrift mit 27 Leitsätzen (→ ABBILDUNG 15), welche die römische Kirche in der Person des Papstes zur Spitze und Mitte des gesamten Christentums erklären. Die Nachdrücklichkeit des Führungsanspruchs kommt besonders in der normsetzenden Formulierung zum Ausdruck, dass nur derjenige, der sich mit der römischen Kirche in

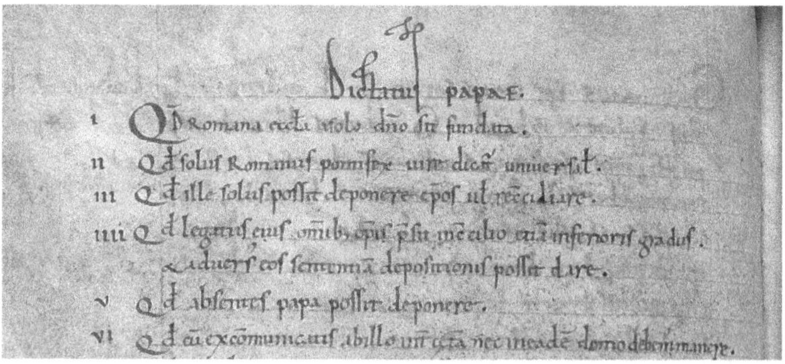

Abbildung 15: Register Gregors VII., *Dictatus Papae* (1075)

Übereinstimmung befindet, als katholisch zu betrachten sei (*Dictatus papae*, Nr. 26). Der *Dictatus papae* war im Angesicht des heraufziehenden Konflikts mit Kaiser Heinrich IV. formuliert worden. Trotz seiner Deutlichkeit war er keine Propagandaschrift, eher eine Gedankenübung mit einem damals äußerst geringen Verbreitungsgrad.

Auf lange Sicht wurde dieses Manifest jedoch in weiten Teilen zur Realität, die Position des römischen Bischofs dabei schrittweise vom Ehrenvorrang zu einer Führungsrolle in Fragen des Glaubens, des Kirchenrechts und der Politik ausgebaut. Im Pontifikat Papst Innozenz' III. (1198–1216) erscheint die lateinische Kirche trotz erheblicher regionaler Eigenständigkeiten und Entwicklungsunterschiede im Prinzip auf Rom ausgerichtet. Eindrucksvoll zeigt sich dies im IV. Laterankonzil, zu dem sich im November 1215 mehr als 70 Patriarchen und Metropoliten, über 400 Bischöfe sowie 900 Äbte und andere kirchliche Amtsträger in der römischen Bischofskirche San Giovanni in Laterano einfanden. Mit Ausnahme der griechischen Christen leisteten sie alle der Einladung Folge, die Innozenz III. zweieinhalb Jahre zuvor als Rundschreiben verschickt hatte.

Ausrichtung auf Rom

An der Kurie, dem päpstlichen Hof, liefen die Fäden der kirchlichen Administration zusammen. Auch sie war anfangs ein lockerer Personenverband gewesen, doch stabilisierte sie sich so weit, dass sich an der Schwelle zum 13. Jahrhundert eigene Ressorts für die Gerichtsbarkeit, das Finanzwesen und eine immens produktive Kanzlei zur Herstellung päpstlicher Urkunden verfolgen lassen. Nach spärlichem Beginn in Spätantike und frühem Mittelalter stieg die Urkundenproduktion ab der Mitte des 11. Jahrhunderts und um die Mitte des 12. Jahrhunderts nochmals deutlich an. Etwa 30 000 Papsturkunden sind heute aus der Zeit bis 1200 bekannt. Allein in den folgenden 100 Jahren verließ noch einmal dieselbe Zahl die Kanzlei, und am Ende des 15. Jahrhunderts schlagen schließlich rund 20 000 Urkunden im Jahr (!) zu Buche. Die Inhalte der Schriftstücke verraten, dass es keineswegs immer rein kirchliche Belange waren, die man an den Papst herantrug, und dass man die aufwendige Reise an die Kurie auch wegen Bagatellen nicht scheute. Die weit überwiegende Zahl der Urkunden reagierte auf Anfragen von Gläubigen aus ganz Europa. Dies bezeugt die weitreichende Autorität des römischen Bischofs und lässt obendrein erahnen, welch intensiver Informationsaustausch zwischen der römischen Zentrale und den Kirchen in den Regionen bestand.

Kurie

Urkundenproduktion

Doch die Päpste arbeiteten auch aktiv daran, ihre Autorität fern von Rom zur Geltung zu bringen. Neben der hierarchischen Struktur der Kirchenämter verfügten die römischen Bischöfe über direkte Eingriffsinstrumente. Vom Papst entsandte Legaten und eigens beauftragte päpstliche Richter konnten die regulären Entscheidungsinstanzen und Amtsträger überspielen. Sie agierten in direkter Stellvertretung des Papstes, bei den Legaten ist wegen ihrer weitreichenden Vollmachten sogar vom *alter ego*, vom zweiten Ich des Papstes die Rede. Manche Klöster und die seit dem 12. Jahrhundert aufblühenden neuen Orden wie Zisterzienser, Prämonstratenser oder Franziskaner waren aus dem regulären Verfassungsgefüge der Kirche herausgelöst, waren exemt. Sie unterstanden allein der päpstlichen Gerichtsbarkeit und bildeten so eine Form der Nebenhierarchie – zum Ärger der Bischöfe, deren Aufsichtsrechte dadurch erheblich beeinträchtigt wurden.

Legaten, Richter, exemte Orden

Die schnell wachsende Bedeutung des römischen Bischofsamts verlangte nach präziseren rechtlichen Grundlagen der Wahl als bisher; nicht zufällig wurden sie ebenfalls im Zeitraum von der Mitte des 11. bis zum Beginn des 13. Jahrhunderts geschaffen. 1059 erließ Nikolaus II. ein Dekret, das die Wahl des Papstes exklusiv an die Entscheidung der Kardinalbischöfe, den höchsten der drei Kardinalsränge, band. Die sieben Kardinalbischöfe standen Diözesen im unmittelbaren Umland Roms vor und waren in die päpstliche Liturgie eingebunden. Die neue Wahlordnung hielt den rauen Realitäten des römischen Hochmittelalters nicht stand. Immer wieder lähmten politisch motivierte Doppelwahlen die Kirche. In Reaktion auf ein solches Schisma formulierte das III. Laterankonzil 1179 schließlich neue Prinzipien. Der Papst sollte von allen Kardinälen, also auch von den Kardinalpriestern und den Kardinaldiakonen, gewählt werden, und er musste mindestens zwei Drittel aller Stimmen auf sich vereinigen. Die lateinische Kirche ist bis heute ein Wahlreich auf der Grundlage des damaligen Verfahrens, ergänzt um einige Ausführungsbestimmungen wie das Konklave, das Einschließen der Wähler (lateinisch *clavis* „Schlüssel"). Es wurde 1274 eingeführt, um den Entscheidungsdruck auf die Kardinäle zu erhöhen.

Papstwahl

Der Aufstieg des Papsttums vollzog sich in Konkurrenz und teilweise im Konflikt mit den weltlichen Herrschern, da der Führungsanspruch Roms wie im Falle des Römisch-Deutschen Königs Heinrich IV. (1056–1105) sogar vor deren Absetzung nicht haltmachte. Die Kontroverse zwischen Papst Gregor VII. und Heinrich hatte ihre Ursache in der Auseinandersetzung um die damals praktizierte Investitur (Amtseinweisung) von Geistlichen durch die Hand des Herrschers, der Laie war (→ KAPITEL 5.3). Dramatisch verschärft wurde sie aber durch den prinzipiellen Gegensatz zweier Gewalten, die beide Anspruch auf den ersten Rang in der Welt erhoben: Kaisertum und Papsttum.

Kaisertum und Papsttum

Das antike Kaisertum, das im byzantinischen Reich die Völkerwanderungszeit überdauert hatte, war im Jahr 800 durch die Krönung Karls des Großen symbolisch in den Westen transferiert worden. Die Kaiserkrönung Ottos I. begründete 962 eine enge, das Mittelalter überdauernde Bindung des Kaisertums an den römisch-deutschen König. Beinahe automatisch fiel diesem Herrscher die prestigeträchtige Kaiserwürde zu. Der Vollzug der Kaiserkrönung durch den Papst erschien lange Zeit als bloße Formsache, die Waagschale des politischen Gewichts eindeutig zugunsten des Kaisertums geneigt. Doch mit neuem Selbstbewusstsein setzten die Päpste der Reformzeit die Idee einer Weltordnung entgegen, in der die Geistlichen – allen voran der römische Bischof – allen Laien, auch dem Kaiser, übergeordnet waren. Am Verlauf dieses Ringens um den vornehmsten Rang lässt sich die Entwicklung der Papstkirche nachzeichnen.

Kaisertum

Gregor VII. hatte ein deutliches Zeichen gesetzt, als er Heinrichs IV. Untertanen vom Treueid entband (→ KAPITEL 7.1). Der gedemütigte König musste 1077 in Canossa um Wiederaufnahme in die Kirche bitten. Doch der päpstliche Erfolg währte nur kurz. Während Gregor geschlagen im Exil endete, nahm Heinrich 1084 die Kaiserkrone aus der Hand eines von ihm selbst kreierten römischen Bischofs entgegen. Heinrichs Nachfolger vermochten ebenfalls häufig, eigene Kandidaten auf dem Papstthron zu platzieren, notfalls mit Heeresmacht gegen die Reformpartei im römischen Klerus. Erst das Wormser Konkordat des Jahres 1122, das den Investiturstreit im Römisch-Deutschen Reich beendete, brachte auch hier eine gewisse Beruhigung.

Wormser Konkordat

Noch einmal brach der alte Konflikt zwischen Papst und Kaiser im Jahre 1159 auf, als Kaiser Friedrich I. Barbarossa die Wahl Alexanders III. († 1181) nicht akzeptierte. Fast zwei Jahrzehnte hielt der Kaiser an Alexanders Gegenspieler Viktor IV. (1159–64) und den in dessen Nachfolge erhobenen ‚eigenen' Päpsten fest. Das Schisma spaltete Europa tief, doch behielt Alexander vor allem dank der Unterstützung Frankreichs am Ende die Oberhand. Im Frieden von Venedig erkannte Barbarossa im Juli 1177 Alexander als rechtmäßigen Papst an.

Alexandrinisches Schisma

Lässt sich der Aufstieg des Papsttums im Hochmittelalter von Gregor VII. an mithilfe der Wegmarken Investiturstreit und Frieden von Venedig bis zu Innozenz III. skizzieren, so kann man die Papstschismen fortan als Indikator für den Zustand der von Rom geführten Kirche heranziehen. Kein weltlicher Herrscher, auch nicht der selbstbewusste und am Ende seiner Herrschaft mit der römischen Kirche tief verfeindete Friedrich II. (Kaiser 1220–50) hat das Instrument eines ‚eigenen', eines sogenannten Gegenpapstes mehr wirksam eingesetzt. Allein Ludwig IV., genannt der Bayer (Kaiser 1328–47), inthronisierte mit Nikolaus V. (1328–30) einen Gegenpapst, um seiner Kaiserkrone, die er unter Bruch der Tradition nicht vom Papst, sondern vom römischen Senat entgegengenommen hatte, nachträglich die nötige Legitimation zu verschaffen. Doch das Gegenpapsttum Nikolaus' V. blieb Episode.

Sämtliche späteren Schismen brachen aus der Kirche selbst hervor. Auch das ausgefeilte Wahlrecht konnte nicht verhindern, dass 1378 zwei Kandidaten fast gleichzeitig zum Papst erhoben wurden. Diese Doppelwahl verfestigte sich in konkurrierenden politischen Blöcken, bildete rivalisierende päpstliche Linien in Rom, Avignon und ab 1989 in Pisa aus und spaltete als sogenanntes ‚Großes Schisma' Europa bis auf die Ebene der Diözesen hinab. Erst mit dem Konstanzer Konzil (1414–18) fand die blockierte Kirche wieder unter einem gemeinsamen Oberhaupt zusammen. Das Papsttum war durch das Schisma beschädigt und erfuhr nun durch die Reformkonzilien des 15. Jahrhunderts eine neue Beschränkung, die als Verkörperung der Gesamtkirche die lauthals beklagten innerkirchlichen Missstände zu beheben versuchten. Weil man die Defizite überwiegend der zentralistischen Papstkirche und ihrer Kurie anlastete, geriet auch das Konzil von Basel (1431–49) in Gegnerschaft zu Eugen IV. (1431–47). Die Konzilsväter enthoben 1439 den römischen Bischof seines Amtes und ersetzten ihn durch Felix V. (1439–49), wobei sie sich bemühten, die römischen Traditionen der Amtserhebung in Basel minutiös zu imitieren und dadurch die Legitimation ‚ihres' Papstes zu stärken. Felix' Ende war jedoch in dem Moment besiegelt, als die Konzilsväter auseinandergingen. Mit guten Gründen könnte man fragen, ob nicht er als Person, sondern das Basler Konzil als Institution der letzte Gegenpapst des Mittelalters war.

Großes Schisma

Reformkonzilien

In der zweiten Hälfte des 15. Jahrhunderts gewann das Papsttum traditionell-römischen Zuschnitts seine Handlungsfreiheit zurück. Auf den hochmittelalterlichen Aufstieg und die Ohnmacht im Großen Schisma folgte eine Periode der Konsolidierung. Gegenpäpste gab es nicht mehr, doch sollte die anhaltende Kritik am Zustand der römischen Kirche mittelfristig nicht in Reformen münden, sondern in die Reformation.

Fragen und Anregungen

- Überlegen Sie, worin der Unterschied zwischen der Hierarchie der Weihegrade und der Hierarchie der kirchlichen Ämter besteht!
- Skizzieren Sie die Entstehung und Funktion der mittelalterlichen Pfarrei!
- Fassen Sie zusammen, auf welchem Wege und mit welchen Instrumenten es den Päpsten gelang, die lateinische Kirche auf die Kurie als Zentrum auszurichten!
- Überlegen Sie, worin die Widerstände gegen eine ausschließlich vom römischen Bischof geführte lateinische Kirche bestanden. Unterscheiden Sie dabei nach Zeitabschnitten und Akteuren!

Lektüreempfehlungen

Quellen

- **Dictatus Papae,** in: Erich Caspar (Hg.): Das Register Gregors VII., Teil 1, Berlin 1920 (Nachdruck 1990), S. 202–208. *Maßgebliche lateinische Textausgabe aus dem Briefregister.*
- **Dictatus Papae,** in: Johannes Laudage/Matthias Schrör (Hg.): Der Investiturstreit. Quellen, Dokumente, Materialien, Köln 1989, 2., völlig überarbeitete und stark erweiterte Auflage 2006, S. 100–103. *Lateinisch-deutsche Übersetzung der 27 Leitsätze.*

Forschung

- **Arnold Angenendt: Geschichte der Religiosität im Mittelalter,** Darmstadt 1997, 4. Auflage 2009. *Stellt sehr detailliert Glaubensvorstellungen und Glaubenspraktiken vor.*
- **Arnold Angenendt: Grundformen der Frömmigkeit im Mittelalter,** 2. Auflage, München 2004. *Öffnet Zugänge zum Verständnis religiöser Alltagswelt.*
- **Michael Borgolte: Die mittelalterliche Kirche,** München 1992, 2. Auflage 2004. *Aktuelles Handbuch für das römisch-deutsche Reich, das Grundlagenwissen über Institutionen und Geschichte sowie Diskussion der Forschungsfragen bietet.*

- **Amalie Fößel / Anette Hettinger: Klosterfrauen, Beginen, Ketzerinnen. Religiöse Lebensformen von Frauen im Mittelalter,** Idstein 2000. *Einführung in die oft weniger beachtete weibliche Seite der Religiosität und ihrer Lebensformen.*
- **Jochen Johrendt / Harald Müller (Hg.): Römisches Zentrum und kirchliche Peripherie. Das universale Papsttum als Bezugspunkt der Kirchen von den Reformpäpsten bis zu Innozenz III.,** Berlin 2008. *Sammelband, der die Instrumente des ‚Zentralisierungsprozesses' in der hochmittelalterlichen Kirche und die Einbindung der Regionen an ausgewählten Beispielen verfolgt.*
- **Gabriel Le Bras: Institutions ecclésiastiques de la Chrétienté médiévale,** 2 Bände, Paris 1959. *Bereits älteres Standardwerk, das klar informiert und sich dabei nicht auf die Präsentation der Institutionen beschränkt.*
- **Klaus Herbers: Geschichte des Papsttums im Mittelalter,** Darmstadt 2012. *Handliche und gut lesbare Einführung in Ereignisse, Entwicklungen, Grundbegriffe und Strukturen der Papstgeschichte.*
- **Hans K. Schulze: Grundstrukturen der Verfassung im Mittelalter,** Bd. 3: Kaiser und Reich, Stuttgart 1998, S. 137–278. *Stellt sowohl die ideengeschichtlichen Ausprägungen wie die realen Erscheinungsformen des Kaisertums detailliert und in den jeweiligen historischen Kontexten vor.*
- **Hermann Grotefend: Taschenbuch der Zeitrechnung des deutschen Mittelalters und der Neuzeit,** Hannover 1891, 14. Auflage 2007. *Setzt die mittelalterlichen Kalendarien in moderne Übersichten um und erklärt deren Funktionsweise. Verschafft dadurch einen Eindruck vom Netz der kirchlichen Feste, welches das Jahr überzog;* online unter: www.manuscripta-mediaevalia.de/gaeste/grotefend/grotefend.htm.

9 Das Zeitalter der Urkunden? Kommunikation im Mittelalter

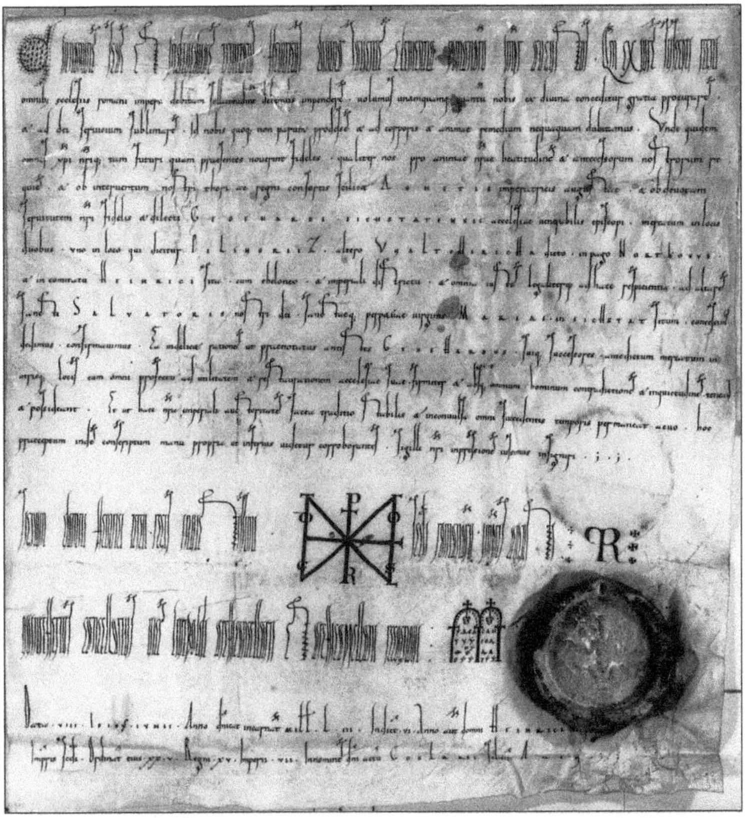

Abbildung 16: Urkunde Kaiser Heinrichs III. (1039–56) für die bischöfliche Kirche von Eichstätt, ausgestellt in Goslar am 6. Juni 1053

Als Kaiser Heinrich III. im Jahr 1053 der Bischofskirche von Eichstätt Markt-, Gerichts- und Zollrechte in einigen bayerischen Dörfern übertrug, ließ er von einem Geistlichen am Hof darüber eine Urkunde anfertigen. Ein solches Diplom folgte festen inhaltlichen und formalen Vorgaben. So musste die abgebildete Urkunde mit dem Siegel des Ausstellers (unten rechts) bekräftigt werden. Die Besiegelung war an die Stelle der eigenhändigen Unterschrift des Herrschers getreten. Heinrichs Namenszug findet man dennoch in der Form eines Monogramms (untere Hälfte, in der Mitte), doch war der Kaiser an der Anfertigung des Zeichens kaum beteiligt. Solche Gestaltungsgewohnheiten ermöglichen es, auf dem Wege des Vergleichs echte von gefälschten Urkunden zu unterscheiden.

Das Mittelalter gilt als Urkundenzeitalter. Diese Einschätzung ist durch die Überlieferung gedeckt, die eine Masse von Einzelstücken bereithält, die aufgrund ihres Inhalts, ihrer Form und der Tatsache, dass sie durch ein Siegel beglaubigt sind, die definitorischen Kriterien einer Urkunde erfüllen. Der Begriff ‚Urkundenzeitalter' grenzt die mittelalterliche Epoche aber vor allem gegen die Neuzeit als dem Aktenzeitalter ab, in dem die Dokumentation von Verwaltungshandeln dominiert, an dessen Ende erst ein beglaubigtes Dokument, eine Urkunde steht. „Der Weg zur Urkunde ist mit Akten gepflastert", lautet ein Merksatz aus der Welt der Archive. In der Kommunikation der mittelalterlichen Menschen spielten die Urkunden eine wichtige und dennoch untergeordnete Rolle. Urkunden zu lesen, erst recht sie zu schreiben, war eine Fähigkeit, die nur wenige besaßen. In einer Welt, in der Lesen und Schreiben nicht zur Elementarausbildung gehörten, musste sich Verständigung anderer Mittel bedienen als nur der zu Buchstaben geronnenen Sprache. Miteinander zu sprechen, war wie heute die einfachste und häufigste Form, doch passte auch sie nicht zu allen Anlässen. Insbesondere komplexe Zusammenhänge wurden in eine bildreiche Sprache übersetzt und mithilfe von Symbolen, einzelnen Gesten oder genau einstudierten Verhaltensweisen den Zuhörern oder Zuschauern vermittelt.

9.1 Funktionen der Schriftlichkeit

Schreibfähigkeit

Lesen und Schreiben gehörten nicht zu den Grundfertigkeiten des mittelalterlichen Menschen. Noch zur Zeit Luthers wussten schätzungsweise nur 10–30 % der Bevölkerung im Römisch-Deutschen Reich mit Buchstaben umzugehen, und dies eher in den Städten als auf dem Land (Wendehorst 1986, S. 32). Trotz der Unsicherheit solcher Zahlenwerte ist zu erahnen, dass es in den Jahrhunderten, die der Reformation vorausgingen, um solche alphabetischen Fähigkeiten noch schlechter bestellt gewesen sein dürfte. Eine Differenzierung nach Geschlecht und sozialer Herkunft fällt schwer. Um 1200 konnten fast alle Männer der führenden Schichten Venedigs schreiben, während die Frauen dies etwas später lernten. Den einfachen Bewohnern der Stadt blieb der Zugang zur Welt der Schrift meist verschlossen (Fees 2002, S. 102–106). Die mangelnde Vertrautheit breiter Schichten mit dem Alphabet hatte strukturelle Ursachen. Ein flächendeckendes Netz von Elementarschulen, in denen die Kinder Lesen, Schreiben oder Rechnen lernten (→ KAPITEL 11.1). Es existierte nicht, weil lange nur geringer Bedarf an diesen Fähigkeiten bestand. Denn anders als die Antike und anders als die schriftgestützte heutige Zeit pflegte das Mittelalter eine Kultur des Mündlichen.

Litteratus – illiteratus

Obendrein waren Lesen und Schreiben im Mittelalter separate kognitive Prozesse, bei denen das Lesen die Grundlage bildete. Selbst wer gelernt hatte, Buchstaben und Texte zu entziffern und zu verstehen, musste nicht mit der eigenen Hand schreiben können; dies setzte eine eigene Übung voraus. Umgekehrt dürfte der Schreibkundige auch in der Lage gewesen sein zu lesen. Das lateinische Wort *illiteratus* (von *littera* „Buchstabe") zielte nicht auf den Analphabeten im heutigen Sinne, sondern auf hohe Geistliche, die trotz ihres Ranges und ihrer Funktion nicht lesen konnten. Demgegenüber bezeichnete *litteratus* den Gebildeten im Sinne des Belesenen. Bildung und Schreibfähigkeit waren zweierlei.

Gleichwohl weisen die erhaltenen Urkunden, die prachtvollen, von Hand geschriebenen Bücher, aber auch die weniger prunkvollen Schriftstücke des rechtlichen und administrativen Gebrauchs unmissverständlich darauf hin, dass auch die Fixierung des gesprochenen Wortes durch die Schrift zur Lebenspraxis gehörte – je weiter das Mittelalter voranschritt, desto mehr. Aber der Bereich der Schriftlichkeit blieb zunächst ausgewählten Themen und Personenkreisen zugeordnet. Abgesehen von Gebieten wie dem nördlichen Italien oder dem Süden Frankreichs, in denen sich die Verfahren der römischen Verwaltung über die Völkerwanderungszeit ins Mittelalter retten konnten und die deshalb auch eine Schriftlichkeit der Laien konservierten, war die frühmittelalterliche Schriftkultur in doppelter Hinsicht mit dem Klerus verbunden. Einerseits stellte das Christentum als Buchreligion den Hauptgegenstand des Schreibens: die heiligen Schriften, ihre verlässliche Vervielfältigung und Kommentierung. In diesem Kontext war Schreiben funktional notwendig und in der besonders sorgfältigen Form der Kalligrafie zugleich eine Form des Gotteslobs. Andererseits führte diese Orientierung zu einem Schreibmonopol der Kleriker. Hatten die Merowingerkönige im 7. und 8. Jahrhundert die Ausfertigung ihrer Urkunden noch Laien anvertraut, so waren die Herrscherkanzleien ihrer Nachfolger von Klerikern dominiert.

Schreibmonopol des Klerus

Schreiberhandwerk

Das Schreiben war im früheren Mittelalter ein spezialisiertes Handwerk, das zumeist in den Skriptorien (Schreibwerkstätten) der Klöster ausgeübt und dessen Fähigkeiten dort von erfahrenen Schreibern an Lehrlinge weitergegeben wurden. Auch Frauen beherrschten im Übrigen dieses Metier exzellent, wie nicht allein die berühmte Schreibschule der Abtei Chelles östlich von Paris zeigt, der Karls des Großen Schwester Gisela (757–810) vorstand. Das Schreiberhandwerk erforderte nicht nur, dass man unterschiedliche Buchstabenformen gestochen scharf und gleichmäßig auf ein Blatt bringen konnte. Von der Herstellung des Pergaments aus der Haut von Kälbern, Schafen oder Ziegen über die Vorzeichnung des Seitenspiegels, das Anrühren verschiedenfarbiger Tinten bis hin zum Binden der Handschrift musste der Schreiber sämtliche Arbeitsschritte beherrschen. Lediglich die Herstellung der schmückenden Buchmalereien scheint Spezialisten vorbehalten gewesen zu sein. Ihre Namen kennen wir selten, während mancher Schreiber die letzten Federstriche seiner Arbeit gerne nutzte, um sich selbst ein kleines Denkmal zu setzen. Etliche Schlussschriften (Kolophone) wie die folgende Notiz aus dem 8. Jahrhundert haben sich erhalten:

Schreiberstolz

> „Oh glücklichster Leser, wasche Deine Hände und fasse so das Buch an, drehe die Blätter sanft, halte die Finger weit ab von den Buchstaben. Der, der nicht weiß zu schreiben, glaubt nicht, dass dies eine Arbeit sei. O wie schwer ist das Schreiben: es trübt die Augen, quetscht die Nieren und bringt zugleich allen Gliedern Qual. Drei Finger schreiben, der ganze Körper leidet“ (Trost 1991, Titelseite).

Die Arbeitsbedingungen der Schreiber waren tatsächlich hart. In den unbeheizten Schreibstuben saßen sie tagein, tagaus bei schlechtem Licht in ergonomisch ungünstiger Haltung. Darüber hinaus rufen solche knappen Texte in Erinnerung, dass schreiben zu können im früheren Mittelalter die Ausnahme darstellte. Angesichts dessen kann es nicht verwundern, dass Unterschriften von Adligen, sofern wir solche überhaupt kennen, meist grob und ungelenk wirken. Einhard (ca. 770–840), der Biograf Karls des Großen, wusste zu berichten, dass der eloquente und lernbegierige Kaiser sich gelegentlich auch im Schreiben übte, darin gleichwohl wenig Erfolg hatte (Einhard, *Vita Karoli*, Kapitel 25). Zu grob für den Federkiel war seine Schwerthand und auch die der meisten Krieger, in deren Alltag und Ausbildung das Schreiben bis ins späte Mittelalter hinein keine Rolle spielte.

Der Aspekt der Funktionalität ist für das Verständnis mittelalterlicher Schriftkultur von enormer Bedeutung. Zwar ist ein allgemeines praktisches Bedürfnis der Menschen durchgehend zu unterstellen, im Alltag Dinge flüchtig oder in sorgfältiger Form zu notieren, eine Notwendigkeit zur schriftlichen Sicherung bestand aber nur in geringem Umfang. Das 12. Jahrhundert brachte hier nachhaltige Veränderung. Ein Motor dieser Entwicklung war die Wiederentdeckung des antiken römischen Rechts. Durch die Übernahme zahlreicher seiner Prinzipien in das Kirchenrecht breiteten sich vom Ende des 11. Jahrhunderts an neue Sichtweisen rasch und umfassend in Europa aus. Hierzu zählt die Einführung des schriftlichen Beweises vor Gericht. Hatte zwar das eidlich bekräftigte Wort der Streitenden und der Zeugen vor dem Richter höchstes Gewicht besessen, so ordnete Papst Alexander III. (1159–81) an, dass nun Urkunden als gleichrangige Beweismittel zu behandeln seien, da diese Dokumente ihre Beweiskraft über den Tod des Ausstellers und der in ihnen genannten Zeugen hinaus behielten. Es dauerte eine Weile, bis sich die Waage endgültig zugunsten der Schriftlichkeit im Gerichtsverfahren neigte. Das IV. Laterankonzil verfügte schließlich im Jahre 1215, dass die einzelnen Schritte eines Prozesses mithilfe von Notaren zu protokollieren und diese Dokumentation an die Streitparteien auszuhändigen sei. Durch diese Maßnahme sollten vor allem rechtlich korrekte Verfahrensabläufe gewährleistet werden, doch lässt sie gleichzeitig in beeindruckender Weise erkennen, wie selbstverständlich bereits zu Beginn des 13. Jahrhunderts schriftliche Aufzeichnungen vor Gericht waren.

Aufschwung der Schriftlichkeit …

… im Recht

Der zweite Bereich, in dem ein starkes Bedürfnis nach Fixierung durch Buchstaben und Zahlen erwachte, war die Welt des Handels. Bereits im 11. Jahrhundert nahmen Kaufleute aus Flandern schreibkundige Kleriker in ihren Dienst. Zwei Jahrhunderte später setzten sich im Bereich der Hanse, jenes weit ausgreifenden, hauptsächlich im nördlichen Europa tätigen Verbundes von Fernhandelskaufleuten, Geschäftsbücher als einheitliche Form der Aufzeichnung von Waren- und Geldverkehr durch. Das Handlungswissen, das zur Anlage der-

… im Handel

artiger Schriftstücke erforderlich war, wurde in den Klosterschulen frühmittelalterlicher Prägung nicht gelehrt, sodass die Kaufleute selbst die entsprechende Ausbildung in diesen grundlegenden Fähigkeiten übernehmen mussten. Ein geeignetes Umfeld für eine solche Neuorientierung boten vor allen Dingen die Städte, die im 12. Jahrhundert rasant wuchsen (→ KAPITEL 6).

In Handel, Verwaltung, Wissenschaft und Recht entwickelten sich Formen der Schriftlichkeit, die den praktischen Bedürfnissen der Dokumentation Rechnung trugen. Es ging primär darum, durch schriftliche Fixierung Überblick und Kontrolle in prozesshaften Handlungen wie Gerichtsverfahren oder Finanzgeschäften zu gewinnen. Mit dem Gedanken der Buch-Führung im weitesten Sinne, der gegen Ende des 12. Jahrhunderts Fuß fasste, trat die Schriftlichkeit in eine andere Dimension: Sie wandelte sich von der exklusiven Schreibkunst zur pragmatischen Schreibtechnik. Schrift und Schreiben wurden aus ihrer vorherrschenden Bindung an die Religion gelöst und als Werkzeug für ganz unterschiedliche Anwendungsbereiche nutzbar gemacht.

Pragmatische Schriftlichkeit

Infolge dieser Vorgänge ist für das Spätmittelalter nicht nur ein deutliches Anwachsen der schriftlichen Überlieferung festzustellen, auch die Palette der Textsorten erfuhr eine so enorme Differenzierung, dass es schwer fällt, für das Schriftgut dieser Zeit eine treffende quellenkundliche Typologie zu entwerfen. So entfaltet sich zum Beispiel der Gattungsbegriff ‚Stadtbücher' bei näherer Betrachtung in eine Vielzahl spezifischer Zweckbestimmungen. Anfangs hatte die Stadtgemeinde in solchen Büchern Abschriften ihrer wichtigsten Privilegien und Rechtsbestimmungen aufbewahrt. Mit fortschreitender Aufgliederung der städtischen Verwaltung führte jedes einzelne Ressort seine eigenen Bücher: für Grundstücksangelegenheiten, Bauwesen, Hospitäler, Militärisches usw.

Beschreibstoffe: Pergament …

Nicht aus dem Blick geraten sollten die materiellen Grundlagen des Schreibens. Das Schreiben auf Pergament erforderte neben einer geschulten Hand auch enorme finanzielle Mittel. Um allein den 1 029 Blatt starken *Codex Amiatinus* anzufertigen, der die vollständige Abschrift der lateinischen Bibel (*Vulgata*) enthielt, wurde in der englischen Abtei Wearmouth-Jarrow zu Beginn des 8. Jahrhunderts die Haut von mehr als 500 Schafen verbraucht. Nicht von ungefähr wurden Pergamente mit Texten, die man für entbehrlich hielt, abgeschabt und wiederverwendet (Palimpsest). Die Mönche in den Skriptorien notierten bei ihrer Arbeit markante Textstellen für den Eigenbedarf auf Pergamentabfälle. Der teure Beschreibstoff behinderte die

… Papier

Ausweitung der Schriftlichkeit. Abhilfe schuf das deutlich günstigere

Papier, das aus einem Brei aus Pflanzenfasern oder aus Lumpen gewonnen wurde. Aus China war die Technik des Papierschöpfens über Indien und das westliche Asien im 8. Jahrhundert nach Ägypten gelangt, von dort durch muslimische Vermittlung nach Europa. Die Herstellung des Papiers gelang den Europäern erst im 12. Jahrhundert, dann jedoch etablierten sich zügig Papiermühlen, beginnend in Spanien und Italien. Die erste Einrichtung dieser Art in Deutschland stand 1389 in Nürnberg und begründete die Vorrangstellung der süddeutschen Papiermanufakturen.

Die älteste Papier-Handschrift Deutschlands datiert von 1246/47. Bald wurde das neue Material für Konzepte, Register und einfache Notizen benutzt, nur zögerlich jedoch für offizielle Schreiben. Die Erfindung des Buchdrucks begründete um die Mitte des 15. Jahrhunderts den endgültigen Siegeszug des Papiers als Beschreibstoff. Besonders wertvolle Druckerzeugnisse wurden dennoch weiterhin ganz bewusst auf dem prestigeträchtigeren Pergament hergestellt.

Mit dem preiswerteren Beschreibstoff verbesserten sich die Bedingungen für die Ausweitung der Schriftlichkeit auch in sozialer Hinsicht. Darauf deuten die stärker alltagsbezogenen Texte, die aus dem Spätmittelalter erhalten sind, ebenso hin wie die zunehmende Verwendung der Volkssprachen statt des früher beherrschenden Lateins. Dies wiederum weckte einen spezifischen Unterrichtsbedarf. Ihn befriedigten zunächst private Schreibmeister, die sich in den Städten als Lohnschreiber verdingten und ihre eigenen, meist im Kanzleidienst erworbenen Schreibfähigkeiten gegen Bezahlung weitergaben. Oftmals unterrichteten sie gleichzeitig auch Lesen und Rechnen. Die Arbeit solcher Schreibschulen ist nach 1500 weit besser zu verfolgen, doch dürfte die Werbetafel eines Basler Schreibmeisters von 1516 auch Jahrzehnte früher Wirkung erzielt haben. Auf seinem Schild versprach der Schriftexperte, Bürger, Handwerksgesellen, Frauen, Jungfrauen, Knaben und Mädchen in kürzester Zeit mit dem Lesen und Schreiben der deutschen Sprache ebenso wie mit dem Rechnen vertraut zu machen (Schiffler/Winkeler 1998, S. 46f.). Schreiben zu können, war an der Wende vom Spätmittelalter zur Frühen Neuzeit zu einer allgemeinen Notwendigkeit geworden.

Schreibmeister

9.2 Vorrang des Mündlichen

Die skizzierte Entwicklung von der thematisch und personell exklusiven Schriftverwendung des frühen Mittelalters hin zur pragmatischen

Schriftlichkeit, die am Ausgang der Epoche in wesentlich breiteren Kreisen eingewurzelt war, darf nicht zu dem Schluss verleiten, der mündliche Austausch sei von der Schrift weit zurückgedrängt worden. Trotz des Aufschwungs im Fernhandel und trotz wachsender Mobilität blieb die Lebenswelt der meisten damaligen Menschen räumlich begrenzt und mit ihr der Rahmen des zwischenmenschlichen Austauschs. Das Leben in überschaubaren Gemeinschaften

Face to face society

(→ KAPITEL 3.1), die in modernem Jargon als *face to face society* bezeichnet werden, begünstigte die direkte mündliche Kommunikation.

Dies war auch eine Frage von Autorität und Vertrauen, denn jede Person musste im Alltag für ihr Wort unmittelbar einstehen. Besitzübertragungen fanden vor den Augen der Dorfbewohner statt, wer eine Kuh kaufte, bekräftigte dies vor Zeugen mit Handschlag, nicht durch einen Kaufvertrag. Das änderte sich auch nicht, nachdem Schriftstücke prinzipiell als Beweismittel vor Gericht zugelassen wor-

Glaubwürdigkeit der Urkunde

den waren (→ KAPITEL 9.1). Eine Urkunde besaß ihre Glaubwürdigkeit nicht aus sich selbst, durch Pergament oder Tinte, sondern weil man ihrem Aussteller und den Zeugen glaubte, die sich für die Richtigkeit des niedergeschriebenen Sachverhalts verbürgten. Schriftstücke blieben in erster Linie Medien, die halfen, Aussagen unabhängig von der Person des Sprechers durch Zeit und Raum zu transportieren. Die Zurückhaltung gegenüber der schriftlich fixierten Nachricht führte dazu, dass man Boten und Gesandten in den meisten Fällen ein Beglaubigungsschreiben mit auf den Weg gab, das ihnen die Reise erleichtern und ihre Glaubwürdigkeit beim Empfänger stärken sollte. Den Inhalt der zu überbringenden Botschaft vertraute man ihnen aber mündlich an. Am Ziel der Reise, so berichten die Quellen, wurde das Anliegen von den Gesandten daher *viva voce*, mit lebendiger Stimme, vorgetragen.

Mündlich vor schriftlich

Lange Zeit war die schriftliche Fixierung gegenüber dem Mündlichen nachrangig. Die Ausfertigung eines Lehnsbriefs konnte die symbolische Einweisung in das Lehen nicht ersetzen, sie lediglich für spätere Zeiten dokumentieren. Auch die Urkunden, jene für das Mittelalter so charakteristische Quellengattung, lassen stellenweise das Zusammenspiel von Mündlichkeit und Schriftlichkeit erkennen. Bei den Herrscherurkunden beschließt meist die Datierung den Text. Sie nennt das Ausstellungsdatum, den Tag und manchmal den Ort, an dem die Urkunde angefertigt bzw. ausgehändigt wurde. Oftmals geht diesem Passus, der mit dem lateinischen Wort *datum* („gegeben“) eingeleitet wird, eine weitere Angabe voraus. Sie beginnt mit *actum*, das in diesem Zusammenhang mit „verhandelt“ zu übersetzen ist. Es sind also zwei getrennte Vorgänge, die der Urkunde als fertigem Produkt vorausgehen. Zunächst wurde der Sachverhalt vorgetragen, besprochen und entschieden, möglicherweise dem Empfänger ein besonderes Privileg verliehen. Die Formulierungen der Urkundentexte lassen oft den Gesprächscharakter erkennen. In einem zweiten Schritt wurden dann Verlauf und Ergebnis dieser mündlichen Verhandlung von einem Schreiber auf das Pergament gebannt. In dieser schriftlichen Fassung wurden einige der bei der Verhandlung Anwesenden als Zeugen genannt oder sie unterschrieben die Urkunde sogar eigenhändig. Die Niederschrift wurde durch das Siegel des Urkundenausstellers beglaubigt und konnte so vom Empfänger zu einem späteren Zeitpunkt vorgelegt werden, um die gewährten Vorrechte nachzuweisen. *Actum* und *datum* konnten am selben Tag geschehen, oft aber lag eine Zeitspanne zwischen beiden. Man spricht dann von einer uneinheitlichen Datierung. Bisweilen wurden Urkunden Wochen nach der Verhandlung unter einem anderen Ortsnamen ausgestellt, weil sich etwa der Herrscher und sein Hof zügig weiterbewegt hatten.

Uneinheitliche Datierung

Urkunden dokumentieren also rechtliche Sachverhalte, die zuvor in direktem Austausch geschaffen wurden. Damit vereinigen sie die mündliche und die schriftliche Seite der Kommunikation, haben aber noch mehr zu bieten. Der Blick auf ein Privileg, das dem Empfänger in der Regel besondere Vorrechte verlieh und besonders aufwendig gestaltet wurde (→ ABBILDUNG 16), zeigt, dass diese Pergamente nicht ausschließlich zum Lesen des kleinteiligen, von formelhaften Wiederholungen durchsetzten Texts geschaffen worden waren. Aus der sorgfältigen Gestaltung springen dem Betrachter Zeilen in anderer Schrift, einige grafische Symbole, vor allem aber das Siegel ins Auge. Insbesondere das Monogramm, das aus den Buchstaben des Namens und Titels komponiert wurde, und das Siegel symbolisierten die Autorität des königlichen Ausstellers.

Urkundengestaltung

Die feierlich gestalteten Privilegien waren nicht nur Transportmedien für Rechtsinhalte – dazu genügten weit schmucklosere Formen. Sie waren vielmehr Kunstwerke, deren Format und Schriftgestaltung, die Anordnung der grafischen Symbole und die rhythmische Sprache, die für das laute Vorlesen konzipiert war, im Idealfall ein stimmiges Gesamtbild ergaben. Die sprachliche und grafische Komposition der Herrscherurkunde sollte Zuhörer und Betrachter beeindrucken, indem sie etwas vom Glanz des Ausstellers widerspiegelte. In gewisser Weise leisten die mittelalterlichen Privilegien dies auch heute noch.

9.3 Symbolische Kommunikation

Die mediävistische Forschung hat sich in jüngerer Zeit intensiv mit symbolischen Formen der Kommunikation beschäftigt. Im Zentrum des Interesses stehen neben den Symbolen selbst vor allem nicht-verbale Äußerungen, also Gesten und komplexere Handlungsabläufe mit zeichenhaftem Charakter. Dabei unterscheidet man zwischen Ritualen und Zeremonien. Beide bestehen aus symbolisch aufgeladenen Handlungsketten, deren Ablauf verbindlich vorgegeben ist. Während sich im Verlauf des Rituals ein qualitativer Wandel des oder der Beteiligten vollzieht – etwa vom Kandidaten zum König bei der Erhebung –, dient die Zeremonie stärker der Bekräftigung bestehender Zustände. Rituale und Zeremonien sind Formen der Visualisierung. Sie machen komplexe Dinge für die damaligen wie für die heutigen Betrachter durch Handlung sichtbar und gleichsam ‚ohne Worte' verständlich. Sie stärker in den Blick zu nehmen, ist eine Reaktion auf die Eigenheiten der mittelalterlichen Kultur, in der öffentlich vollzogene Handlungen von größter Bedeutung waren. Profitieren konnten die Historiker bei ihrer Annäherung von den Erfahrungen der Ethnologie und der Kulturwissenschaften.

Ritual und Zeremonie

Symbolische Kommunikation ist im gesamten Mittelalter heimisch, doch lässt sich vom Beginn des 10. Jahrhunderts an eine Zunahme symbolischer Handlungen feststellen, die zudem in komplexerer Form auftraten als früher und um neue Elemente bereichert wurden. Bereits das Anlegen von Kleidern in bestimmten Farben war eine symbolische Handlung. Bauern mussten sich mit braunen Tönen begnügen, während Purpur die Signalfarbe des Kaisers war. Die Bandbreite symbolischer Kommunikation reichte von der Geste – kniende Haltung bedeutete Demut – über die Einzelhandlung, beispielsweise das Einlegen der gefalteten Hände des Lehnsmanns in die Hände des Lehnsherrn (→ KAPITEL 5.2), bis hin zu vielgliedrigen Inszenierungen wie der Königserhebung (→ KAPITEL 7.1). Beteiligte wie Betrachter, welche die notwendige Öffentlichkeit bildeten, mussten die verwendeten Symbole und die Abfolge der Handlungen genau kennen und befolgen. Nur so war gewährleistet, dass die gewünschte Aussage zustande kam und korrekt kommuniziert wurde.

Farben, Gesten, Handlungsketten

Die symbolische Handlung machte komplexe, bisweilen sogar abstrakte Dinge wie Ordnungen durch Zeigen erfahrbar. Dazu musste man sich nicht einmal bewegen, musste nicht wie die Inhaber der Erzämter dem König demonstrativ mit Speisen und Getränken zu

Diensten sein. Das bloße Sitzen reichte bisweilen aus, um kraft der ihm innewohnenden Zeichenhaftigkeit Kontroversen auszulösen. Aus diesem Grunde legte die 1356 von Kaiser Karl IV. erlassene Goldene Bulle nicht nur das rechtliche Verfahren der Königswahl im Römisch-Deutschen Reich verbindlich fest, sondern auch die Reihenfolge der sieben Kurfürsten bei der Stimmabgabe, bei Prozessionen und ihre Sitzordnung an der königlichen Tafel. Was aus heutiger Sicht wie zeremonielles Geplänkel anmutet, war hochbrisant, weil die physische Position zum König direkt mit der Stellung im Ranggefüge des Reiches gekoppelt war. Beim Sitzen galten einfache Regeln: rechts vom Herrscher war besser als links und unmittelbar neben ihm war besser als einige Plätze entfernt. Die Sitzordnung der Kurfürsten im Angesicht des Königs offenbarte dem Beobachter die interne Hierarchie der Königswähler (→ ABBILDUNG 17).

Ordnung durch Symbole

Die mittelalterlichen Zeitgenossen besaßen ein ausgeprägtes Empfinden für diese feinen Unterschiede. Der eigene Ranganspruch wurde stets geltend gemacht: Köln und Aachen stritten seit 1454 eifersüchtig um den Vor-Sitz auf dem Reichstag. Als 1434 auf dem Basler Konzil die Gesandten des Königs von Kastilien den Rang unmittelbar hinter Frankreich beanspruchten, stieß diese Forderung auf den Widerstand Englands. Einigung war nicht zu erzielen, sodass die Spanier schließlich den Engländern die beanspruchten Bankreihen im Basler Münster mit körperlicher Gewalt entrissen. In den Städten wetteiferten Handwerkerbruderschaften um den besseren, weil dem Allerheiligsten näheren Platz bei der Fronleichnamsprozession. An solchen symbolischen Orten kristallisierten sich Selbstbewusstsein und der Bedarf nach Selbstdarstellung. Mit ausgefeilten protokollarischen Bestimmungen versuchte man daher, Konflikten um Vor-Sitz und Vor-Tritt zu begegnen. Weil der eigene Rang aber stets neu und in Relation zu anderen ausgedrückt werden wollte (→ KAPITEL 10.3), blieb eine gewisse Dynamik erhalten.

Rangkonflikte

Besonders hilfreich war die symbolische Kommunikation für den Transport vielschichtiger Sachverhalte. Ein Königreich als Ganzes, erst recht sein inneres Ordnungsgefüge war für die Zeitgenossen schwer vorstellbar. Eine Verfassung im modernen Sinne des staatlichen Konstruktionsplans existierte nicht; sie wäre in einer Welt höchst eingeschränkter Schriftlichkeit wenig nützlich gewesen. Auf dem Weg der Visualisierung ließen sich solche Dinge jedoch vermitteln. Indem Widukind von Corvey die Königserhebung Ottos I. in all ihren Handlungsdetails beschreibt (→ KAPITEL 7.1), lässt er seine Leser am formal und rechtlich korrekten Ablauf des Geschehens teilhaben

Visualisierung der Ordnung

Abbildung 17: Die Kurfürsten und der Kaiser, Holzschnitt (1531)

und transportiert damit hauptsächlich einen Gedanken: Ottos Herrschaft war von Beginn an legitim und unbestritten.

Weil die Kommunikationsräume klein waren, wurden Elemente einer Herrschererhebung auf Hoftagen in den Regionen wiederholt. An Festtagen wie Weihnachten, Ostern, Pfingsten oder Christi Himmelfahrt ließ sich der König bisweilen erneut feierlich die Krone aufsetzen. Solche Festkrönungen oder Befestigungskrönungen boten Gelegenheit, den Herrscher in christlich-liturgischer Umgebung darzustellen und sein Gottesgnadentum sichtbar zu machen. Bei solchen Hoftagen agierte der Herrscher demonstrativ im Kreise seiner Großen und bezog sie in die Handlungen ein. Dabei wurde jeder gemäß seiner Stellung berücksichtigt. Oft waren auch fremde Fürsten oder Gesandte zugegen, sodass Beziehungen und Ranggefüge auch über die Reichsgrenzen hinaus sichtbar gemacht werden konnten. Dieses abgestimmte, öffentlich vollzogene Miteinander von König und Großen war nichts anderes als eine „Aufführung des Reiches" (Schneidmüller 2006, S. 76). Die Beteiligten vergegenwärtigten die innere Ordnung des Gemeinwesens und bekräftigten sie dadurch sichtbar.

„Aufführung des Reiches"

Die Kommunikation in symbolischen Formen übersetzte komplizierte Zusammenhänge, die heute aufwendig beschrieben und schriftlich gesichert werden müssten, in die Wahrnehmungsgewohnheiten der damaligen Zeit. Symbole und symbolhafte Handlungen komprimierten Sinnzusammenhänge und machten sie nachvollziehbar. Funktionieren konnte dies nur mithilfe einer regelrechten Ritualsprache, die neben dem gesprochenen und geschriebenen Wort stand. Sie war in einen ganz konkreten kulturellen Kontext eingebunden und wandelte sich mit diesem. Darin liegt eine Chance der Geschichtswissenschaften, an Symbolen und Ritualen die sozialen und politischen Denkweisen des Mittelalters angemessener zu erkennen.

Ritualsprache

Fragen und Anregungen

- Benennen Sie Faktoren, die einer Ausbreitung der Schriftlichkeit im Mittelalter entgegengestanden haben!
- Erklären Sie den Begriff ‚Urkundenzeitalter' und problematisieren Sie ihn!
- Erläutern Sie den Begriff ‚Ritual' und finden Sie Beispiele moderner, nichtkirchlicher Rituale!
- Überprüfen Sie anhand von Foto- oder Filmaufnahmen, ob sich bei politischen Konsultationen (z. B. G 8-Gipfel) Beziehungen zwischen Sitzordnung und Rangordnung erkennen lassen!

Lektüreempfehlungen

Schreibkunst

- **Anton Legner: Illustres manus**, in: ders. (Hg.): Ornamenta ecclesiae. Kunst und Künstler der Romanik in Köln, Bd. 1, Köln 1985, S. 187–262. *Umfassender Beitrag über frühmittelalterliche Buch-*

herstellung und Schreibkunst mit Beispielen einschlägiger Quellen und reicher Bebilderung.

- **Vera Trost: Skriptorium. Die Buchherstellung im Mittelalter,** Stuttgart 1991, Neuauflage 2011. *Kurze, hilfreich illustrierte Einführung in die handwerklichen Prozesse.*

Schriftlichkeit

- **Irmgard Fees: Eine Stadt lernt schreiben. Venedig vom 10. bis zum 12. Jahrhundert,** Tübingen 2002. *Mustergültige Fallstudie, die anhand der Unterfertigungen in unzähligen Dokumenten ein Panorama von Schreibfähigkeit und Schriftkultur der Handelsmetropole entwirft.*
- **Hagen Keller: Vom „heiligen Buch" zur „Buchführung". Lebensfunktionen der Schrift im Mittelalter,** in: Frühmittelalterliche Studien 26 (1992), S. 1–31. *Stellt in unübertroffener Klarheit die grundsätzlichen Funktionen von Schriftlichkeit im zeitlichen Wandel und ihre Folgen für die Schriftkultur vor.*
- **Alfred Wendehorst: Wer konnte im Mittelalter lesen und schreiben?,** in: Johannes Fried (Hg.): Schulen und Studium im sozialen Wandel des hohen und späten Mittelalters, Sigmaringen 1986, S. 9–33. *Immer noch grundlegender Beitrag zur mittelalterlichen Elementarbildung, die für verschiedene Stände bzw. Berufsgruppen analysiert wird.*

Symbolische Kommunikation

- **Axel Michaels (Hg.): Die neue Kraft der Rituale.** Sammelband der Vorträge des Studium Generale der Ruprecht-Karls-Universität Heidelberg im Wintersemester 2005/2006, Heidelberg 2007. *Aktuelle Sammlung von Beiträgen der prominentesten Sachkenner.*
- **Barbara Stollberg-Rilinger: Symbolische Kommunikation in der Vormoderne. Begriffe – Thesen – Forschungsperspektiven,** in: Zeitschrift für Historische Forschung 31, 2004, S. 489–527. *Prägnante, problematisierende Bündelung, die trotz ihres hohen Anspruchs Orientierung im unübersichtlichen Terrain eines noch jungen Forschungszweiges gibt.*
- **Barbara Stollberg-Rilinger: Rituale,** Frankfurt a. M. 2013. *Gut lesbare Einführung in Phänomene, Theorien und Forschungsfragen.*

10 Die Kultur der Eliten

Abbildung 18: Disputierende Frauen mit Büchern aus Werden (Ausschnitt eines Steinreliefs, 2. Hälfte des 11. Jahrhunderts)

Aus der Benediktinerabtei Werden bei Essen stammen die Fragmente eines hochmittelalterlichen Steinreliefs, das zwölf unter Blendarkaden sitzende Frauen zeigt. Ihre jeweils paarweise einander zugewandten Köpfe und ihre Gestik vermitteln dem Betrachter den Eindruck eines intensiven Gesprächs von Nische zu Nische. Dabei symbolisiert das auf die Knie gestützte Buch die Vertrautheit mit dem Wort Gottes oder eine Gelehrsamkeit, deren Inhalt freilich nicht zu bestimmen ist. Auch als konkrete Personen lassen sich die Frauen nicht identifizieren. Man muss in ihnen wohl den Typus der gebildeten Frau sehen. Nicht von ungefähr stammt die Darstellung aus klösterlichem Umfeld. Sie verdeutlicht die enorme Bedeutung der Kirchen für Bildung und Kultur insbesondere in den früheren Jahrhunderten des Mittelalters, und sie erinnert daran, dass dies keineswegs eine ausschließlich männliche Domäne war.

Es gilt heute als einseitig, einen Kulturbegriff zugrunde zu legen, der sich auf herausragende Erzeugnisse menschlichen Schaffens in der bildenden Kunst, der Architektur oder Musik konzentriert. Der Elitenkultur wurde längst die Volkskultur oder Alltagskultur als nicht minder wichtiges Pendant an die Seite gestellt. Auch für das Mittelalter sind diese Themenfelder unter anderem über die Alltagsgeschichte und die Mentalitätsgeschichte längst in Angriff genommen worden. Die Dinge indes, die gemeinhin mit mittelalterlicher Kultur in Verbindung gebracht werden, sind zum großen Teil Produkte und Gewohnheiten sozialer Eliten: das kostbar gestaltete Evangelienbuch genauso wie das Rathaus oder die Kathedrale, an denen man Jahrzehnte baute; das festliche Turnier der Ritter im hohen Mittelalter ebenso wie die im Stil der Renaissance gehaltenen individuellen Porträts. Die Überschrift dieses Kapitels lässt also die Verengung auf Aushängeschilder der mittelalterlichen Kultur deutlich erkennen. Es wird im Folgenden jedoch kein Rundgang durch ein imaginäres Mittelalter-Museum geboten, kein Katalog der Kunstwerke und Kunststile; vielmehr werden Träger und Themen der Kultur exemplarisch hervorgehoben. Weniger die Produkte als die Handlungen und Rahmenbedingungen sollen dabei in den Mittelpunkt gerückt werden.

10.1 Kultur der Klöster und Kathedralen

Die Klöster waren die unbestrittenen Zentren der Schreibkunst und der Bildung (→ KAPITEL 9.1, 11.1). Als Klammer zwischen beiden Bereichen fungierten die Klosterbibliotheken. Sie waren die Wissensspeicher der Zeit. An der Benutzung der dort deponierten Bände lässt sich ablesen, welche Autoren und Themen zu je unterschiedlichen Zeiten Interesse weckten und Wertschätzung erfuhren. Als die Humanisten im 14. und 15. Jahrhundert auf die intensive Suche nach den Texten ihrer klassisch-antiken Vorbilder gingen, durchstöberten sie ganz gezielt die Handschriftensammlungen alter Benediktinerklöster wie Bobbio oder Montecassino in Italien. Nur diese Abteien, die zum Teil noch in der Spätantike oder im Frühmittelalter gegründet worden waren, konnten Abschriften eines Cicero, Tacitus oder Plinius bergen. Mit regelrechten Suchlisten wurden Agenten von Italien aus auch in den Norden geschickt. Und sie wurden fündig! Im Kloster Hersfeld entdeckte man Tacitus' *Germania*, in Sankt Gallen Texte von Horaz, in Cluny Reden des Cicero. Nur etwa 100 Briefe Plinius' des Jüngeren kannte das Mittelalter – eine Zahl die um 1420 sprunghaft anstieg, als Handschriften mit gleich acht Büchern solcher Schreiben auftauchten.

Klosterbibliotheken

Diejenigen, die wie der Florentiner Gianfrancesco Poggio Bracciolini (1380–1459) im Zuge seiner Reise zum Konstanzer Konzil solche antiken Klassiker der Vergessenheit entrissen, überhöhten ihre Entdeckungen rhetorisch als Befreiung der antiken Autoren aus dem Kerker jahrhundertelanger Barbarei. Kaum deutlicher lässt sich der Wandel kultureller Interessen und Bezugspunkte darstellen. Die Renaissance hatte in der römischen und griechischen Antike eine neue Referenzkultur gefunden. Kirchen und Klöster, die im frühen und hohen Mittelalter die Richtung vorgegeben hatten, gerieten nun in eine Randposition.

Wechsel der Referenzkultur im Spätmittelalter

Zuvor aber waren künstlerische Erzeugnisse in ganz überwiegendem Maße sakral bestimmt. Zumindest sind die erhaltenen Stücke entweder einem liturgischen Zusammenhang direkt zuzuordnen wie Messbücher, kirchliche Gewänder, Goldschmiedearbeiten in Form von Reliquienbehältern oder Messkelchen, oder aber sie sind in ihrer Gestaltung mit religiösen Motiven durchsetzt. Selbst Darstellungen, die in erster Linie der Verherrlichung des Herrschers dienten (→ ABBILDUNG 12), fügten sich in diesen Bezugsrahmen ein.

Denken und Schaffen wurden hinter Klostermauern oder in Stiftskirchen vom Bemühen um eine tiefere Gotteserkenntnis gelenkt. Dies schlug sich auch in einer Fülle theologischer Literatur nieder, in der die heiligen Schriften immer wieder kommentiert und als Leitfaden eines christlichen Lebens gedeutet wurden. Zu dieser Praxis leisteten weibliche Religiose entscheidende Beiträge. Auch wenn den Frauen die Kanzeln der Kirchen und die Lehrstühle der Universitäten versperrt blieben, so vermochten sie doch in Gestalt herausragender

Christliche Mystik

Nonnen eigene Impulse zu setzen. Insbesondere in der christlichen Mystik, die versuchte, durch Kontemplation, Askese, Gebet und Gesang zu einer Verschmelzung der eigenen Seele mit Christus zu gelangen, haben Frauen eine tragende Rolle gespielt (Dinzelbacher 1994). Mystikerinnen wie Hildegard von Bingen (1098–1179), Gertrud von Helfta (1256–1301/2), Mechthild von Magdeburg (ca. 1207–82) oder Theresa von Ávila (1515–82) erreichten mit ihren meditativen Gedichten und Berichten von teilweise exstatischen Visionen einen enormen Bekanntheitsgrad.

Baukunst: Romanik und Gotik

Religiöse Ideale spiegelten sich auch in der Baukunst. Die Architektur der Romanik mit ihren Rundbögen und wuchtigen Mauern wich im 12. und 13. Jahrhundert weit filigraneren, geradezu in den Himmel strebenden gotischen Gebäuden mit Spitzbögen und Seitenwänden, die durch große Fensterflächen weitgehend aufgelöst wurden. Von der Île-de-France aus trat diese Stilrichtung um 1140 ihren Siegeszug über den gesamten Kontinent an. Die Gotik wird mit den Entwicklungen im Geistesleben des hohen Mittelalters in Verbindung gebracht, weil sich die Bauten wie die Erkenntnisfreude der damaligen Menschen in ungeahnte Höhen emporzuschwingen schienen (→ KAPITEL 11.2).

Kirchen waren die bevorzugten Objekte dieser architektonischen Perfektionierung. Ob beim romanischen Dom in Speyer (erbaut ab 1025) oder Notre-Dame in Paris (ab 1163), stets stand die Verherrlichung Gottes in Stein bei den Entwürfen Pate. Insbesondere die

Gotische Kathedralen

gotischen Kathedralen sind Gesamtkunstwerke, die Architektur, Bildhauerkunst und Glasmalerei vereinen und dabei die christliche Gedankenwelt in einer Fülle von Figuren und Symbolen verbildlichen.

Bedeutende Kirchen waren auch deshalb Kristallisationspunkte handwerklichen Könnens und schöpferischer Kraft, weil sich hier wirtschaftliche und personelle Ressourcen bündeln ließen. So wurden für den Bau derartiger Großprojekte Bauhütten eingerichtet, in denen

Handwerke

sich Spezialisten der unterschiedlichsten Handwerke zusammenfanden. Denn gefordert waren nicht nur die Steinmetze, denen die Gotik ganz neue Aufgaben und Gestaltungsspielräume zuwies, sondern auch Zimmerleute, Glaskünstler, Goldschmiede und Experten für den

Bronzeguss. Karl der Große hat diese antike Technik beim Bau der Aachener Marienkirche anwenden lassen, Bischof Bernward von Hildesheim (993–1022) führte sie beim Neubau seiner Kathedrale auf einen ersten Höhepunkt. Wer die dortigen Portale, die des Mainzer Doms oder der Kirchen in Rom und Florenz betrachtet, erahnt die Schwierigkeiten, die hier zu bewältigen waren. Auch galt es natürlich, wohlklingende Glocken in die Türme zu bringen. Den hohen fachlichen Stand dieser Handwerke dokumentieren zeitgenössische Abhandlungen. Der Benediktiner Theophilus Presbyter hat zu Beginn des 12. Jahrhunderts ein Handbuch mit dem Titel *Schedula diversarum artium* bzw. *De diversis artibus* (*Die verschiedenen Kunsthandwerke*) verfasst, in dem die Verfahren der Farbherstellung für die Buch- und Wandmalerei, die Herstellung von farbigem Glas, Goldschmiedetechniken sowie Anleitungen zum Bau von Orgeln und zum Gießen von Glocken im Detail beschrieben werden.

Theophilus Presbyter

Klöster und Kathedralkirchen waren im frühen und hohen Mittelalter Zentren einer Kunst, die ohne religiöse Motivation kaum denkbar ist. Mit einem wachsenden Angebot an kunstinteressierten und finanzkräftigen Auftraggebern, deren Heimat die adligen Höfe und die Städte waren, eröffneten sich der Kunstfertigkeit vom Hochmittelalter an neue Themen und Formen, deren Bezugsrahmen auch außerhalb des Religiösen lag.

10.2 Kultur der Höfe und Städte

Schon im frühen Mittelalter spielten die Höfe der Fürsten und des Adels als Zentren von Bildung und Kultur eine Rolle. Karl der Große, der am Ende des 8. Jahrhunderts Gelehrte aus unterschiedlichen Ländern an seinem Hof versammelte, ist hierfür sicherlich das bekannteste Beispiel. Auch Friedrich II. (Kaiser 1220–50) pflegte in Sizilien engen Umgang mit Männern der Wissenschaft aus unterschiedlichen Kulturkreisen. Doch die Hof-Kultur umfasste ein weit breiteres Spektrum, das vor allen Dingen mit dem Verhalten der Menschen dort zu tun hatte. Hof-Kultur wurde im Hochmittelalter zur höfischen Kultur. In ihr vereinigten sich Kunst, Literatur und ein bestimmter Verhaltenskodex mit den Schlüsselwörtern Ehre und Ritterlichkeit.

Hof-Kultur wird höfische Kultur

Ein kluger Spruch besagt: Was die Ritter waren, erfährt man am besten aus ihren Lehnsbriefen; wie die Ritter waren, vor allen Dingen, welche negativen Eindrücke sie hinterlassen haben, erfährt man am besten aus den Chroniken der Zeit; was aber das Rittertum war, entnimmt man am besten der höfischen Dichtung. Leitbilder und Verhaltensmuster des Ritters als der Idealform des hochmittelalterlichen Kriegers sprechen also aus diesen Texten. Die Werke, die vor allem in den Volkssprachen abgefasst wurden, spiegeln die teils sagenhafte Welt jener Zeit. Sie verherrlichen das Leben bei Hofe und die Tugenden des aufrechten Kriegers. Siegfried, Dietrich von Bern oder die Tafelrunde um König Artus mit Gawan, Parzival, Lancelot und (später) Ivanhoe sind ihre Heroen – ganz zu schweigen davon, dass diese Texte und ihre tausendfachen Inszenierungen in Oper, Theater oder Film das moderne Bild des mittelalterlichen Ritters entscheidend prägten.

Ritter

In der Tat darf man das mittelalterliche Rittertum nicht auf seine militärische Funktion reduzieren. Denn aus den Berufskriegern wurden auf dem Wege des sozialen Aufstiegs Herren, und es dürfte nicht zuletzt dieser soziale Aufstieg gewesen sein, der zur Ausprägung und Verfolgung einer eigenen Lebensform geführt hat. Mitverantwortlich für den Prestigegewinn der Kämpfer war die veränderte Haltung gegenüber dem Krieg. Der Einsatz der Waffen im Dienste des Glaubens, zu dem etwa die Kreuzzüge des Hochmittelalters besondere Gelegenheit boten, ‚adelte' die Kriegshandwerker. Sie bildeten ein eigenes, ein ritterliches Ethos aus, das ihr Leben kultivieren sollte.

Turnier

Eines der wesentlichen Tätigkeitsmerkmale des Ritters jenseits des Krieges war das Turnier. Es ist Ausdruck eines sportlichen Wettkampfs innerhalb eines homogenen sozialen Milieus, denn der Sinn des Turniers lag darin, die eigenen Fähigkeiten nach festgelegten Spielregeln zur Geltung zu bringen. Das Turnier war Demonstration militärischer Fertigkeit und sicherer Beherrschung sozialer Umgangsformen zugleich. Die ersten sicheren Belege für Turniere stammen aus den Jahren 1125 bis 1130 und sie verweisen in den Raum Flandern und Nordfrankreich. Das Königreich Frankreich gilt bis ins Spätmittelalter hinein als der Turnierplatz schlechthin.

Ritterliche Ehre

Der Hauptanreiz, an einem Turnier teilzunehmen, bestand weniger in materiellem Gewinn als im Zuwachs an ritterlicher Ehre. Wer einen ranghöheren Gegner im Zweikampf besiegte, gewann soziales Ansehen. Die in ihrer Gestaltung immer aufwendiger werdenden Turniere reiften zum Forum der Selbstdarstellung des Adels. Prachtvolle Rüstungen, glänzend geschmückte Pferde, ganze Zeltstädte und Tribünen lassen die Abbildungen in den mittelalterlichen Handschriften erkennen. Auch die Wappen, die auf dem Schild oder dem Waffenrock angebrachten grafischen Erkennungszeichen der Kämpfer, haben ihre Wurzeln in dieser ritterlichen Turnierpraxis. Das Turnier brachte die sozial unterschiedlichen Gruppen der Adelswelt zusammen, die sich hinter dem Sammelbegriff Ritter verbargen. Ganz gleich, ob Hoch- oder Niederadel, ob Fürsten, Edelfreie oder Ministerialen, sie alle strebten nach dem Ideal einer ritterlichen Tugend, die in Kampf und Verhalten zu erweisen war. Dazu gehörte unbedingt auch die Anwesenheit von Damen. Ihnen widmete man die eigene Turnierleistung, die so zum Minnedienst wurde.

Höfisches Fest

Turniere waren Bestandteile einer Festkultur, die als ein zentraler Teil der höfischen Welt des Mittelalters anzusehen ist. Ein herausragendes Beispiel eines solchen höfischen Festes ist das Mainzer Hoffest des Jahres 1184. Kaiser Friedrich Barbarossa hatte zu Pfingsten in die rheinische Bischofsstadt geladen, um dort in glänzendem Rahmen die Schwertleite seiner Söhne Heinrich und Friedrich zu vollziehen, die durch dieses Ritual in den Ritterstand aufgenommen werden sollten. Mainz bot mit seiner Kathedrale ideale Voraussetzungen zur Feier des Pfingstfestes, mit dem Palast des Erzbischofs und der umliegenden Stadt die Möglichkeit, viele Leute unterzubringen und zu versorgen. Das Ereignis von Mainz verband das kirchliche Fest mit einem Hoftag, verband die politische Beratung des Kaisers durch die Großen seines Reiches mit einer überwältigenden Selbstinszenierung des Königtums in einem prachtvollen höfischen Fest.

Mainzer Hoffest (1184)

Durch den Bericht des Giselbert von Mons († 1224), der sich im Gefolge seines Herrn, des Grafen Balduin von Hennegau im heutigen Belgien, befand, sind wir über das Mainzer Hoffest bestens unterrichtet. Aus dem nordalpinen Teil des Reiches waren alle Fürsten, Erzbischöfe, Bischöfe, Äbte, Herzöge, Markgrafen, Pfalzgrafen, Grafen, Adlige und Ministerialen zusammengeströmt, insgesamt 70 000 Ritter, nicht gezählt die Kleriker und das ganze Volk von niederem Stand.

> „Am heiligen Pfingsttage trugen Friedrich, der Kaiser der Römer, und seine Gemahlin die Kaiserin, mit großer Feierlichkeit die Kaiserkronen und ihr Sohn König Heinrich die Königskrone. Als bei dieser Gelegenheit die mächtigsten Fürsten es als ihr Recht beanspruchten, das Kaiserschwert tragen zu dürfen [...], überließ man dies dem Grafen von Hennegau. Niemand erhob dagegen Einspruch, weil sein Name in allen Landen hoch angesehen war, er erstmals auf einem Hoftage zugegen war und zudem viele der anwesenden mächtigen Fürsten und andere Edelleute zu seinen Verwandten zählen konnte.
>
> Am Pfingstmontage wurden die Söhne des Kaisers, der römische König Heinrich und der Schwabenherzog Friedrich, zu Rittern erhoben. Diese Ehrung veranlasste diese sowie alle Fürsten und an-

dere Edelleute, reiche Geschenke an Ritter, Gefangene, Kreuzfahrer, Spielleute, Gaukler und Gauklerinnen auszuteilen: Pferde, kostbare Kleider, Gold und Silber. Die Fürsten und anderen Edelleute taten dies nicht bloß zur Ehre des Kaisers und seiner Söhne, sondern sie spendeten auch mit freigebiger Hand, um ihren eigenen Ruhm zu mehren.

Reiterspiele

Am Pfingstmontag und Pfingstdienstag begannen die Söhne des Kaisers nach dem Frühstück die Reiterspiele, an denen sich schätzungsweise 20 000 oder mehr Ritter beteiligten. Das Turnier wurde ohne scharfe Waffen abgehalten; die Ritter trugen Schilde, Lanzen und Fahnen und erfreuten sich ohne Hauen und Stechen an ihrer Reitkunst. Auch der Kaiser tat mit, und wenn er auch an körperlicher Größe und Schönheit die übrigen nicht übertraf, so ziemte es sich doch, dass er seinen Schild [bei der Musterung] an erster Stelle vorwies. Der Graf von Hennegau diente ihm beim Turnier und trug seine Lanze.

Am Dienstag erhob sich gegen Abend ein Sturm und zerstörte die Kapelle des Kaisers und einige Häuser, die man wegen der Menge des Volkes am Rheinufer neu erbaut hatte. Einige Menschen kamen in den Trümmern um, viele Zelte wurden zerrissen, und alle ergriff große Furcht. [...] Das für Ingelheim am Rhein [...] angekündigte Turnier wurde auf den Rat der Fürsten hin abgesagt" (Giselbert von Mons, *Chronik*, Kapitel 108, S. 156f., Übersetzung d. Verf.).

Der Bericht gibt einen Eindruck vom spektakulären Rahmen eines Hoffestes: gekrönte Häupter, Anwesenheit aller wichtigen Fürsten, das Vorantragen herrscherlicher Insignien, Reiterspiele, Gaukler und Spielleute, große Volksmassen und am Ende ein heftiges Unwetter, das von nicht wenigen als göttliche Warnung vor Übermut und Eitelkeit gedeutet wurde. Aus demselben Fundus bedienen sich auch die modernen Mittelalter-Spektakel vom historischen Jahrmarkt bis zur alle vier Jahre mit mehr als 2 000 Mitwirkenden medienwirksam nachgestellten „Landshuter Hochzeit" des Jahres 1475. Nur wenige Worte widmet Giselbert dem eigentlichen Hauptgeschehen, der Aufnahme zweier Söhne Barbarossas in den Ritterstand durch die Schwertleite. Auch dieser Vorgang war rituell ausgeformt: Dem Kandidaten wurde ein Gürtel mit dem Schwert umgehängt. Erst nach 1300 kam der Ritterschlag in Mode.

Schwertleite

Die Ereignisse in Mainz 1184 präsentieren als Kirchenfest, Hoftag und Hoffest in sehr plastischer Weise, wie eng in der adligen Welt des Mittelalters Religion, Herrschaftsausübung und Repräsentation zu Denk- und Verhaltensmustern verwoben waren, die sich in einer Kultur höfischen Handelns zeigten. Das Fest ist die idealisierte Form ihres Vollzugs.

Städtische Festkultur

Auch die Städte pflegten in ihren Mauern eine eigene Festkultur. Sie war noch stark geistlich geprägt, integrierte aber ganz bewusst sowohl die städtische Topografie als auch die sozialen Gruppen. So lassen sich im späten Mittelalter etwa die Prozessionen an bestimmten kirchlichen Feiertagen durchaus als städtische Ereignisse begreifen, in denen die Bürgergemeinde sich als umfassende Sakralgemeinschaft präsentierte und dabei ihr inneres Gefüge zur Schau stellte. Auch das sogenannte geistliche Spiel, das zunächst Szenen aus der Bibel wie die Weihnachts- oder Ostergeschichte erweiterte und in dramatisierter Form zur Aufführung brachte, wandelte sich unter dem Einfluss einer aufblühenden städtischen Bürgerkultur. Es wurde aus dem engen liturgischen Rahmen gelöst und auf dem Marktplatz aufgeführt. Der Übergang zur Volkssprache, zu aufwendigen Kostümen und Ausstattungen popularisierte die Aufführungen, für deren Gestaltung sich unter den Stadtbürgern nicht selten eigene Bruderschaften bildeten. Im 15. Jahrhundert dauerten die Aufführungen bisweilen mehrere Tage und nahmen Volksfestcharakter an. Der religiöse Rahmen blieb jedoch lange Zeit gewahrt.

Geistliches Spiel

Stadt und Stadtgemeinde waren selbst Themen künstlerischer Darstellung. Das gilt für Stadtansichten, insbesondere aber für die Stadtsiegel, deren Bild das Selbstverständnis der autonomen Stadtgemeinde in symbolischer Verdichtung darstellen sollte (→ ABBILDUNG 11). Auf den Siegelstempeln finden sich meistens Stadtmauer und Stadttore oder die Andeutung markanter Gebäude, kombiniert mit dem Bild eines Stadtheiligen, der an die Stelle früherer irdischer Stadtherren trat.

Städtische Bauten

In ähnlicher Weise errichtete die Gemeinschaft der Bürger repräsentative städtische Bauten. Rathäuser, Roland-Figuren, Markthallen, die Häuser einzelner Zünfte oder ihre Trinkstuben geben teils noch heute Auskunft über den Gestaltungswillen ihrer Erbauer. Wie bei Klöstern, Kirchen und adligen Höfen fanden im Spätmittelalter auch in den Städten handwerklich-künstlerisches Können und finanzielles Vermögen zueinander. Nicht ohne Grund stehen auf der Verbreitungskarte der Gotik neben eindrucksvollen Kirchen auch die neu erbauten Markthallen, in denen etwa die reichen Tuchhändler Flanderns ihre Ware anboten: in Gent (erbaut 1274), in Brügge (nach 1284) oder in Ypern (1304).

Das Selbstbewusstsein der Kaufleute und Bürger, aber auch der Adligen führte ferner zu einer Erweiterung des Themenspektrums in

Abbildung 19: Quentin Massys: *Der Goldwäger und seine Frau* (1514)

Individuelle Selbstdarstellung

der Malerei. Sie ließ im 15. Jahrhundert die lange dominanten religiösen Motive hinter sich. Quentin Massys' berühmtes, im Stil der Renaissance gehaltenes Gemälde *Der Goldwäger* (→ ABBILDUNG 19) aus dem Jahre 1514 etwa stellt allein die Lebenswelt der Kaufleute in den Mittelpunkt. Solche Bilder wurden oft von den dargestellten Personen in Auftrag gegeben. Nachdem jahrhundertelang Stifter und Mäzene allenfalls am Rand, klein und in demütiger Haltung ihren Platz auf Altarbildern gefunden hatten, ließ man nun sich selbst als Individuum in Öl porträtieren. Die täglichen Arbeitsinstrumente verwendete man stolz als Insignien des eigenen Erfolgs: Geld und Handelsgut der Kaufmann, Maß und Zirkel der Baumeister, Bücher mit erkennbar lateinischem oder griechischem Titel der humanistisch Gebildete. Diese spätmittelalterlichen Formen individueller Selbstdarstellung mithilfe von Malern und Bildhauern sind heute in den Museen und als Grabmäler in den Kirchen zu besichtigen.

10.3 Kultur und Prestige

Der materielle Wert kultureller Werke ist nicht eindeutig zu bemessen. Wenn sich heutzutage bei Auktionen die Interessenten gegenseitig überbieten, so drückt sich dies in Geldwerten aus, die keinerlei realen Bezug zum ersteigerten Kunstwerk haben. Sie sind Produkt eines Wetteiferns um den Besitz von Kulturgütern. Diese Haltung ist den Verhaltensweisen des Mittelalters nicht unähnlich. Denn Kunst und Kultur im weitesten Sinne wurden auch damals eingesetzt, um das Prestige des Einzelnen zu mehren.

Die oben ausführlich zitierte Schilderung des Mainzer Hoffests von 1184 durch Giselbert von Mons vermittelt auch einen guten Einblick in die Mechanismen solcher Prestigewettstreite. Denn im Laufe der Ereignisse kam es zu einem Festzug, der von den mächtigsten Fürsten des Reiches angeführt wurde. Giselbert lässt es sich nicht entgehen, diese Prozession nicht nur zu beschreiben, sondern geradezu buchhalterisch zu dokumentieren: Der Herzog von Böhmen ritt an der Spitze mit 2 000 Rittern, der Herzog von Österreich folgte mit 500 Rittern, der Herzog von Sachsen mit 700 Rittern und der Pfalzgraf bei Rhein mit mehr als 1 000 Rittern, schließlich der Landgraf von Thüringen ebenfalls mit mehr als 1 000 Rittern. Der Chronist setzt die Aufzählung der Großen und ihrer Gefolge an anderer Stelle über mehrere Druckseiten der modernen Ausgabe hinweg fort. Auch wenn die Zahlenangaben mit Vorsicht zu genießen sind, so spiegelt doch die Liste der Fürsten und ihrer Gefolge das Bemühen der Großen, ihre Stellung im Reich durch die Zahl der mitreitenden Bewaffneten auszudrücken. Auch für Giselberts Herrn, den Grafen Balduin von Hennegau, galten diese Spielregeln. Und so reiste er nicht einfach nach Mainz, sondern …

Prestigewettstreit durch …

… großes Gefolge

> „[…] machte sich mit rechtschaffenen und erfahrenen Männern […], die prunkvolle seidene Gewänder trugen, zu dem Hoftag auf. Er reiste über Namur, Lüttich, Aachen und Koblenz und traf mit einer großen und ehrenvollen Ausstattung, mit silbernen Gefäßen und allem anderen Notwendigen sowie mit einer würdig geschmückten Dienerschaft am Samstag vor Pfingsten in Mainz ein. In seinem Gefolge brachte er auch eine große Zahl von Edelleuten aus Luxemburg mit.

… prachtvolle Ausstattung

Wegen der Menschenmenge, die zu diesem Fest herbeiströmte, hatte der Kaiser befohlen, seine Zelte und die aller Ankommenden auf den Wiesen des gegenüberliegenden Rheinufers aufzuschlagen. Auch feste Bauten für seine eigenen Zwecke hatte er an diesem Ort errichten lassen. Die Zelte des Herrn Grafen von Hennegau dort übertrafen die aller übrigen Großen an Zahl und Schönheit." (Giselbert von Mons, *Chronik*, Kapitel 108, S. 155, Übersetzung d. Verf.).

... Quantität und Qualität

Gefolge

Zahl und Qualität des Gefolges waren für das Prestige des Fürsten ebenso von Bedeutung wie eine kostbare Ausstattung. Wäre es allein nach den Zelten gegangen, hätte Balduin von Hennegau der Rang unmittelbar nach dem Herrscher gebührt. Der Graf stand damit nicht allein. Alle dachten und handelten so. Erzbischof Albero von Trier hatte 1147 zum Frankfurter Hoftag nicht nur zwei Herzöge und acht Grafen mitgebracht, sondern ein Gefolge, das auf 40 Wohnschiffen untergebracht werden musste. Obendrein wusste der Erzbischof noch zwei französische Gelehrte in Frankfurt zu präsentieren. Sein Biograf enthüllt den Zweck dieses massiven Aufgebots: Die Größe seines Gefolges und des gesamten Aufwands stellte alle anderen anwesenden Fürsten in den Schatten.

Die Zeitgenossen registrierten solche Auftritte sorgfältig. Die Chronisten setzten den Wettstreit um politisches und soziales Prestige, der auf allen Ebenen und mit allen Mitteln geführt wurde, sofort in die Koordinaten eines Ranggefüges um. Besonders glänzende Fürsten wurden als „zweiter nach dem König" (lateinisch *secundus a rege*) oder sogar als *alter imperator*, als „zweiter Kaiser", bezeichnet, wenngleich dabei meist die Absicht, den eigenen Helden oder Auftraggeber zu überhöhen, die Realitäten verklärte. So verfuhr auch Giselbert, der im Bericht seinem Grafen die prächtigste Zeltstadt zuerkennt, ihn die Ehre erringen lässt, im Festzug das kaiserliche Schwert zu tragen, obwohl die höchsten Fürsten des Reiches dies beanspruchten, und ihn schließlich als Turnierhelfer des Kaisers in dessen persönliche Nähe rückt. All dies waren hochsymbolische Handlungen, die sich in eine Kultur höfischen Verhaltens mit klaren Spielregeln einfügten. Es war eine Kultur des Auftrumpfens, in der alles zur Steigerung des eigenen sozialen Prestiges instrumentalisiert wurde.

Kultur des Auftrumpfens

Diese Kultur des Auftrumpfens zeigte sich nicht nur in der Größe von Gefolgen, in prächtigen Bauten, prunkvollen Rüstungen und dergleichen mehr. Das allgemeine Wetteifern manifestiert sich auch in den Konflikten um den Vorrang in der Sitzordnung oder der Schreitordnung feierlicher Prozessionen (→ KAPITEL 9.3), in der Herstellung von Genealogien, die Alter und Vornehmheit der eigenen Familie historisch untermauern sollten. Dies war beileibe keine Vorliebe des Adels allein. Die tonangebenden Geschlechter Kölns versuchten im 15. Jahrhundert, die eigene Herkunft auf Senatoren der römischen Republik zurückzuführen. Auch eine Konkurrenz der Stifter ist zu beobachten. So war die Gründung der Universität Wien im Jahre 1365 nicht nur in vielen organisatorischen Einzelpunkten eine Nachahmung der 1348 gegründeten Prager Universität, hier schlug sich auch die Konkurrenz zwischen dem österreichischen Herzog Rudolf IV. (1358–65) und seinem Schwiegervater, dem Kaiser und böhmischen König Karl IV. (Kaiser 1355–78) nieder, der Prag zu einem glänzenden kulturellen Zentrum gemacht hatte. Die Gründung der Universität war ein Baustein in dem Bemühen Rudolfs, als Reichsfürst seine (zumindest in der eigenen Wahrnehmung) königsgleiche Stellung durch den Ausbau Wiens nach außen sichtbar zu machen. Ähnliches ist für Heidelberg, die nächstfolgende Gründung im Reich zu beobachten. Die Errichtung der Hochschule durch Ruprecht I., Pfalzgraf bei Rhein und Kurfürst (1356–90), im Jahr 1385 entsprang nicht allein dem Kalkül, dort Gelehrte für den Bedarf der eigenen Herrschaft ausbilden zu lassen. Die Gründung trägt auch Züge des Gedankens, dass eine Universität wie eine prachtvolle Residenz zur prestigefördernden Grundausstattung eines bedeutenden Reichsfürsten gehören sollte. Das Modell machte Schule.

Prestige durch Herkunft …

… und Initiative

Auch hier zeigt sich also die Konkurrenz auf dem Feld von Ehre und Ansehen, die das Mittelalter nachhaltig prägte. Die Steigerung des eigenen Prestiges erfolgte stets agonal, in direkter Auseinandersetzung mit anderen, und sie bediente sich ganz unterschiedlicher Waffen, vom Schwert bis hin zur Förderung von Literatur, Kunst und Wissenschaft.

Fragen und Anregungen

- Fassen Sie zusammen, warum die Entdecker antiker Texte im späten Mittelalter sich zu Befreiern der klassischen Autoren stilisierten!
- Formulieren Sie, warum aus heutiger Sicht eine Dominanz religiöser Themen in der Kunst des frühen und hohen Mittelalters festzustellen ist!
- Beschreiben Sie die Bedeutungsvarianten des Begriffs Rittertum!

- Versuchen Sie herauszufinden, inwieweit das höfische Fest und die höfische Dichtung mit dem Alltag adligen Lebens in Verbindung standen!

Lektüreempfehlungen

Quellen

- **Erhard Brepohl (Hg.): Theophilus Presbyter und das mittelalterliche Kunsthandwerk. Gesamtausgabe der Schrift *De diversis artibus* in 2 Bänden**, Köln 1999. *Textausgabe in lateinischer und deutscher Sprache.*
- **Wilfried Hartmann (Hg.): Deutsche Geschichte in Quellen und Darstellung**, Bd. 1: Frühes und hohes Mittelalter 750–1250, Stuttgart 1995, Nachdruck 2008, S. 368–371. *Deutsche Fassung einiger Passagen des Giselbert von Mons zum Mainzer Hoffest. Der Text wurde aus einer älteren Übersetzung übernommen.*
- **Nicolette Mout (Hg.): Die Kultur des Humanismus. Reden, Briefe, Traktate, Gespräche von Petrarca bis Kepler**, München 1998, S. 96–99. *Brief des Cincius Romanus über Handschriftenfunde in St. Gallen in deutscher Übersetzung.*
- **Léon Vanderkindere (Hg.): La chronique de Gislebert de Mons**, Brüssel 1904, Nachdruck 1984. *Maßgebliche lateinische Ausgabe der Chronik mit dem Bericht über das Mainzer Hoffest von 1184.*

Forschung

- **André Chastel (Hg.): The Age of Humanism. Europe 1480–1530**, London 1963, deutsch: Die Welt des Humanismus. Europa 1480–1530, München 1963. *Präpariert mit einer Vielzahl von Abbildungen die Entwicklungen heraus, die das 15. Jahrhundert im kulturellen Bereich bestimmten.*
- **Joachim Ehlers: Die Ritter.** Geschichte und Kultur, München 2006. *Vorzügliche, prägnante Einführung in das Thema.*
- **Joachim Heinzle (Hg.): Modernes Mittelalter. Neue Bilder einer populären Epoche**, Frankfurt a. M. 1994, als Taschenbuch 1999. *Sammelband mit instruktiven Beiträgen zu vielen Aspekten mittelalterlicher Kultur aus historischer und literaturwissenschaftlicher Perspektive.*

- **Krone und Schleier. Kunst aus mittelalterlichen Frauenklöstern** [. . .], hg. v. der Kunst- und Ausstellungshalle der Bundesrepublik Deutschland, Bonn und dem Ruhrlandmuseum Essen, München 2005. *Reich illustrierter Ausstellungskatalog, der die intensive Erforschung des Themas einem breiten Publikum erschließt.*
- **Peter Moraw: Die Hoffeste Kaiser Friedrich Barbarossas von 1184 und 1188**, in: Uwe Schultz (Hg.): Das Fest. Eine Kulturgeschichte von der Antike bis zur Gegenwart, München 1988, S. 70–83, 425–428. *Präzise, leicht verständliche Deutung der Ereignisse in Mainz vor dem Hintergrund mittelalterlicher Festkultur.*
- **Werner Paravicini (Hg.): Alltag bei Hofe**, Sigmaringen 1995. *Beiträge einer Tagung des Jahres 1992, die eine kontrastierende Perspektive zu den Darstellungen des höfischen Festes bietet.*
- **Werner Paravicini: Die ritterlich-höfische Kultur des Mittelalters**, 2. Auflage, München 1999. *Grundlegender Überblick über Sachstand und Forschungsfragen mit reichen Literaturhinweisen.*

11 Aufstieg in die Welt des Verstandes

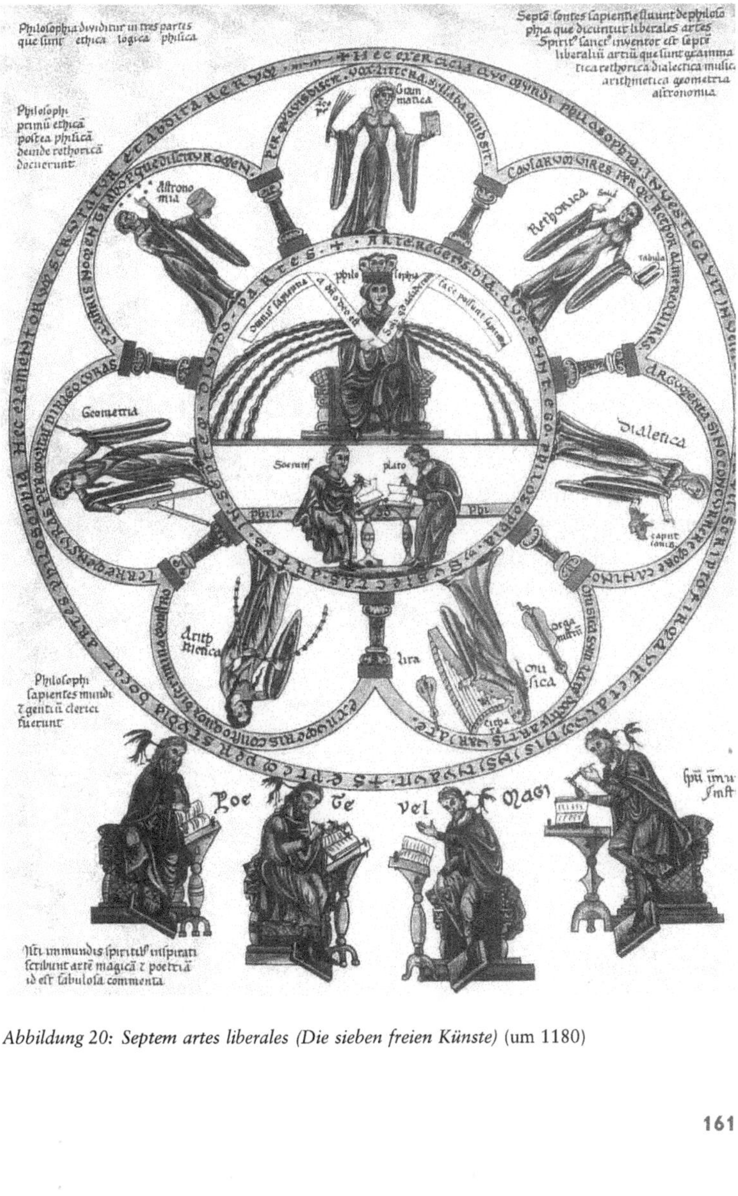

Abbildung 20: Septem artes liberales (Die sieben freien Künste) (um 1180)

In einer Handschrift des „Hortus Deliciarum“, einer Enzyklopädie der Äbtissin Herrad von Landsberg († um 1196), findet sich eine allegorische Darstellung der Philosophie, wie sie an den mittelalterlichen Hohen Schulen gelehrt wurde. Philosophia selbst sitzt im inneren Kreis, zu ihren Füßen Sokrates und Plato. Sie hält ein Spruchband in Händen, auf dem zu lesen ist: „alle Weisheit stammt von Gott“. Der äußere Kreis wird von den sieben freien Künsten gebildet: Grammatik, Rhetorik, Dialektik, Arithmetik, Geometrie, Astronomie und Musik sind als Frauenfiguren mit den entsprechenden, das jeweilige Fach bezeichnenden Gegenständen unter einer Bogenarchitektur dargestellt.

Die Philosophie gehörte im Mittelalter zu den zentralen Themen der Bildung. Das entsprechende Wissen wurde in einem Kanon aus sieben Teildisziplinen vermittelt, die aufeinander aufbauten. Dabei war dieses philosophische Wissen fest in eine Hierarchie der Weisheit integriert, auf die das Spruchband der Philosophia verweist: Alle Weisheit sei göttlichen Ursprungs. Die Beschäftigung mit den historischen und gegenwärtigen Lehren menschlicher Verstandeskraft konnte ihren Sinn also nur im Dienst und als Instrument der Erkenntnis dieser göttlichen Weisheit entfalten. Doch die Philosophie blieb nicht die Magd der Theologie. Veränderungen in Wissenschaft und Schule führten im Hochmittelalter zu einem differenzierteren Verhältnis beider und zu rasanten Entwicklungen auf dem Bildungssektor, die hier in einem Dreischritt vorgestellt werden sollen. Zunächst sind die Orte der Wissensvermittlung zu behandeln, dann die Themen und Methoden in ihrem Wandel zu beschreiben. Drittens müssen in Kombination mit diesen beiden Aspekten soziale Grundlagen und soziale Wirkungen verfolgt werden. Denn Bildung war und ist in ihren Inhalten, ihren Schwerpunktsetzungen und in der Form ihrer Vermittlung weder voraussetzungslos noch unveränderlich. Sie wird stets von den Anforderungen der Gesellschaft geformt und sie formt umgekehrt die Gesellschaft durch die von ihr produzierten Gebildeten.

11.1 Von der Klosterschule zur Universität

Drei Grundbedingungen prägten schulisches Lehren und Lernen im Mittelalter. Zum einen blieb diese Form der Ausbildung einem ausgewählten Teil der Gesellschaft vorbehalten; ein ‚Volksschulwesen' gab es nicht. Zum zweiten war der Bereich des Wissens zumindest in der ersten Hälfte der Epoche maßgeblich vom Begriff der Tradition abhängig. Ganz gleich auf welchem Themenfeld war Wissen vor allem tradiertes, von Generation zu Generation weitergegebenes Wissen, dessen Zuverlässigkeit und Gewicht nicht zuletzt aus dieser Weitergabe resultierte. Durch die Tradition gewann Wissen seine Autorität. Drittens schließlich war die Kirche – analog zur Schriftkultur (→ KAPITEL 9.1) – die vornehmliche Trägerin und Vermittlerin dieser traditionsbewehrten, exklusiven Wissensbestände.

Exklusivität und Tradition

Die Unterweisung der Knaben fand zunächst fast ausschließlich im Kloster statt und diente den Zwecken der Klöster, deren Nachwuchs in den Schulen ausgebildet wurde. Im Zuge der Bemühungen, das kirchlich-kulturelle Niveau des Frankenreichs zu heben, drang Karl der Große Ende des 8. Jahrhunderts darauf, Schulen auch an den Bischofskirchen einzurichten. Trotz der Erfolge der Kloster- und Domschulen des Frühmittelalters, die sich in bedeutenden Gelehrten und imposanten Bibliotheken manifestierten, kennt man fast nie die Namen der Lehrer und Schüler, auch über Inhalte und Methoden des Unterrichts gewähren die Quellen nur spärlich Aufschluss.

Die lateinische Sprache dominierte. Anhand antiker Texte übte man nacheinander Grundfertigkeiten der Sprachbeherrschung ein, zunächst die Grammatik, dann die Rhetorik und schließlich die Dialektik, die Kunst zu argumentieren. Diese vertiefte Beherrschung der Sprache stand im Dienst der Religion. Abgesehen davon, dass der liturgische Gesang zum Schulalltag im Kloster gehörte, sollte etwa ein junger Mönch durch die Ausbildung in die Lage versetzt werden, seine späteren Aufgaben in der Liturgie und bei der Meditation über die heiligen Schriften zu erfüllen. Im Zentrum des Interesses stand der gekonnte Nachvollzug dessen, was Bibel und geistliche Autoren als Wissen bereitstellten. Schüler und Studenten zu eigenständiger Erkenntnis zu befähigen, wurde nicht beabsichtigt. Im Gegenteil: Weil das vermittelte traditionelle Wissen die Gemeinschaft stabilisierte, waren Normierung und Kontrolle der Wissenstexte notwendig, die einen hohen Grad an Verbindlichkeit besaßen, ja geradezu als Autoritäten begriffen wurden. Ausflüge von Gelehrten und Schülern in die Welt abseits der zementierten Lesepfade kamen immer wieder vor,

Gekonnter Nachvollzug

wurden aber reflexartig mit dem Stigma der *curiositas*, der eitlen Neugier, belegt.

Trivium – Quadrivium

Allmählich bildete sich ein Kanon heraus, der im Rückgriff auf den spätantiken christlichen Philosophen Boëthius († 524/526) als Trivium („Dreiweg") bezeichnet wird und aus den Fächern Grammatik, Rhetorik und Dialektik bestand. Die vertiefte Kenntnis des Lateinischen, ohne die alle Texte verschlossen blieben, wurde an antiken Autoren wie Cicero, Cassiodor oder Isidor von Sevilla geschult. Zum Trivium gesellte sich das Quadrivium („Vierweg"), das die Fächer Geometrie, Arithmetik, Astronomie und Musik vereinte. Das Quadrivium war eine praktische Zahlenlehre, in der Musik als Maßverhältnis zwischen Tönen, als mathematische Harmonielehre, begriffen wurde. Trivium und Quadrivium bildeten gemeinsam die sieben freien Künste, lateinisch *septem artes liberales*. Wenn in mittelalterlichen Zusammenhängen von Artisten die Rede ist, so bezieht sich dies auf deren Ausbildung in den *artes* (*liberales*), wenn heute etwas als trivial belächelt wird, so wurzelt dies im Trivium, der Anfängerstufe aller Ausbildung. Die *artes* bildeten Unterbau und Eingangsqualifikation für die höheren Studien des Rechts, der Medizin und der Theologie, die als Krone des Wissens galt.

Dom- und Pfarrschulen

Nach und nach verloren die Klöster ihre Schlüsselposition in der Bildung. Gewicht und Zulauf gewannen demgegenüber die bischöflichen Schulen. Papst Gregor VII. schrieb 1079 vor, an allen Bischofssitzen Schulen zu errichten, ein Appell, den das III. Laterankonzil 1179 dahingehend präzisierte, dass jeweils ein Schulmeister mit eigenem Einkommen angestellt werden solle. Zahlreiche angesehene Kathedralschulen existierten bereits, etwa in Köln und Lüttich auf dem Boden des Römisch-Deutschen Reichs, vor allem aber im nördlichen Frankreich, wie in Reims, Tours, Orléans oder im besonders berühmten Chartres. Die an solchen Orten verwirklichte Praxis suchte das IV. Laterankonzil (1215) auf alle Kirchen auszudehnen, sofern die Mittel zur Errichtung einer Schule irgendwie aufzubringen waren. Der Weg von der Domschule zur Pfarrschule war gewiesen. Selbst wenn man den normativen Charakter dieser Anweisungen in Rechnung stellt, war die große Bedeutung der Bildung damals bereits erkannt und die Ausweitung der Schülerschaft über den kirchlichen Nachwuchs hinaus ins Auge gefasst worden.

In Paris gab es um die Mitte des 12. Jahrhunderts neben der Kathedralschule an Notre-Dame Schulen für Philosophie und Theologie an den Klöstern Ste-Geneviève und St-Victor sowie Unterrichtsangebote freier Magister. Um diese Gelehrten scharte man sich und bildete sogenannte *scholae* oder *familiae*. Ähnlich verhielt es sich in Bologna, wo ebenfalls eine stattliche Zahl von Schulen arbeitete, die sich jedoch auf die Vermittlung des Rechts konzentrierten. Ungefähr gleichzeitig entstanden um 1200 aus solchen privaten Schulen in Bologna, Paris und Oxford Universitäten. Das entscheidende Wesenselement der Universität liegt im Zusammenschluss der einzelnen Schulen beziehungsweise ihrer Lehrer zu einer Genossenschaft. Analog zur *universitas civium*, der Stadtgemeinde (→ KAPITEL 6.2), entwickelte sich die *universitas magistrorum et scholarium*, die „Gesamtheit der Lehrer und Schüler". Sie bildete eine abgegrenzte Personengemeinschaft, die im Inneren selbstgesetzten Statuten folgte, die z. B. festlegten, wer dort lehren durfte und welche Qualifikation dazu erforderlich war. Nach außen verlieh die Genossenschaft notwendige Sicherheit, da die Professoren und Studenten meist Ortsfremde waren und damit oft eines wirksamen rechtlichen und sozialen Schutzes entbehrten. Während in Paris allein die Gemeinschaft der Lehrenden die Geschicke lenkte, hielten in Bologna die Studierenden die Zügel in der Hand. Die Dozenten wurden dort nur angestellt, Mitglieder der *universitas* konnten sie nicht werden. Paris und Bologna verkörpern die beiden Grundtypen der ‚Professoren-', und ‚Studenten-Universität', die bei späteren Hochschulgründungen jeweils Modell standen.

Universitas – Universität

Paris und Bologna als Modell

Der hervorragende Ruf der hohen Schulen lockte Studenten und Lehrende aus ganz Europa an; der Begriff der Bildungsmigration ist durchaus treffend (→ KAPITEL 13.2). Bereits 1158 verlieh Kaiser Friedrich Barbarossa den Studenten und Dozenten Bolognas ein wichtiges Privileg. Sie sollten künftig unter kaiserlichem Schutz stehen, wohin auch immer ihr Studium sie verschlagen mochte. Obendrein sollten sich die Studenten im Falle eines Rechtsstreits ihren Richter wählen dürfen. Sie hatten die Auswahl zwischen dem zuständigen Bischof oder ihrem eigenen Magister. Diese Verfügung Barbarossas ist in mehrfacher Hinsicht bemerkenswert. Sie macht klar, dass der Bildungshungrige durchweg ein Fremder (lateinisch *peregrinus*) war, der von Schule zu Schule zog, um sein Wissen zu mehren oder es an andere weiterzugeben. Nicht immer trat die städtische Umwelt den Studenten dabei wohlgesonnen gegenüber. Zudem fasste der Kaiser Lehrer und Studenten Bolognas zu einer Sondergruppe zusammen, die der Zuständigkeit der regulären Gerichte entzogen war. Diese Regelung wies auf die Universität als Institution voraus.

Scholaren-Privileg Barbarossas

Nicht aus allen hohen Schulen wurden indes Universitäten. Für die Entwicklung dürften nicht zuletzt Größe und Anreiz der Stadt, in der die Schulen beheimatet waren, eine Rolle gespielt haben. König-

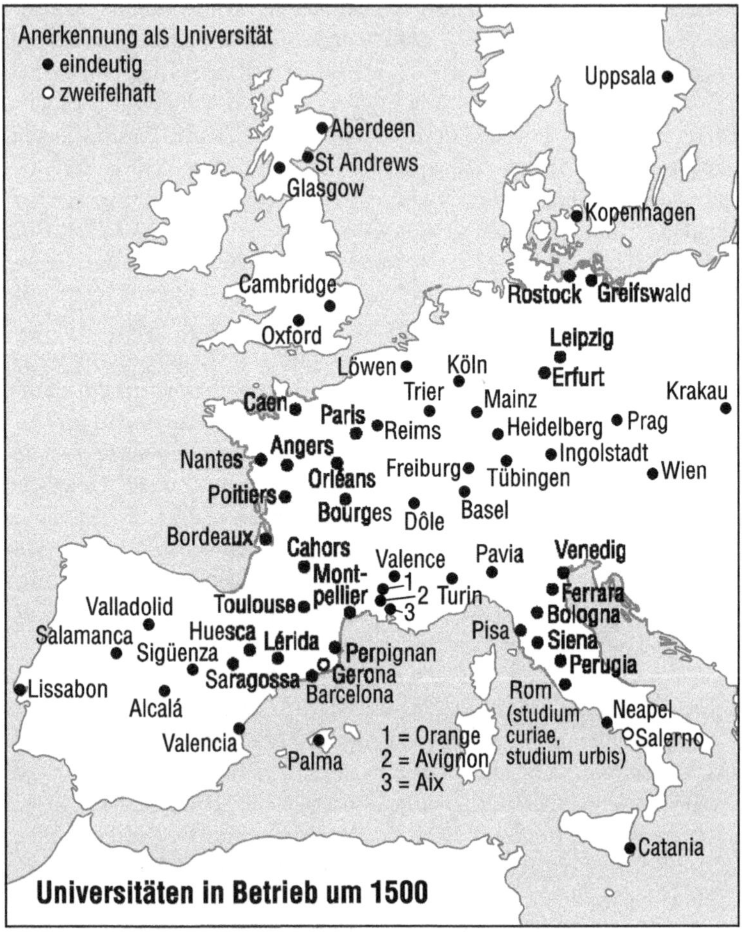

Abbildung 21: Universitäten in Betrieb um 1500

liche Gründungsinitiative ist vielfach feststellbar wie bei Friedrich II., der 1224 in Neapel eine regelrechte Verwaltungshochschule für sein Reich einrichtete. Für das Florieren einer Hochschule erscheint die Nähe eines Herrscherhofes dagegen sekundär. Erst die Universitätsgründungen des 14. und 15. Jahrhunderts waren massiv von dem Gedanken inspiriert, studiertes Personal für den fürstlichen Dienst zu rekrutieren.

Als Weiterentwicklung privater Einzelschulen zu einem genossenschaftlich verfassten Bildungsinstitut ist die Universität ein Kind des

12. Jahrhunderts. Sie unterschied sich von Bildungseinrichtungen anderer Kulturkreise, die über kleinräumige, private Ansätze kaum hinausgelangten und eine vergleichbare innere Autonomie nicht zu behaupten wussten. Unterschiedliche Lehrprogramme verliehen den Universitäten ein charakteristisches Profil. In Paris dominierten Philosophie und Theologie, ohne dass deshalb die anderen Fächer ohne Rang gewesen wären. Bologna war vor allem im 12. und 13. Jahrhundert die Hochburg des römischen und kanonischen Rechts, während in Salerno bis zum Beginn des 13. Jahrhunderts das Medizinstudium florierte, das auch in Montpellier gepflegt wurde.

Theologie, Jura, Medizin

Vom 13. Jahrhundert an breiteten sich die Universitäten in mehreren Schüben über Europa aus. Einmal mehr waren der Westen und Süden in dieser Entwicklung der mittleren und östlichen Hälfte des Kontinents voraus. Auf dem Boden des Römisch-Deutschen Reichs wurde die erste Universität 1348 in Prag durch Karl IV. gegründet. Es folgten Wien (1365), Heidelberg (1385), Köln (1388) und Erfurt (1392). Das 15. Jahrhundert erlebte dann eine beinahe epidemische Gründungswelle, an deren Ende um 1500 zwischen Catania im Süden, Uppsala im Norden, Lissabon im Westen und Krakau im Osten fast 70 Universitäten zu verzeichnen sind (→ ABBILDUNG 21).

Gründungswellen

11.2 Scholastik als neue Form der Wissenschaft

In Chartres, einem der florierenden gelehrten Zentren im Norden Frankreichs, konnte im 12. Jahrhundert eine breite Palette von Werken antiker Autoren in lateinischer und griechischer Sprache studiert werden. Sie umfasste auch die griechische Philosophie der Antike, die zunächst am Rande des Fächerkanons gestanden hatte. Immer stärker wuchs die Zahl der Lehrtexte, die nun in Latein zugänglich wurden. Insbesondere die Werke des Aristoteles (384–322 v. Chr.) weckten das Interesse, allen voran seine *Logik*, die im 12. Jahrhundert erstmals übersetzt vorlag. Mit Aristoteles fand man die Mittel, Wissenschaft neu zu definieren. An die Stelle einer überaus scharfsinnigen, aber nachvollziehenden Auslegung der Bibel als dem Zentraldokument des Glaubens, die bislang einen wesentlichen Teil aller gelehrten Bemühungen ausgemacht hatte, trat der begründete Zweifel als Instrument der eigenen Erkenntnis, ganz gleich, welchem Thema das Interesse galt.

Aristoteles

Die Dialektik wurde zum Schlüsselfach dieser Entwicklung. Der aus dem Griechischen entlehnte Begriff meint frei übersetzt die Kunst

Dialektik

der Erörterung, die vor allem auf Wortbedeutungen und Sinnzuweisungen zielte. Immer stärker verschoben sich damals in der gesamten Philosophie die Gewichte hin zur Logik als der beherrschenden Form des Philosophierens. Aussagen wurden mithilfe der dialektischen Methode seziert und auf Widersprüche hin abgeklopft, die man dann unter Einsatz derselben Mittel zu beseitigen suchte.

Die Theologie blieb das bevorzugte Feld mittelalterlichen Philosophierens, doch versuchte man nun auch mit den neuen Methoden Licht in die dunklen Räume der göttlichen Offenbarung zu bringen. Ein Beispiel mag helfen: Hatte man bislang Gott mit Attributen wie groß oder allmächtig versehen, um ihn zu beschreiben, so wagte der gelehrte Erzbischof Anselm von Canterbury (ca. 1033–1109) zu Beginn des 12. Jahrhunderts den Versuch eines Gottesbeweises mithilfe der Logik. Seine Grundüberlegung war, dass Gott derjenige sei, über dem nichts Größeres gedacht werden könne. Anselm verlegte damit die Diskussionsebene in den Bereich der reinen Gedankenwelt. Stimmte die Grundannahme und sollte sie gleichzeitig das Wesen Gottes eindeutig beschreiben, so musste die Aussage frei von logischen Widersprüchen sein, musste folglich jeder Versuch scheitern, Größeres als Gott auch nur zu denken. Anselms Schlussfolgerung klingt simpel: Wenn etwas Größeres als Gott gedacht werden könne, dann verlöre Gott seine Position auf dem Gipfel alles Denkbaren; er wäre nicht Gott.

Anselms Gottesbeweis …

Es fällt nicht leicht, diesem hier obendrein verkürzt wiedergegebenen Gedankengang auf Anhieb zu folgen. Legionen von Philosophen haben sich damit beschäftigt, ohne zu einer allseits akzeptierten Deutung zu gelangen. Erkennbar ist aber das Neue an Anselms Ansatz, dass er nämlich seine Gottesvorstellung nicht aus den Attributen der Schriften ableitete, sondern das Phänomen der Unfassbarkeit und Unbeweisbarkeit Gottes in der Form eines Gedankenexperiments, mit Mitteln der sprachlichen Logik zu bewältigen suchte. Hierin zeigt sich das Wesen der Scholastik.

… ein Gedankenexperiment

Anselm provozierte die kritische Replik eines Mönchs, der nicht bereit war, aus der logischen Evidenz der Gedankenkette die reale Existenz eines Gegenstandes abzuleiten. Man könne, so dieser Mönch namens Gaunilo, sich auch eine ideale Insel vorstellen, doch müsse diese Vorstellung nicht zwingend auch in natura bestehen. Auch diese Widerrede ist kennzeichnend für die Dialektik, in der der Widerspruch, die Debatte, als Mittel der Erkenntnis grundlegend ist. Der Pariser Logik-Lehrer Petrus Abaelard (1079–1142) drückte dies programmatisch in der Überschrift eines Traktats aus: *Sic et non*, was

Abaelard: *Sic et non*

man mit „Ja und Nein“ oder freier mit „Befund und Widerspruch“ übersetzen kann. Die Abhandlung selbst bestand hauptsächlich aus der Gegenüberstellung einander widersprechender Aussagen der Bibel, der Kirchenväter und im Kirchenrecht.

Abaelard legte den Finger auf eine sehr sensible Stelle, denn die Autorität der Kirchenväter musste durch die Herausstellung der widersprüchlichen Aussagen Schaden nehmen. Gerade deshalb ist dies bemerkenswert. Anselm von Canterbury hatte zu Beginn des 12. Jahrhunderts formuliert: *credo, ut intelligam* – „ich glaube, um zu verstehen“. Er wollte vom Glauben mittels Vernunft zur Glaubenseinsicht gelangen; die traditionelle Hierarchie der Weisheit blieb intakt. Abaelard kehrte 40 Jahre später diese Aussage jedoch um: *intelligo, ut credam* – „ich verstehe, um zu glauben“. Der Glaube blieb das Ziel, doch besaß die rational gewonnene Verstandeseinsicht methodische Priorität. Auch aus diesem Grunde wurde ihm 1141 vonseiten des Papstes die öffentliche Lehre verboten.

Aufstieg des Intellekts

Die scholastische Methode, die nach Widersprüchen und deren logischer Auflösung suchte, fand Eingang in alle Wissensbereiche. Nicht zufällig trägt das zentrale Werk des kanonischen Rechts dieser Epoche den Titel *Concordia discordantium canonum* – „Einheit der untereinander widersprüchlichen Rechtsbestimmungen“. Es ist eine von dem Bologneser Magister Gratian um 1140 verfasste Sammlung kirchlicher Rechtstexte, die eine immense Fülle historischer Synodalbeschlüsse, Vorschriften der Kirchenväter und päpstlicher Entscheidungen systematisiert und in Zweifelsfällen durch einen dialektisch geprägten Kommentar zu einer eindeutigen Aussage führt.

Decretum Gratiani

Die neue Methode zeitigte Folgen auch in der Unterrichtspraxis. Bislang war Bildung entweder funktional im Sinne von Ausbildung für bestimmte Tätigkeiten betrieben worden, etwa für das Amt des Schreibers, oder sie war der Überlegung gefolgt, dass am Ende allen Wissensstrebens der Nachvollzug der göttlichen Offenbarung stehen müsse. Wissen war in seiner Grundtendenz zunächst konservativ, auf die Bewahrung und Auslegung der Autoritäten gerichtet. Folglich bestanden weite Teile der Ausbildung darin, sich Texte anzueignen und ihrem Sinn durch Lektüre und Meditation nachzuspüren. Nun wandte man sich der Auseinandersetzung mit den Texten und damit zugleich auch der Auseinandersetzung mit den Autoritäten zu. *Lectio* und *meditatio* wurden zunehmend abgelöst durch systematisches Fragen und kritische Erörterung, durch *quaestio* und *disputatio*. Hier entfaltete die dialektische Methode ihre Stärke, führte zum gelehrten Streitgespräch, das Sachverhalte im Diskurs zu klären suchte. Neue

Unterrichtsformen, Textsorten

Textsorten entstanden, die dem Fragen und Abwägen adäquate Formen gaben. Vor allem blühte in allen Bereichen des Wissens der Kommentar, die Glossierung althergebrachter Texte. Das hatte man im Kern auch früher schon getan, doch stiegen Kommentar und Kommentator nun selbst in den Rang einer gelehrten Autorität auf.

Lehrpraxis

Eingeübt wurden diese akademischen Techniken in kleinen Gruppen, die unseren Seminaren vergleichbar sind. Allerdings war die persönliche Bindung an den Dozenten weit größer als heute. Die Studenten suchten sich einen Magister aus, zu dessen Füßen sie saßen und dessen Auslegungen sie zu folgen versuchten; sie entlohnten diesen auch für seinen Unterricht. Es handelte sich also nicht um einen geregelten Lehrbetrieb mit Stundenplan und aufeinanderfolgenden Ausbildungsschritten, wie wir es heute gewöhnt sind. Es dominierte der Typus der Vorlesung, in der der Magister aus Standardwerken vorlas und deren Aussagen kommentierte. Aber auch die *disputatio*, das fachliche Streitgespräch, wurde gezielt geübt.

11.3 Neue Bedürfnisse, neue Eliten

Universitäten und dialektische Methode veränderten das mittelalterliche Wissensverständnis und das Bildungsangebot. Weitgehend unverändert blieb aber zunächst der Kreis derjenigen, die hiervon angesprochen wurden. Die hermetische Welt der frühmittelalterlichen Klosterschulen war durch Schulen an Kathedralen und Stiftskirchen bereichert worden, die zwar in den Städten beheimatet waren, auf die genuinen Bildungsbedürfnisse der Stadtbevölkerung aber kaum eingingen. Im städtischen Umfeld, dem ja auch die Universitäten entsprangen, lag indes enormes dynamisches Potenzial. Die Kaufleute hatten längst erkannt, dass die sichere Beherrschung des für ihre Arbeit relevanten Wissens den Geschäftserfolg langfristig absicherte. Sie schickten ihre Söhne zunächst weiter in die bestehenden Schulen, doch wurde die Diskrepanz zwischen dem theoretischen Wissen der *artes liberales* und den Bildungsanforderungen im Lebensraum Stadt immer offensichtlicher. Privater Unterricht und die Unterweisung bei der Arbeit konnten keine dauerhafte Lösung sein.

Anpassung der Lehrinhalte

Unter dem Druck der städtischen Eliten, die auch in den kirchlichen Bildungseinrichtungen innerhalb der Stadtmauern mitsprachen, wurde der Fächerkanon verändert. Der lateinischen Sprachausbildung im Trivium stellte man allmählich einen zweiten Pfeiler an die Seite, der sich auf praktisches Wissen konzentrierte. Konkret bedeutete dies die

Öffnung für die Volkssprache und die Einführung des Rechnens, doch sind dies nur die besonders herausragenden Punkte. Wichtiger ist es, den Wandlungsprozess selbst angemessen zur Kenntnis zu nehmen, der von der Dominanz philosophisch-theologischer Inhalte zu einer breiten Berücksichtigung auch praktischer Wissensbereiche wie Handwerk und Heilkunst führte (→ KAPITEL 12.1).

Stadtschulen

Nach der Modifikation der Lehrinhalte an den bestehenden Schulen gingen die Stadtbürger im 14. und 15. Jahrhundert dazu über, den Kirchen ihre dominante Rolle im Bildungswesen grundsätzlich streitig zu machen. Sie gründeten Schulen in eigener Trägerschaft. Die Stadtschulen konkurrierten nun mit den Pfarrschulen und allen anderen Formen kirchlicher Unterweisung an Klöstern und Stiften. Für diese Konkurrenz waren grundsätzliche Konflikte zwischen der Stadtgemeinde und dem Klerus meist von größerer Bedeutung als die Auseinandersetzungen um konkrete Bildungsinhalte. Ein Resultat des Ringens zwischen Stadtgemeinde und Kirchen war die allmähliche Festigung von Grundregeln zur Schulbildung. Im späten Mittelalter erreichte man das Schulalter mit sieben Jahren, die Jungen verließen die kirchliche, kommunale oder auch private Unterweisung mit vierzehn. Dann stellte sich die Frage nach Universitätsstudium, Handwerkslehre oder sonstiger Fortbildung.

Gelehrte – Gebildete

Eine Folge des skizzierten Prozesses war die Veränderung des Gelehrtenbegriffs. Er umfasste nun nicht mehr nur den hochgebildeten Kleriker, der lange Zeit allein mit dem *litteratus* identifiziert worden war. Durch die Erweiterung der Schulbildung gewann jetzt allmählich der Gebildete Profil. Er konnte durchaus ein Laie sein, gebildet, mit oder ohne Universitätsbesuch, aber auch ein Meister eines praktischen Fachs.

Berufschancen

Die Stadt bot nicht nur den idealen Nährboden für Veränderungen im Bildungswesen, sie schuf durch die wachsende Spezialisierung in der Verwaltung und durch die Vielfalt der innerhalb der Mauern angesiedelten Gewerbe auch gute Möglichkeiten, mithilfe der in Schule oder Universität erworbenen Kenntnisse eine Anstellung zu finden. Versierte Schreiber, Ärzte, Notare und natürlich auch Lehrer waren gesucht. Auch zuvor hatte es für Gelehrte stets Karrieremöglichkeiten gegeben. Sie lagen vor allem innerhalb der kirchlichen Ämterhierarchie, doch verlangten auch Herrschaftsausübung und Verwaltung der Monarchen und Territorialherren zunehmend nach qualifiziertem Personal. Die stetig anwachsende Schriftlichkeit der Verwaltung und die akribischer werdenden Ansprüche an die juristische Belastbarkeit der Entscheidungen von Herrschern, Fürsten, Städten oder anderen Korporationen eröffneten steigende Beschäftigungschancen für ‚Akademiker'. Die überwiegende Zahl der Studenten gelangte freilich nie zu einem Status, der ein solches Prädikat rechtfertigen würde. Die meisten beließen es beim Besuch einer oder mehrerer Universitäten, ohne je einen Abschluss zu erwerben. Sie mühten sich, solide Kenntnisse des Lateinischen zu erwerben und gingen mit mehr oder weniger sicherem Elementarwissen ab – in der Hoffnung, damit ein besseres Auskommen finden zu können. Die immense Anziehungskraft der Universitäten führte jedoch zu einer deutlichen Relativierung der Chancen des Einzelnen auf dem Arbeitsmarkt. Die Gesellschaft lernte schnell zu differenzieren zwischen dem Studenten ohne Examen, den Bakkalaren der *artes*-Fakultät und den Fachstudenten, die durch den Erwerb des Magistertitels bei den Artisten oder die Promotion in den höheren Fakultäten eine berufliche und soziale Karriere anstrebten.

Universitätsbesuch und Graduierte

In dem Maße, in dem sich die universitäre Ausbildung durchsetzte, wurden bei der Vergabe von Ämtern traditionelle Kriterien wie die Herkunft des Kandidaten um neue Aspekte wie Qualifikation durch Wissen und gelehrte Leistung, die sich an akademischen Graden erkennen ließ, erweitert. Aus der systematischen Untersuchung verschiedener Jahrgänge der Kölner Universität in der zweiten Hälfte des 15. Jahrhunderts lässt sich die Einsicht gewinnen, dass es zu dieser Zeit noch keine festen Karrieremuster gab. Universitätsbesuch, Studium oder Promotion katapultierten einen Kandidaten nicht zwangsläufig in die gewünschten Positionen. Gleichwohl schafften Hochqualifizierte es in städtischen wie in Diensten des Landesherrn durchweg in respektable Laufbahnen wie gelehrte Räte, Richter, Anwälte oder Diplomaten. Juristen waren hier nachvollziehbarerweise im Vorteil. Für Absolventen der *artes* öffneten sich immerhin noch Beschäftigungen als Schreiber und Notare. Art und Vollständigkeit der Ausbildung waren aber keinesfalls allein ausschlaggebend für die erreichten Positionen. Herkunft und soziale Vernetzung im Umfeld der angestrebten Position haben die Karrierechancen jeweils nachhaltig beeinflusst (Schwinges 1996).

Karrieremuster?

Sozialer Aufstieg durch Bildung?

Sozialer Aufstieg durch Bildung allein war in der ständisch geprägten Gesellschaft des Mittelalters allerdings kaum möglich. Eine Universitätsausbildung konnte Söhnen stadtbürgerlicher Familien den angesehenen Posten eines städtischen Syndikus verschaffen. Dieses prestigeträchtige Amt des juristischen Sachverständigen der Stadtgemeinde brachte seinen Inhaber in engen Kontakt zu den Führungsschichten, zur Integration in diese führte es meist nicht. Solche gewachsenen Gruppen am obersten sozialen Rand schlossen sich mitunter bewusst gegen Aufsteiger aus dem Bildungsmilieu ab. So legte der Nürnberger Rat im 15. Jahrhundert eigens fest, dass niemand in die Reihen des exklusiven Gremiums aufgenommen werden dürfe, der einen Doktortitel führe.

Derartige Abschottungsmechanismen weisen darauf hin, dass am Ausgang des Mittelalters universitäre Bildung zwar enorm an Wert gewonnen hatte, dass die traditionellen sozialen Schemata aber immer noch intakt waren. Sie behielten ihre Gültigkeit selbst in der Welt der Städte, aus deren bürgerlicher Gesellschaft die hohen Schulen und Universitäten ebenso wie der Bereich der handlungsorientierten Wissensvermittlung wichtige Impulse empfangen hatten. Die Welt des Adels stand der Universität noch fern, setzte andere Akzente. An den Höfen bediente man sich bereitwillig gelehrter Ratgeber; bis aber ein Studium zum festen Element adliger Nachwuchsausbildung wurde, sollte noch geraume Zeit vergehen.

Adel und Universität

Fragen und Anregungen

- Skizzieren Sie den Entstehungsprozess mittelalterlicher Hochschulen und benennen Sie deren wesentliche Merkmale!
- Stellen Sie die wichtigsten Bereiche zusammen, in denen sich städtische Kultur und Bildungswesen wechselseitig beeinflussten!
- Überlegen Sie, ob die Scholastik, die sich im Hochmittelalter durchsetzte, ein neues Studienfach war oder eine neue wissenschaftliche Methode!
- Problematisieren Sie den Gedanken des sozialen Aufstiegs durch Bildung mit Blick auf das Mittelalter und die Gegenwart!

Lektüreempfehlungen

Quellen

- **Petri Abaelardi: Sic et non**, primum integrum ediderunt Ernestus Ludovicus Theodericus Henke et Georgius Stephanus Lindenkohl, Marburg 1851, unveränderter Nachdruck Frankfurt a. M. 1981. *Betagte Ausgabe des Textes, dessen Vorwort besonders interessant ist; ausschließlich in lateinischer Sprache.*
- **Peter Abailard: Sic et non.** A critical edition by Blanche B. Boyer / Richard P. McKeon, Chicago 1976–77. *Neuausgabe des lateinischen Textes mit einer englischen Einführung.*

- **Anselm von Canterbury: Proslogion. Untersuchungen.** Lateinisch-deutsche Ausgabe, hg. v. Franciscus Salesius Schmitt, Stuttgart 1962, 3., unveränderte Auflage 1995. *Maßgebliche Edition des ontologischen Gottesbeweises Anselms von Canterbury, bearbeitet von einem der besten Kenner des Anselmschen Gesamtwerks.*
- **Anselm von Canterbury: Proslogion. Untersuchungen.** Lateinisch-deutsch. Übersetzung, Anmerkungen und Nachwort v. Robert Theis, Stuttgart 2005. *Preiswerte Textausgabe des Gottesbeweises.*

Forschung

- **Kurt Flasch: Einführung in die Philosophie des Mittelalters**, Darmstadt 1987, 3. Auflage 1994. *Skizziert die Denkwelten, intellektuellen Kontroversen und methodischen Neuerungen von Alkuin im 8. bis zu Nikolaus von Kues im 15. Jahrhundert.*
- **Johannes Fried (Hg.): Schulen und Studium im sozialen Wandel des hohen und späten Mittelalters**, Sigmaringen 1986. *Für die wissenschaftliche Beschäftigung grundlegender Sammelband, der über die technischen Aspekte von Wissen und Wissensvermittlung weit hinausgeht.*
- **Martin Kintzinger: Wissen wird Macht. Bildung im Mittelalter**, Darmstadt 2003, Nachdruck 2007. *Gut lesbares Essay, der einen präzisen Überblick über die Geschichte des Wissens und der Bildung gibt und dabei durchgehend die Frage nach den Wechselbeziehungen zwischen Bildung und Gesellschaft damals und heute erörtert.*
- **Walter Rüegg (Hg.): Geschichte der Universität in Europa**, Bd. 1: Mittelalter, München 1993. *Empfehlenswerter Überblick über Vorläufer, Ausformung und Inhalte der mittelalterlichen Universität aus der Feder mehrerer Spezialisten.*
- **Rainer Christoph Schwinges: Karrieremuster: Zur sozialen Rolle der Gelehrten im Reich des 14. bis 16. Jahrhunderts. Eine Einführung**, in: Rainer Christoph Schwinges (Hg.), Gelehrte im Reich. Zur Sozial- und Wirkungsgeschichte akademischer Eliten des 14. bis 16. Jahrhunderts, Berlin 1996, S. 11–22. *Knappe exemplarische Studie über den Zusammenhang zwischen universitärer Bildung und Karrierechancen im ausgehenden Mittelalter.*
- **Jacques Verger: Les gens de savoir dans l'Europe de la fin du Moyen Âge**, Paris 1997. *Widmet sich intensiv dem breiten und durchaus diffusen Spektrum der Gebildeten samt deren beruflicher und sozialer Verortung.*

12 Ausweitung des Wissens

Abbildung 22: Büchsenmeister mit einem Handfeuerrohr, Illustration aus: Konrad Kyeser, *Bellifortis (Büchsenmeisterbuch)* (1405)

Zu Beginn des 15. Jahrhunderts fertigte Konrad Kyeser aus Eichstätt (1366–nach 1405) eine Handschrift an, in der er Zeichnungen zahlreicher einfacher Maschinen und technischer Objekte versammelte. Sie dienten vor allen Dingen militärischen Zwecken, was sich im Titel des Buches niedergeschlagen hat: „Bellifortis" (Der Kampfstarke). Diese technische Bilderhandschrift ist von hoher Qualität und steht in einer Reihe mit den spätmittelalterlichen Maschinenbüchern Norditaliens, deren bekanntestes Entwürfe Leonardo da Vincis enthält. Das ausgewählte Bild zeigt das Abfeuern eines Geschützes und verweist damit auf ein wesentliches Feld technischer Innovation im Mittelalter, die Kriegstechnik, hier bezogen auf Erfindung und Einsatz des Schießpulvers.

Die Innovation von Wissen und Bildung, die im Hochmittelalter als besonders dynamischer Prozess zu beobachten ist, beschränkte sich keineswegs auf die Gedankenakrobatik der Fächer Philosophie, Theologie und Rechtswissenschaft. In Analogiebildung zu den sieben freien Künsten, den *artes liberales* (→ KAPITEL 11.1), eroberten die *artes mechanicae* ihren Platz im Wissenskosmos, wenn auch nicht im Lehrspektrum der Universitäten. Tätigkeiten, die eher dem Bereich des Handwerks zugeordnet waren, gewannen Ansehen und mit ihnen diejenigen, die diese Künste beherrschten. Ein Blick auf diese *artes* jenseits des klassischen philosophischen Kanons eröffnet eine vielfältige Welt zunächst von der zeitgenössischen Wissenschaftstheorie her. In der Praxis zeigten sich die Fähigkeiten in beständiger technischer Innovation auf den unterschiedlichsten Gebieten. Sie werden hier exemplarisch am Beispiel der im Mittelalter überall präsenten Mühle verfolgt. Am Ende steht die Frage nach dem Transfer praktischen Wissens, nach einer Form kulturellen Austauschs, die sich auf einer anderen Ebene abspielte als das gelehrte Streitgespräch. Ein schmales Spektrum mittelalterlicher Innovationen soll diese Transferproblematik beleuchten.

12.1 *Artes diversae*

Der Blick auf die Universitäten und die dort unterrichteten Fächer suggeriert zu Recht einen Vorrang der theoretisch ausgerichteten Wissenschaften im mittelalterlichen Verständnis von Gelehrsamkeit. Praktische Tätigkeiten waren demgegenüber zumindest anfänglich mit deutlich geringerem Prestige ausgestattet. Diese Einschätzung begann sich im hohen Mittelalter zu wandeln. Das Handlungswissen der Kaufleute und auch der Handwerker rückte nun ebenfalls in die Sphäre der Künste, der *artes*, auf. Leicht erkennbar ist dies daran, dass nicht mehr nur der in den *artes liberales* Graduierte als Magister angesprochen wurde. Magister / Meister wurde nun auch genannt, wer sein Handwerk oder jedes beliebige andere Metier meisterlich beherrschte. Diese Aufwertung der Praxis erscheint vor dem Hintergrund der städtischen Kultur nachvollziehbar, versammelten doch die Städte innerhalb ihrer Mauern Gewerbe unterschiedlichster Art, die meist arbeitsteilig Hand in Hand produzierten. Hier war der Wert souveräner Beherrschung des jeweils eigenen Faches unmittelbar einsichtig.

Vom Magister zum Meister

Die Aufwertung der praktischen Disziplinen erfolgte nicht gänzlich ohne theoretisches Fundament. Wiederum waren die Hohen Schulen im Norden Frankreichs federführend bei der Neuvermessung des Terrains. Der Gelehrte Hugo († 1141), der in der berühmten Schule des Kanonikerstifts St-Victor in Paris unterrichtete, verfasste 1130 ein Handbuch aller Wissenschaften. Dabei griff er zunächst ganz traditionell auf Vorlagen der Spätantike und des frühen Mittelalters zurück, doch muss er bei deren Verwendung ein Defizit gespürt haben. Denn für weite Bereiche damaliger Tätigkeiten, die Hugo den Wissenschaften zuordnete, existierte keine einheitliche, verwendungsfähige Begrifflichkeit. Aus diesem Grunde zeichnet sich sein *Didascalicon de studio legendi*, eine Anleitung zum Studium in lateinischer Sprache, unter anderem dadurch aus, dass es erstmals auch eine Terminologie für die handwerklich-technische Sphäre bereitstellte.

Hugo von St-Victor

Analog zu den sieben freien Künsten katalogisierte Hugo sieben mechanische Künste (*artes mechanicae*). Sie umfassten, jeweils im weitesten Sinne, die Textilverarbeitung (*lanificium*), technisches Handwerk, bildende Kunst und Waffenhandwerk (*armatura*), Handel zu Land und auf dem Wasser (*navigatio*), den Landbau (*agricultura*), das Lebensmittelgewerbe (*venatio*), die praktische Heilkunst (*medicina*) und das Schauspiel (*theatrica*). Der Gelehrte von St-Victor betrachtete diese ausgewählten Tätigkeiten nicht als Kunst (*ars*), sondern sah sie im Range der Wissenschaft (*scientia*), weil sie sich nicht

Artes mechanicae …

nur auf die handwerkliche Ausführung konzentrierten, sondern hinter ihnen ein umfangreiches und wohl reflektiertes Gerüst theoretischer Grundlagen stehe. Deutlicher als in den deutschen Begriffen wird dies in den von Hugo benutzten lateinischen, da für manche dieser Stichworte wie *navigatio* oder *venatio* antike und mittelalterliche Traktate vorhanden waren, in denen die korrekte Ausübung im Detail erörtert wurde. Damit stand zugleich außer Frage, dass diese Handwerke regelgerecht durch Unterricht zu erlernen waren. Als ein weiteres Merkmal stellt Hugo den praktischen Nutzen dieser Fächer heraus.

Die Aufzählung dieser *artes mechanicae* entwirft mit ihrem Rundgang durch Ernährung, Kleidung, Medizin, Handel, Bewaffnung und Theater ein Abbild der städtischen Gesellschaft und legitimiert zugleich deren praktische, teils alltagsnotwendige Tätigkeiten als Gegengewicht zur traditionellen Gelehrsamkeit, die noch lange auf den Umgang mit lateinischen Texten fixiert blieb (Kintzinger 2003, S. 126). Eine systematische Auseinandersetzung mit den mechanischen Künsten ist im Mittelalter nicht erfolgt, weshalb die Fächer, die ihnen zugerechnet wurden, in Zahl und Inhalt variieren; es sind *artes diversae*. Die Spezialkenntnisse wurden zudem fast ausschließlich mündlich tradiert, sodass viele Details im Dunkeln blieben.

Hugo von St-Victor hatte die praktischen Disziplinen ins Licht gerückt und sie für wissenschaftsfähig erklärt. Eine ähnliche Wertschätzung, wie sie die technischen Künste als Form der angewandten Mathematik in der Antike erfahren hatten, blieb den *artes mechanicae* über weite Strecken des Mittelalters jedoch verwehrt. Mindestens bis zum Ende des 13. Jahrhunderts hielt sich eine negative Einschätzung. Insbesondere die enge Verbindung dieser Fächer zur Materie, ihre praktische Anwendbarkeit und der unmittelbare Bezug zu einer Erwerbstätigkeit boten – in drastischem Kontrast zu heutigen Einschätzungen! – damals Ansatzpunkte für abwertende Kommentare, mit deren Hilfe Artisten, Theologen und andere die besondere Würde ihrer eigenen Wissenszweige als Wegbereiter der Gottes- und Selbsterkenntnis hervorzuheben suchten. Der *mechanicus* war ihnen der Inbegriff des unreflektiert arbeitenden Handwerkers.

... wurden oft abqualifiziert

Nur langsam veränderte sich dieses geistige Klima. Beschleunigung erfuhr dieser Wandel im 15. Jahrhundert durch die intensivere Auseinandersetzung mit antiken Texten. Mit Erfolg beanspruchten etwa die Baumeister und Künstler der Renaissance wie Leon Battista Alberti, Leonardo da Vinci oder Michelangelo für sich die Rolle des praktischen Mathematikers, der exakt vermaß und kalkulierte, bevor er Maurerkelle, Meißel oder Malpinsel zur Hand nahm; Handwerker

Aufwertung in der Renaissance

und Ingenieur begannen auseinanderzutreten. Hilfestellung zur Entwicklung dieses neuen Selbstbewusstseins hatte auch die Wiederentdeckung der *Mechanik* des Aristoteles (384–322 v. Chr.) um 1400 geleistet, die (wenngleich physikalisch selten korrekte) Experimente zur Überwindung der Natur mithilfe von Maschinen enthielt. Die Maschinenbücher (lateinisch *libri mechanicorum*) des 15. Jahrhunderts, die vor allem in Norditalien entstanden, setzten dies fort. In den Rang von Wissenschaften, die zum Spektrum des universitären Unterrichts gehörten, sollten die technisch orientierten Fächer allerdings erst in der Neuzeit aufsteigen.

12.2 Technische Innovationen: die Mühle

Ein Paradebeispiel für technische Innovationen im Mittelalter ist die Mühle. Sie war geografisch weit verbreitet, in der gesamten Epoche anzutreffen und unterlag dem stetigen Bemühen, die eingesetzte Technik den Standortbedingungen und Arbeitsanforderungen anzupassen und zu optimieren. Die Getreidemühle, die zum Idealbild eines Dorfes gehört wie die Kirche und das Wirtshaus, war ein technisches Großgerät des mittelalterlichen Alltags. Sie verarbeitete Korn im gewerblichen Rahmen, während für den Hausgebrauch in Burg und Dorf einfache Handmühlen zum Einsatz kamen.

Wassermühle

Im Frühmittelalter wurden ausschließlich Wassermühlen betrieben. Ihre Technik war ein Erbe der Antike. Der römische Baumeister Vitruv (1. Jh. v. Chr.) hatte genau beschrieben, wie man fließendes Wasser am effizientesten auf ein Mühlrad lenkt, um so die Energie der Drehbewegung für unterschiedliche Zwecke einzusetzen. Diese Anleitung ist vor dem Hintergrund eines hoch entwickelten römischen Wasserleitungssystems zu sehen, das in der Lage war, Flüssigkeiten praktisch an jeden gewünschten Ort zu bringen. An solche technischen Leistungen konnte das Mittelalter nicht anknüpfen. Wassermühlen mussten unmittelbar an oder in Bachläufen errichtet werden, um deren Strömung zu nutzen. Zwei Grundformen sind hier anzutreffen: Die eine benutzte ein horizontal stehendes Wasserrad, das mit einem Kranz von Paddeln über eine Welle direkt einen Mühlstein antrieb. Besaß ein Bach genügend Strömung, so konnte man solche Mühlen mit einem einfachen Gestell ins Wasser hängen. Weit aufwendiger waren Mühlen mit einem vertikalen Wasserrad, wie wir sie heute noch kennen. Sie benötigten ein Winkelgetriebe, um die Kraft vom vertikalen Rad auf den horizontal liegenden Mühlstein zu übertragen. Ein ver-

Techniken und Effizienz

tikal stehendes Rad erforderte überdies eine feste Lagerung am Ufer des Baches. Das Wasser konnte unterhalb des Rades vorbeiströmen (unterschlächtig) oder durch eine Rinne von oben auf die Schaufeln des Rades geleitet werden (oberschlächtig). Während die horizontale Mühle lediglich 5 bis 15 % der Strömungsenergie nutzte, hatte die unterschlächtige Mühle einen Wirkungsgrad von 20 bis 30 %, die oberschlächtige schließlich von 50 bis 60 %.

Kosten, Rechte, Spezialisten

Um eine solch hohe Effizienz zu erzielen, waren enorme Investitionen erforderlich. Man musste ein geeignetes Grundstück besitzen, ein spezielles Gebäude errichten und über das Recht verfügen, in den Wasserhaushalt einzugreifen. Deshalb waren allein die großen Grundherren in der Lage, Mühlen zu errichten. Ihre Investitionen holten sie über Nutzungsgebühren, das Mahlgeld (→ KAPITEL 4.2) der Bauern, wieder herein. Der Mühlenbann gab ihnen das Recht, die umliegenden Bewohner zur Nutzung einer bestimmten Mühle zu verpflichten. Bau, Betrieb und Erhalt einer Mühle setzten umfangreiches Erfahrungswissen voraus und bedurften daher ausgewiesener Fachleute. Sie mussten Zimmerleute sein, da die gesamte Übertragungstechnik der Mühle aus Holz gefertigt war; sie mussten in der Lage sein, die Mühlsteine handwerklich exakt zu bearbeiten und sämtliche Wartungsarbeiten an der Anlage auszuführen. Der mittelalterliche Müller war also ein vielseitiger Spezialist, dem man die Mühle gegen einen Anteil am Mahlgeld oder zur Pacht überließ.

Verbreitung

Über die Details der Verbreitung der Wassermühle im frühen Mittelalter herrscht Unklarheit. Die Belege in den Urbaren der großen Klöster machen jedoch plausibel, dass die Wassermühle bereits in karolingischer Zeit zur Standardausstattung einer Grundherrschaft gehörte. Die Intensivierung der Agrarwirtschaft und die Siedlungsexpansion des hohen Mittelalters führten zu einer Erweiterung der Mühlenkapazitäten sowie zu einem flächendeckenden Einsatz der Wassermühle auf dem Kontinent. Eine gewisse Verspätung ist für Skandinavien festzustellen, wo Mühlenbelege überhaupt erst aus dem 12. Jahrhundert vorliegen.

Eine grundlegende Voraussetzung für die Verbreitung der Wassermühle war das Vorhandensein strömungsgünstiger Wasserläufe. Die Errichtung einer Mühle mit einem vertikalen Wasserrad erforderte zudem umfangreiche Wasserbaumaßnahmen. Um den Druck auf die Mühlräder konstant zu halten, mussten Stauwehre und Weiher angelegt werden. Mithilfe der Wehre wurde bei Hochwasser der Zufluss reduziert, aus dem Weiher bei Bedarf zusätzliches Wasser eingespeist. In den Küstenregionen oder in Niederungen reichte das Gefälle oft nicht aus, um eine oder mehrere Mühlen anzutreiben. Auch hierfür fand man technische Lösungen. So existierten in den heutigen Niederlanden oder an der Küste des Ärmelkanals Anlagen, die sich die Gezeiten zu Nutze machten. Das mit der Flut einströmende Wasser wurde in Staubecken zurückgehalten, dann bei Ebbe langsam abgelassen und konnte so eine Mühle antreiben.

Gezeitenmühlen

Der Bau einer Mühlenanlage konnte auch Konflikte provozieren. Das Wasser schien unbegrenzt zu strömen, für den Wasserdruck aber galt diese Grenzenlosigkeit nicht. Je mehr Mühlen entlang eines Baches aufgereiht wurden, desto heftiger entbrannte der Kampf um das Wasser. Jede Anlage zweigte ihren Bedarf aus dem Bachlauf ab. Dadurch wurde die Betriebssicherheit der weiter unten liegenden Mühlen gefährdet. Der Druck reichte dort nicht mehr aus, um das Wasserrad mit entsprechender Geschwindigkeit anzutreiben; ihnen war das Wasser regelrecht abgegraben worden. Zahlreiche gerichtliche Auseinandersetzungen in solchen Fragen lassen sich bereits im 12. Jahrhundert verfolgen, in denen Sachverständige für den Wasserbau Gutachten über den technischen Zustand der Anlagen lieferten.

Energiekonflikte

Die frühen Quellen verwenden synonym zum lateinischen *mola* oder *molendinum* für „Mühle“ häufig die Bezeichnung *farinarium*, abgeleitet von *farina* – „Mehl“. Die Hauptaufgabe der Mühle bestand zunächst in der Aufbereitung des Korns. Die Bedeutung der Mühle für die Versorgung der Menschen kann also kaum überschätzt werden, und so verwundert es nicht, dass sie auch in den Ballungsräumen, in den Städten, anzutreffen war. Hier war die Zahl der Abnehmer deutlich größer, die gewerblichen Bäcker wohnten gleich nebenan. Die Standortfrage war dort aber ungleich schwieriger zu lösen als auf dem Land. In manchen Städten wurden Mühlen an Brückenpfeilern verankert, weil hier die Strömung am stärksten war. In Köln, aber auch in anderen Städten an Rhein und Mosel, ja sogar in Rom griff man auf Schiffsmühlen zurück. Sie schwammen auf dem Fluss, waren aber fest verankert. 36 solcher Rheinmühlen gab es im Köln des 13. Jahrhunderts, die ungefähr 30 000 Menschen versorgten. Grob geschätzt geht man davon aus, dass eine dieser mittelalterlichen Mühlen in der Lage war, den Mehlbedarf von 800 bis 1 200 Personen zu decken. Die Schiffsmühlen waren allerdings besonders gefährdet, weil sie völlig vom schwankenden Wasserstand der Flüsse abhängig waren: Hochwasser und Treibeis gefährdeten die aufwendigen Anlagen, Niedrigwasser schränkte ihre Benutzbarkeit ein. Die kontinuierliche Arbeit, die eine am Bach gelegene Mühle mit Stauweihern garantierte, war hier nicht immer möglich.

Schiffsmühlen

Im 12. Jahrhundert wurden die Einsatzmöglichkeiten vielfältiger und damit auch die Mühlentechnik. Seit der Antike kannte man das Prinzip der Nockenwelle, die es erlaubte, die Kreisbewegung des Mühlrads in eine Auf- und Ab- bzw. Hin- und Herbewegung umzuwandeln. Mit dieser Technik konnte man schwere Hämmer anheben und wieder herabsausen lassen, um in der Schmiede Metall zu bearbeiten. Aber sie ließ sich auch auf andere Weise nutzen. Ein Beleg aus dem Kloster Admont in Österreich spricht 1135 ausdrücklich von einer Stampfmühle. Es ist unklar, was sich dahinter genau verbarg, doch kann man mit großer Wahrscheinlichkeit annehmen, dass das Prinzip der Nockenwelle für das Klopfen und Stampfen von Pflanzen verwendet wurde. Ähnliches ist bereits seit dem ausgehenden 11. Jahrhundert für die Tuchherstellung in Nordfrankreich bezeugt. Nach alter Handwerkstradition wurde wollenes Tuch in Wasser gelegt und mit den Füßen gestampft (gewalkt). Eine Walkmühle übernahm diesen Vorgang nun weit effizienter. Die gezielte Errichtung solcher Mühlen in Gebieten mit großer Tuchproduktion war die Folge, ebenso der Widerstand der Menschen, die durch die neue Technik ihre Arbeit verloren; eine Walkmühle leistete so viel wie 40 Arbeiter. Auch das Mittelalter kannte also bereits das ambivalente Phänomen der Rationalisierung. In einigen Orten der Normandie wurde das mechanische Walken sogar verboten, in Flandern auf einfache Massenware beschränkt, während teure Stoffe mit dem Prädikat der ‚Fußarbeit‘ ausgezeichnet wurden.

Hammerwerke und Walkmühlen

Rationalisierung

Je nach Gewerbezweig wurden aus der wassergetriebenen Mühle Spezialanlagen entwickelt: Hammermühlen zur Verarbeitung von Eisen und Mühlen, die mit großen Blasebälgen dem Schmiedefeuer zu zuvor unerreichten Temperaturen verhalfen; Lohmühlen zerstampften und zermahlten Eichenrinde, deren Saft (Lohe) zum Färben benutzt wurde; Pochwerke zerkleinerten Erz, Sägemühlen Holz und Steine; Poliermühlen nutzten die Rotation zum Schleifen; die Papiermühle basierte auf der Stampftechnik. Je nach Bedarf wurde umgerüstet und optimiert.

Einsatzfelder

Die Mühle steht also für die permanente, anwendungsorientierte technische Innovation schlechthin. Aber auch ihre Grundtechnik unterlag einem gravierenden Wandel. War bislang immer von Wassermühlen die Rede, so erlebte das späte 12. Jahrhundert die Einführung der Windmühle. Die Nutzung der Windkraft war ebenfalls von alters her bekannt. Dennoch ist es der Forschung bislang nicht gelungen, europäisch-antike Vorläufer der mittelalterlichen Windmühle auszumachen. In Persien und Zentralasien gab es bereits im 10. Jahrhundert Windmühlen, die in Türmen fest installiert waren. Der Wind

Windmühle

wurde durch schmale Fensteröffnungen auf das innen liegende Windrad gelenkt, das horizontal rotierte. Man hat immer wieder spekuliert, ob reisende Araber diese Technik mit in den Westen brachten, zumal Windmühlen unbekannter Bauart um die Mitte des 11. Jahrhunderts im muslimischen Spanien bezeugt sind. Auch die Kreuzzüge wurden als Wege dieses Technologietransfers vermutet. Zweifelsfrei belegen lassen sich beide Hypothesen nicht.

Erste Belege

In Europa tauchten um 1180 an der Küste der Normandie die ersten Windmühlen wie aus dem Nichts auf. Wenig später, so die Quellen, erbaute man solche auch in England und in Flandern. Der Versuch, einige Mühlenstandorte bereits an den Beginn des Jahrhunderts zu datieren, hat sich als nicht haltbar erwiesen (Lohrmann 1995, S. 19f.). Es handelte sich bei den Bauten nicht um horizontale Windmühlen wie in Persien, sondern um Anlagen, deren Windräder senkrecht standen. Diese Bockwindmühlen waren äußerst zierliche Bauwerke. Sie standen auf einem Gestell und waren drehbar gelagert, damit man die Flügel optimal in den Wind stellen konnte (→ ABBILDUNG 23). Manche waren sogar transportabel, wie ein Bericht vom Dritten Kreuzzug belegt, in dem von einer in Einzelteilen mitgeführten Mühle die Rede ist, die 1189 / 90 vor Akkon aufgebaut und eingesetzt wurde. Erst gegen Ende des 13. Jahrhunderts kamen Turmwindmühlen auf, feste Gebäude, bei denen sich nur die Kappe mit dem Flügelkreuz drehen ließ.

Techniktransfer oder Erfindung?

Wie ist nun das plötzliche und nahezu gleichzeitige Auftreten der Windmühle im Nordwesten Europas um 1180 zu erklären, insbesondere wenn sich die Hypothesen eines Technologietransfers aus dem Osten nicht erhärten lassen? Die Forschung geht von einer Kombination mehrerer Elemente aus. In der westlichen Windmühle verbanden sich höchstwahrscheinlich praktische Erfahrungen der Schifffahrt und der Segeltechnik – die Mühlenflügel waren ja mit Segeln bespannt – mit den mittlerweile hoch spezialisierten Kenntnissen der Wassermühlentechnik; hierfür spricht die Beibehaltung eines vertikalen Rades im Gegensatz zu den einfacher konstruierten horizontalen Windmühlen Persiens. Erkennbar ist schließlich auch ein in dieser Zeit erwachendes wissenschaftliches Interesse an der antiken Pneumatik. Zeitgenössische Übersetzungen entsprechender griechischer Texte ins Lateinische belegen dies. Das Wissen über die Kraft des Windes, gepaart mit aktueller technischer Erfahrung, leitete ein neues Zeitalter der Mühlentechnik ein. Der direkte Techniktransfer aus der Antike oder aus dem Orient wird dagegen für die Windmühle heute nahezu ausgeschlossen.

Abbildung 23: Englische Miniatur einer westlichen Bockwindmühle (Mitte 13. Jahrhundert)

Die neue Technik besaß große Vorteile. Man war nicht an einen Bachlauf gebunden, nicht vom wechselnden Wasserstand abhängig und konnte die kostspieligen Investitionen in den Wasserbau vermeiden. Entsprechend zügig hat sich die Windmühle über den gesamten Kontinent verbreitet. Im Gebiet des heutigen Deutschland ist sie erstmals in Köln 1226 sicher bezeugt. Spätmittelalterliche Ansichten zeigen die charakteristischen Flügel häufig auf den Stadtmauern.

Einsatzmöglichkeiten

Ein besonderer Segen war die Windmühle für flache Regionen, in denen mangelnde Fließgeschwindigkeit der Gewässer die Errichtung von Wassermühlen nicht erlaubte. Hier liegt – möglicherweise in Verbindung mit den meist konstanten Windverhältnissen – eine Ursache, warum die Windmühle zunächst an den Küsten auftauchte. Bestens geeignet war die Windmühle für die Trockenlegung von Sumpfgebieten und die Landgewinnung an der Küste, die im Verlauf des hochmittelalterlichen Landesausbaus (→ KAPITEL 4.1) intensiv vorangetrieben wurden. Der Wind trieb die Entwässerungspumpen an. Dass die Windmühle das touristische Erkennungszeichen der Niederlande ist, erklärt sich auch aus diesem Zusammenhang.

Auch diese neue Technologie brachte Probleme mit sich. Während das Recht der Wassernutzung grundsätzlich geklärt war – es stand ursprünglich dem König zu, der es verleihen konnte – und sich für strittige Fragen zügig ein Gewohnheitsrecht herausgebildet hatte, fehlte für die Windkraftnutzung zunächst jegliche Regelung. Doch schon kurz nach dem Aufkommen der ersten Windmühlen beschäftigten sich die Gerichte mit der Frage, wer den Wind ‚ernten' dürfe (Lohrmann 1995, S. 21f.).

Umstrittene Windkraftnutzung

12.3 Erfindungen oder Techniktransfer?

Die Frühgeschichte der westlichen Windmühle verdeutlicht die Problematik, im Mittelalter ‚Erfindungen' eindeutig zuzuschreiben. Oftmals liegen zwischen dem Auftreten einer Innovation und ihrem ersten Niederschlag in den Quellen Jahre oder Jahrzehnte. Und nur höchst selten führt der erste schriftliche Beleg zum Urheber der Neuerung zurück oder auch nur in die Region der frühesten Anwendung. Bei vielen Errungenschaften des Mittelalters lautet die misstrauische Frage daher: Aus der Ferne mitgebracht oder aber selbst erdacht?

Papier

Klar liegen die Verhältnisse bei einem Produkt, das für den Medienwandel im Mittelalter mit verantwortlich ist, dem Papier. Es löste im 14. Jahrhundert auf breiter Front das Pergament ab, das in einem aufwendigen Verfahren aus Tierhaut gewonnen wurde (→ KAPITEL 9.1). Beim Papier kamen Lumpen zum Einsatz, Stoffreste und Pflanzenfasern, die gewässert und gestampft wurden, bis ein Brei entstand. Dort hinein tauchte man ein feinmaschiges Drahtsieb, an dem eine dünne Schicht des Breis haften blieb. Von der Sonne getrocknet konnte man diese als Blatt Papier vom Sieb ablösen.

Verbreitung

Das Schöpfen von Hand, das bei der Herstellung teurer Papiersorten heute noch Anwendung findet, war in China bereits im 2. vorchristlichen Jahrhundert bekannt. Aus dem fernen Osten gelangte die Technik auf ungeklärten Pfaden in die arabische Welt. Die Papierherstellung war dort im 8. Jahrhundert überall verbreitet, wobei nun statt der in China gebräuchlichen Bambusfasern Leinen, Hanf oder Baumwolle als Grundlagen benutzt wurden. Über Andalusien gelangte das Papier nach Europa. Bezeichnenderweise entstand das älteste erhaltene Papierdokument des Kontinents 1109 in Sizilien, einer

Kontaktregion zur arabischen Welt. Lineare Entwicklungen sollte man daraus nicht ableiten, denn Kaiser Friedrich II., der in Süditalien groß geworden war, verbot 1231 das geruchsintensive Auflösen von Pflanzen in Wasser in einem Radius von einer Meile rund um die Städte Siziliens.

Schon 1280 war in Bologna Papier sechsmal billiger als Pergament. Zur Massenware wurde es durch die Papiermühle, die das Zerstampfen der Fasern mit mechanischer Kraft in großen Bottichen ermöglichte. Infolge dieser gewerblichen Produktion sank der Preis in dem Maße, wie die Akzeptanz des Beschreibstoffs wuchs. Vor allem die mediterrane Schriftkultur mit ihren zahllosen Dokumenten aus der Feder städtischer Notare öffnete sich rasch dem neuen Material. Für feierliche Urkunden wurde es dagegen nur zögerlich eingesetzt. In der Kanzlei der deutschen Herrscher begegnet Papier verstärkt erst im 14. Jahrhundert, zunächst für Konzepte, Register und Notizen. Pergament behauptete noch lange Zeit ein weitaus höheres Prestige als Papier. Abzulesen ist dies an der Tatsache, dass besonders hochwertige Druckerzeugnisse noch zu Beginn des 16. Jahrhunderts ganz bewusst auf Pergament hergestellt wurden.

Buchdruck

Ohne das Papier als preiswerten und in großem Umfang verfügbaren Beschreibstoff hätte der Buchdruck wohl kaum eine so gewaltige Wirkung erzielt. Das Drucken mit beweglichen Lettern wird dem Mainzer Johannes Gutenberg (ca. 1400–68) zugeschrieben und gilt daher als genuin deutsche Erfindung. Buchstaben aus Blei wurden in spiegelschriftlicher Anordnung zu Wörtern zusammengefügt. Zeile für Zeile entstand so eine Seite, die von einem Metallrahmen umfasst wurde. Diese Matrize wurde mit Farbe getränkt und auf ein Blatt gedrückt. Nach einer Korrekturdurchsicht konnten von dieser Vorlage beliebig viele identische Kopien gedruckt werden, nur noch Farbe und Papier wurden in der gewünschten Auflagenhöhe benötigt. Danach nahm man die Lettern wieder aus dem Rahmen und konnte die nächste Seite setzen.

Verbreitung

Die Drucktechnik erlebte eine rasche Verbreitung. Bereits um 1460 überquerten die dazu nötigen Utensilien im Gepäck zweier Mainzer Drucker die Alpen. Sie richteten im Kloster Subiaco in der Nähe Roms die erste Druckerei in Italien ein und zogen sieben Jahre später in die Stadt am Tiber, wo sie für ihre Erzeugnisse rasch Käufer fanden. Geradezu explosionsartig verbreiteten sich die Drucker. Innerhalb von zehn Jahren verließen 160 000 Bücher die Werkstätten. Diese Zahl beleuchtet nicht nur die Seite der technischen Machbarkeit, sie wirft auch Licht auf das Leseverhalten der Zeit. Geschriebene Texte standen nicht mehr nur in wenigen Exemplaren, die einzeln mühsam von Hand hergestellt wurden, zur Verfügung privilegierter Nutzer, sie waren nun breiteren Kreisen zugänglich, und sie wären wohl nicht verkauft worden, wenn es weder Lesefähigkeit noch Leseinteresse in diesen Schichten gegeben hätte.

Trotz des neuen Charakters als ‚Massenware' besaßen die gedruckten Texte durchaus unterschiedliche Profile. Jede Druckerwerkstatt (Offizin) hatte ein eigenes charakteristisches Alphabet, an dem ihre Produkte zu erkennen waren. Die Drucker imitierten die Buchstabenformen der Texte, die sie abdruckten. So entstanden Lettern in hochgestreckter gotischer Form, wie sie seit dem Hochmittelalter üblich waren, aber auch Typen in der Form der lateinischen Schrift (Antiqua). Diese wurden anfangs hauptsächlich von Druckern verwendet, die sich im Geiste des Humanismus Texten antiker Autoren zuwandten. So wie die ersten Lettern ihren Weg über die Alpen nach Süden antraten, so wanderten später Antiqua-Alphabete aus Venedig, der Hochburg des Buchdrucks in Italien, in umgekehrte Richtung, weil man auch nördlich der Alpen nun die Texte der antiken Klassiker in angemessener Typografie auf den Markt bringen wollte.

Vielfalt der Lettern

Von ähnlich umwälzender Kraft wie der Buchdruck war eine weitere der zahlreichen Entdeckungen des Mittelalters: die Erfindung von Explosivstoffen. Der italienische Dichter Francesco Petrarca (1304–74) beklagte, dass der Mensch sich anmaße, den göttlichen Donner nun von der Erde erschallen zu lassen. Er spielte damit auf den Einsatz von Schießpulver an, das die damalige Militärtechnik revolutionierte. Statt Langbogen und Armbrust war nun das Zeitalter der Kanonen angebrochen. Ganz Humanist, schrieb Petrarca diese Erfindung dem griechischen Mathematiker und Erfinder Archimedes zu; damit lag er freilich falsch. Heute weiß man, dass das Schwarzpulver, eine Mischung aus Salpeter, Holzkohle und Schwefel, zuerst von den Chinesen um die erste Jahrtausendwende für Feuerwerke und Geschütze eingesetzt wurde. Brennbares Gemisch kannte bereits die europäische Antike, auf Schwarzpulver oder vergleichbare Mischungen deuten Erwähnungen von Gelehrten aber erst im ausgehenden 13. Jahrhundert hin. Wieder einmal müssen Zeitpunkt und Wege des Transfers offen bleiben, der die Kenntnisse des Schwarzpulvers und seiner Eigenschaften von China nach Europa brachte. Man muss wohl davon ausgehen, dass zum Ende des 13. Jahrhunderts die entsprechenden Erfahrungen an unterschiedlichen Stellen des Kontinents vorhanden waren. Der erste Einsatz des Schießpulvers in einer Schlacht wird jedenfalls für das Jahr 1354 verzeichnet. Rund

Schießpulver

Feuerwerksbücher

100 Jahre nach dem Bekanntwerden des Schießpulvers informierten Feuerwerksbücher über die Kunst der Handhabung des sensiblen Stoffes. Bereits die Herstellung war nicht ungefährlich, weil die Stoffe durch Zerstoßen in einem Mörser vermischt werden mussten. Schon bald bediente man sich auch hier der Mühlentechnik, wobei man darauf achtete, dass die Pulvermühlen wegen des hohen Risikos abseits der Wohnbebauung angelegt wurden.

Der vorwiegend militärische Einsatzzweck revolutionierte das Kriegshandwerk. Zum einen wirkten die Waffen auf große Distanz; der direkte Zweikampf geriet dadurch in den Hintergrund. Zum anderen bedurfte es zur Handhabung von Geschützen und Büchsen nicht mehr des lebenslangen Trainings, das den Erfolg der gepanzerten adligen Reiterheere über Jahrhunderte garantiert hatte. Der Krieg wurde durch Technik popularisiert.

Verwirrender Kanonendonner

Man kann sich die Verwirrung auf dem mittelalterlichen Schlachtfeld angesichts des ersten Kanonendonners und der überraschenden Fernwirkung kaum groß genug vorstellen. Die technischen Probleme des Anfangs waren enorm. Der Umgang mit Schießpulver war gefährlich, der Transport der Geschütze auf den schlechten Straßen beschwerlich. Nicht selten explodierten die Kanonen beim Einsatz und töteten statt der Gegner die eigene Mannschaft. Im 16. Jahrhundert gelang es, das Schießpulver als Granulat herzustellen und damit wesentlich zuverlässiger zu machen als die Pulvermischung. Der Einsatz zu friedlichen Zwecken, etwa zu Sprengungen im Bergbau, blieb der Neuzeit vorbehalten.

Fragen und Anregungen

- Skizzieren Sie Einschätzung der *artes mechanicae* bei Hugo von St-Victor und in späteren Zeiten!
- Beschreiben Sie möglichst umfassend die Probleme, die sich beim Bau einer mittelalterlichen Mühle stellten!
- Überlegen Sie, warum sich einige Baumeister und Künstler der Renaissance aus der Rolle der Bauhandwerker in das Rampenlicht der ‚Genies' rücken konnten!
- Versuchen Sie, weitere Erfindungen des Mittelalters zu benennen und überprüfen Sie, ob es sich um Importe aus anderen Kulturen handelt oder um einheimische Produkte!

Lektüreempfehlungen

Quellen

- **Hugo von Saint-Victor: Didascalicon de studio legendi.** Studienbuch Lateinisch-deutsch, übersetzt und eingeleitet v. Thilo Offergeld, Freiburg i. Br. 1997. *Gut zugängliche Studienausgabe. Das Werk Hugos erschließt den Kosmos hochmittelalterlicher Wissenschaft, deren Einteilung, Methodik und Zielsetzungen in höchst anspruchsvoller Weise.*
- **Konrad Kyeser: Bellifortis,** 2 Bände, Düsseldorf 1967. *Enthält ein komplettes Faksimile der Pergamenthandschrift sowie eine Umschrift und Übersetzung der Texte des Maschinenbuchs.*
- **Konrad Kyeser: Bellifortis,** hg. v. der Kulturstiftung der Länder und der Bayerischen Staatsbibliothek, Berlin 2000. *Kurz gefasste, reich bebilderte Ausgabe, die einen guten Eindruck des Maschinenbuchs vermittelt.*
- **Rainer Leng: Ars belli. Deutsche taktische und kriegstechnische Bilderhandschriften und Traktate im 15. und 16. Jahrhundert,** 2 Bände, Wiesbaden 2002. *Vorbildliche Spezialstudie zu Ingenieur-Traktaten mit minutiöser Vorstellung der jeweiligen Handschriften.*

Forschung

- **Chiara Frugoni: Das Mittelalter auf der Nase. Brillen, Bücher, Bankgeschäfte und andere Erfindungen des Mittelalters,** München 2003, 3. Auflage 2005. *Präsentiert unterhaltsam knapp ein Spektrum mittelalterlicher Inventionen und beleuchtet deren Herkunft und Praxis.*
- **Charles Gibbs-Smith: Die Erfindungen von Leonardo da Vinci,** Stuttgart 1978, 5., unveränderte Auflage Stuttgart 1987. *Reich bebilderter Einblick in die Welt der „libri mechanicorum" des späten 15. Jahrhunderts.*
- **Jean Gimpel: Die industrielle Revolution des Mittelalters,** München 1980, 2. Auflage 1981. *Pionierwerk, das technischen Fortschritt als Summe zahlreicher Faktoren wie Energiequellen, Rohstoffe und Erfindergeist der Intellektuellen begreift und dabei die Folgewirkungen auf die Umwelt und die Lebensverhältnisse der Menschen nicht außer Acht lässt.*
- **Uta Lindgren (Hg.): Europäische Technik im Mittelalter: 800 bis 1400. Tradition und Innovation. Ein Handbuch,** Berlin 1996,

4. Auflage 2001. *Ausführlicher, in viele Einzelthemen zerlegter Überblick über die Bemühungen der mittelalterlichen Menschen, die Herausforderungen des Lebens mit meist mechanischer Unterstützung zu meistern.*

- **Dietrich Lohrmann: Von der östlichen zur westlichen Windmühle. Beitrag zu einer ungelösten Frage**, in: Archiv für Kulturgeschichte 77, 1995, S. 1–30. *Bündelt in einem verständlichen Aufsatz die Geschichte der westlichen Windmühle im Mittelalter und die Frage nach den technischen Vorbildern und den möglichen Transferwegen.*
- **Terry S. Reynolds: Stronger than a Hundred Men. A History of the Vertical Water Wheel**, Baltimore 1983, Nachdruck 2003. *Verfolgt die Geschichte der Wassermühle aus technischer und sozialer Perspektive.*

13 Unterwegs in alle Richtungen. Mobilität im Mittelalter

Abbildung 24: Zwei Jakobspilger unterwegs. Titel-Holzschnitt des ersten deutschsprachigen Pilgerführers, gedruckt Leipzig (1521), verfasst um 1495 von Hermann Künig von Vach, Servitenmönch aus Vacha

Zwei Pilger unterwegs zeigt der Holzschnitt aus einem 1495 verfassten, 1521 gedruckten deutschsprachigen Pilgerführer für den Weg nach Santiago de Compostela. Die Bildaussage ist leicht verständlich. Sie zeigt die Kirche als Ziel und den Weg dorthin, auf dem sich zwei Personen befinden, die anhand ihrer Kleidung als Pilger zu identifizieren sind: Stab und Umhängetasche sind die Attribute des Reisenden, der lange Mantel mit der Pelerine bietet Schutz vor Wind und Wetter. An den charakteristisch geformten Hüten sind schemenhaft die Pilgerzeichen zu erkennen, die den Reisenden als Wallfahrer auswiesen und ihm erhöhten Schutz versprachen. Für die Santiago-Pilger war die Jakobsmuschel typisch, die links auf der Pelerine erkennbar ist. Die Gestik der beiden Pilger lässt vermuten, dass sie sich über den Weg unterhalten, den der eine vermutlich bereits absolviert, der andere noch vor sich hat.

Mobilität ist im Mittelalter ein selbstverständliches Phänomen. Die Menschen waren ständig unterwegs, weil es der Lebensunterhalt, die aus unserer Sicht kaum vorhandene Infrastruktur und das Fehlen von Mitteln der Fernkommunikation erforderten oder weil religiöse Ideale ihnen nahelegten, die Strapazen einer längeren Reise auf sich zu nehmen. Nicht die Tatsache von Bewegung und Mobilität steht also infrage, sondern lediglich die Bedingungen des Unterwegsseins und die Reichweiten in geografischer Hinsicht. Es erscheint daher sinnvoll, zunächst die Rahmenbedingungen des Reisens und die alltäglichen Anlässe zu skizzieren, die in den Quellen kaum mehr eigens hervorgehoben werden. Ein zweiter Schritt führt dann zu Formen des Unterwegsseins, die stärker auf gesellschaftliche Konventionen zurückgehen als auf Notwendigkeiten des Alltagslebens. Ein abschließender Blick soll der sozialen Mobilität gelten. Nicht mehr die Überwindung räumlicher Distanzen, sondern die Frage nach den Möglichkeiten zu gesellschaftlichem Aufstieg sollen kurz und exemplarisch vorgestellt werden.

13.1 Rahmenbedingungen und Mobilitätsmuster

Natürliche Gegebenheiten

Ganz gleich, welcher Anlass den mittelalterlichen Menschen dazu brachte, sein Heim zu verlassen, und welches Ziel er anstrebte, er war in elementarer Weise mit der Natur konfrontiert, ihr zum Teil regelrecht ausgesetzt. Hitze, Regen und Schnee erschwerten das Vorankommen. Zwischen November und März wagte sich meist kein Kapitän aufs Meer hinaus. Man reiste also bevorzugt im Sommer, wenn das Tageslicht länger und die Früchte der Natur wie Obst und Beeren reichlicher zur Verfügung standen als in anderen Jahreszeiten. Auch waren die Wege trocken. Als Hindernisse erwiesen sich Wälder, Sümpfe und Flüsse. Brücken gab es vergleichsweise selten, sodass weite Umwege in Kauf genommen werden mussten, bis eine Furt oder eine Fähre die Querung des Wasserlaufs ermöglichten. Mindestens ebenso problematisch war die Überquerung der Gebirge, zumal von Hochgebirgen wie den Alpen. Nur wenige Pässe standen zur Verfügung, die Wege waren bis ins Spätmittelalter hinein nicht befahrbar und im Winter infolge von Schnee und Kälte meist unpassierbar.

Reisepraxis

Die technischen Hilfsmittel, die das Reisen heute schnell und bequem machen, fehlten. Man reiste zu Fuß, per Esel oder Pferd, Lasten wurden auf einfachen Karren zumeist von Ochsen über die spärlichen und holprigen Straßen gezogen. Der *Sachsenspiegel*, ein deutschsprachiges Rechtsbuch, das zwischen 1220 und 1235 verfasst wurde, enthält eine frühe Form der Straßenverkehrsordnung. Straßen, die der königlichen Aufsicht unterstanden, mussten so breit sein, dass ein Wagen auf ihnen fahren konnte und ein entgegenkommendes Fuhrwerk Platz zum Ausweichen fand. Bei Begegnungen galt die Regel: Der schwer beladene Wagen hatte Vorfahrt vor dem weniger vollen, das Fuhrwerk vor dem Reiter, der Reiter vor dem Fußgänger. Auf schmaler Straße sollte das langsame Fuhrwerk die schnelleren Verkehrsteilnehmer passieren lassen (Ohler 1999, S. 158–161). Angenehmer und schneller ging es voran, wenn man eine Passage per Schiff zurücklegen konnte (→ ABBILDUNG 25). Die Wahl des Verkehrsmittels war auch eine Frage der finanziellen Möglichkeiten und wurde so schnell zum Indikator des sozialen Ranges der Reisenden. Adlige reisten zu Pferde und mitunter im Wagen, einfache Leute auf Schusters Rappen.

Reisegeschwindigkeit

Nicht sehr sinnvoll ist es, die durchschnittliche Reisegeschwindigkeit damaliger Zeiten bestimmen zu wollen. Als Richtwert können 30 Tageskilometer gelten, doch wie zügig ein Wanderer tatsächlich vorankam, hing nicht nur von seiner körperlichen Leistungsfähigkeit ab, sondern von der Beschaffenheit des Geländes, vom Wetter, von

Abbildung 25: Von zwei Pferden getreideltes Schiff (um 1450/60: Legende der Hl. Ursula, Ankunft in Köln)

der Eile, die ihn antrieb, nicht selten auch davon, ob er den geeigneten Weg zu finden vermochte. Der Schiffsverkehr war aufgrund wechselnder Winde von berechenbaren Fahrzeiten weit entfernt. Dasselbe galt für den Reiter, der nur in Ausnahmefällen darauf hoffen konnte, in einer Herberge auch ein frisches Pferd vorzufinden, das er gegen sein erschöpftes eintauschen konnte. Pferdewechselstationen, wie sie der wohlorganisierte Kurierdienst der römischen Post in der Antike vorsah, blieben im Mittelalter der Initiative derjenigen vorbehalten, die sich einen mehr oder weniger regelmäßigen Botendienst leisteten. Päpstliche Eilboten schafften auf diese Weise im 14. Jahrhundert in der Ebene immerhin rund 100 km am Tag, in Frankreich und Spanien kamen die Kurierreiter des Königs offenbar fast doppelt so schnell voran (Ohler 1999, S. 141).

Herbergen

Insbesondere der Fernreiseverkehr bündelte sich auf wenigen Routen. Entlang dieser Strecken entstand eine rudimentäre Infrastruktur in Form von Gasthäusern. Ihr Komfort war sehr unterschiedlich und natürlich preisabhängig. Durchweg wurde an großen Gemeinschaftstischen gegessen und auch das Bett mit mehreren Reisegefährten geteilt. Die Trennung der Geschlechter blieb jedoch meistens gewahrt. Arme Pilger nahmen die Gastfreundschaft von Klöstern in Anspruch oder suchten Hospize auf, in denen sich religiöse Bruderschaften der Sorge um die Reisenden verschrieben hatten. Solche Hospize sind insbesondere entlang der stark frequentierten Pilgerrouten zu finden oder an gefährlichen Gebirgsübergängen wie das bereits im Hochmittelalter gegründete Hospiz am Großen Sankt Bernhard in der Schweiz.

Auch ohne aufwendige Beherbergung blieb die Reise kostenintensiv. Für das Passieren von Brücken und befestigten Straßen wurden häufig Nutzungsgebühren erhoben. Zudem wurde Zoll fällig. Dies betraf zum einen die Kaufleute, die für ihre Ware beim Durchqueren eines Territoriums zahlen mussten. Neben dem Warenzoll gab es aber auch den Geleitzoll. Der jeweilige Gebietsherr hatte die Sicherheit der Reisenden vor Überfällen zu gewährleisten und konnte im Gegenzug dafür ein Entgelt verlangen. Nicht selten wanderte jedoch die Gebühr ohne nennenswerte Gegenleistung in die Taschen der Zolleinnehmer. Aus dem Spätmittelalter sind reihenweise Verordnungen erhalten, in denen das Missverhältnis zwischen Zollgebühr und Sicherheit der Straßen beklagt und ein ernsthafterer Umgang mit den Geleitspflichten angemahnt wird. Erschwerend kam hinzu, dass diese Rechte an die Herrschaft über den jeweiligen Landstrich gebunden waren. In einer territorial zersplitterten Landschaft wie dem Römisch-Deutschen Reich des Spätmittelalters bedeutete dies: Sobald man in das Gebiet einer neuen Herrschaft gelangte, wurde eine Gebühr erhoben. Auf seiner Reise von Bamberg über Frankfurt nach Köln hätte Albrecht Dürer 1520 stolze 36 Mal Zoll entrichten müssen. Ein Geleitbrief des Bischofs von Bamberg ersparte ihm jedoch diese Kosten zumindest an einigen Zollstellen. Zoll

Überaus hinderlich für den Reisenden war auch der Umstand, dass es keine einheitliche Währung gab. Wie in Vor-Euro-Zeiten musste man das eigene Geld unterwegs beständig in die jeweils passende Münze umtauschen. Die Geltungsbereiche der einzelnen Währungen fielen jedoch nicht zwangsläufig mit den Grenzen der Königreiche zusammen. Das Recht, eigene Münzen zu prägen, war im Römisch-Deutschen Reich zunehmend vom Herrscher auf die Städte und die Territorialherren, die Bischöfe und Fürsten, übergegangen. Sie alle brachten in ihrem Gebiet eigene Währungen in Umlauf. Die Folgen für einen Kaufmann, der etwa entlang des Rheins seinen Geschäften nachgehen wollte, waren im Spätmittelalter ebenso lästig wie kostspielig. Auf kurzer Wegstrecke musste er mehrfach sein Geld umtauschen und dadurch bei jedem Wechsel Währungsverluste und Gebühren hinnehmen. Geldwechsel

Das Mittelalter war in vielfacher Weise durch die Mobilität der Menschen geprägt. Der Weg zur Arbeit auf dem Feld war genauso selbstverständlich wie der Besuch der Pfarrkirche, der durchaus einen mehrstündigen Marsch erforderlich machen konnte. Es ist also nicht die Bewegung an sich, sondern es sind die Distanzen und die besonderen Anlässe, die Unterwegssein in den zeitgenössischen Quellen überhaupt erwähnenswert erscheinen lassen. Die alltägliche Mobilität spielte sich überwiegend im Kontext des überschaubaren individuel- Anlässe len Lebensraumes ab. Demgegenüber erweckt es schon Aufmerksamkeit, dass frühmittelalterliche Urbare für einige der Grundholden ausdrücklich die Pflicht zu Transportdiensten erwähnen (→ KAPITEL 4.2). Dies konnte sich auf das Einbringen der Ernte in den Herrenhof beziehen, verwies mitunter aber auch auf regelrechte Transportstafetten, mit deren Hilfe z. B. Wein von einem Ende der Grundherrschaft zur anderen oder zum Verkauf in der Stadt gelangen konnte.

Handel

Handel und Mobilität gehören aufs Engste zusammen. Nicht von ungefähr entstanden zahlreiche Städte an stark frequentierten Handelswegen; genauso wenig ist es ein Zufall, dass die Könige die Fernkaufleute häufig mit Zollprivilegien ausstatteten. Sie sollten ungehemmt und unbelastet von unterwegs immer wieder neu zu entrichtenden Abgaben mit ihren Waren durchs Land reisen können. Ohne Kaufleute, die zu Land und zu Wasser unterwegs waren, ist der Austausch von Gütern in dieser Epoche nicht denkbar, ganz gleich, ob es sich um norwegischen Stockfisch für Lübeck, Pelze aus Nowgorod für Augsburg oder auch nur den Wein der Zisterzienserabtei Eberbach im Rheingau handelte, der zur Vermarktung in den Stadthof des Klosters nach Köln geschafft werden musste. Wie sehr man dabei mit den Reisen und mit festen Reisezeiten kalkulierte, offenbaren Messesysteme, wie sie im Hochmittelalter unter anderem in der Champagne entstanden. Mehrere wichtige Markttermine an unterschiedlichen Orten wurden so aufeinander abgestimmt, dass die Kaufleute sie in einer festgelegten Folge besuchen konnten.

Krieg

Unterwegs war man natürlich auch im Krieg, den man seit jeher nur notgedrungen vor der eigenen Haustür führte. Erfolgreiche Unternehmen zeichneten sich gerade dadurch aus, dass Beute in entfernten Gebieten gemacht wurde.

Reisekönigtum

Anders gelagert waren die Gründe, welche die europäischen Monarchen vor allem im frühen und hohen Mittelalter dazu drängten, ihre Herrschaft nicht von einer festen Residenz aus, sondern meist aus dem Sattel heraus wahrzunehmen. Einerseits schufen Unterbringung und Verpflegung des reisenden Hofes logistische Probleme, die an einem Ort nur mit größter Mühe für einen längeren Zeitraum zu lösen waren. Vor allem jedoch spürten die Herrscher die Notwendigkeit, ihren Vasallen von Angesicht zu Angesicht gegenüberzutreten, um die persönlichen Bindungen immer wieder zu bekräftigen oder neu anzuknüpfen. Auch bot sich nur im Rahmen solch direkter Kommunikation die Gelegenheit, das eigene Ansehen und die eigene Autorität durch feierliche Inszenierungen wie Hoftage und Festkrönungen sichtbar zu machen (→ KAPITEL 7.2, 7.3). Betrachtet man allein die Daten und schnell wechselnden Ausstellungsorte ihrer Urkunden, so scheint es geradezu, als hätten die Könige das Unterwegssein zum Prinzip erhoben.

Gesandtschaften

Oft ließ man andere für sich reisen. Der Verkehr von Boten und Gesandtschaften zwischen einzelnen Reichen ist schon im frühen Mittelalter bezeugt und führte punktuell über die Grenzen des eigenen Kulturkreises hinaus, wie die diplomatischen Missionen zwischen den Höfen Karls des Großen und Haruns ar-Raschid in Bagdad belegen oder auch die Brautwerbungen westlicher Herrscher am Hofe der oströmischen Kaiser in Konstantinopel. Gerade im Hochadel waren Eheschließung und Mobilität praktisch untrennbar. Für viele Frauen bedeutete die Hochzeit den Aufbruch in eine fremde Welt, dem unterschiedlich erfolgreiche Prozesse der persönlichen Integration folgten. Theophanu (ca. 955–991), die Gattin Kaiser Ottos II., etwa hat das Römisch-Deutsche Reich am Ende des 10. Jahrhunderts im Sinne ihrer byzantinischen Herkunft nicht nur auf dem Feld der Kultur mitgeprägt.

Eheschließung

Leichenzug

Das skurrilste Szenarium des Reisens im Mittelalter dürften die Leichenzüge gewesen sein. Als Kaiser Otto III. am 24. Januar 1002 nach kurzer Krankheit im italienischen Paterno starb, wurde er nicht am Ort bestattet. Das Heer führte seine sterblichen Überreste zurück ins Reich. Über die Alpen und mit Station in Augsburg, das die Eingeweide des Kaisers aufnahm, gelangte der Zug nach Aachen, wo Otto schließlich in der Kirche Karls des Großen seine letzte Ruhe fand. Kaiser Friedrich Barbarossa, der 1190 auf dem Weg ins Heilige Land verstarb, wurde teilweise in der Kathedrale von Antiochia bestattet. Seine Gebeine, die wohl in Jerusalem beigesetzt werden sollten, sind verschollen. Auch der französische König Ludwig IX. ließ sein Leben 1270 auf dem Kreuzzug. Sein Körper wurde unter großer Anteilnahme von Tunis aus in die Heimat verschifft und später in St-Denis, der Grablege der französischen Könige, beigesetzt. Solch aufwendige Rückführungen in die Heimat waren nicht die Regel. Der einfache Reisende wurde am Ort bestattet. Nicht wenige Jerusalempilger starben während der Schiffsreise und blieben für immer auf See.

Entdeckungsreisen

Mobilität war im Mittelalter eine allgegenwärtige Notwendigkeit, doch waren auch Reisen aus freien Stücken möglich. Vor allem im späteren Mittelalter öffnete sich das Feld der Entdeckungsreisen. Sie mussten nicht immer an die Küsten ferner Kontinente führen wie bei Christoph Kolumbus, zu entdecken gab es auch in der näheren Umgebung manches. Einige Humanisten lassen uns im 14. und 15. Jahrhundert an ihrem neugierigen Umherschweifen teilhaben, bei denen die Betrachtung der Menschen und der fremden Umwelt einen wichtigen Platz einnahm. Detailliert berichtete Petrarca von der Besteigung des Mont Ventoux in Südfrankreich, schildert Gianfrancesco Poggio Bracciolini 1416 dem in Florenz gebliebenen Niccolò Niccoli seine Eindrücke beim Besuch des Schwimmbads in Baden im Aargau (Mout 1998, S. 247–253). Reisen und Schauen gehörten schon immer zusammen, nun aber wurde die Studienreise zum Typus – auch weil man lernte, kunstgerecht darüber zu schreiben.

13.2 *Peregrinatio* – erwünschtes Fremdsein

Es fällt schwer, jeweils die Motive zu scheiden, die einer Reise zugrunde lagen. In ganz unterschiedlichen Zusammenhängen wurden die Strapazen des Unterwegsseins jedoch angenommen, weil ihnen ein Nutzen zuerkannt wurde, dessen Dimensionen über die Notwendigkeit des Augenblicks hinausreichten. Am besten zu fassen sind diese Motive im Bereich der Pilgerreisen, die man unternahm, um das eigene Seelenheil zu befördern oder Sühne für einen begangenen Fehltritt zu erlangen. Diese Pilgerreisen werden im Lateinischen mit dem Wort *peregrinatio* bezeichnet. Damit ist zugleich der Pilger, der *peregrinus*, gemäß der Wortbedeutung im engeren Sinne ein Fremder. Dies kennzeichnet den Reisenden überhaupt, der sich aus seinem gewohnten Lebensumfeld in eine Welt hinaus begab, in der er ohne seine heimatlichen sozialen Kontakte auskommen musste.

Peregrinatio

Pilgerreisen

Pilgerreisen durchziehen die gesamte Epoche, erfassten alle Bevölkerungsschichten und fanden in den herausragenden Stätten der Christenheit ihre bevorzugten Ziele. Neben Jerusalem und dem Heiligen Land gewann im Frühmittelalter Rom enorm an Bedeutung, wo es die Häupter der Apostel Petrus und Paulus zu verehren galt. Im 11. Jahrhundert stieg das im nördlichen Spanien gelegene Santiago de Compostela mit den Reliquien des Apostels Jakobus des Älteren in der Gunst der Pilger rasch empor (→ ABBILDUNG 24). Nicht übersehen werden darf jedoch, dass neben diesen prominenten Fernzielen ein engmaschiges Netz regionaler und überregionaler Wallfahrten den Kontinent umspannte. Deren Ziel waren oft Orte, an denen Reliquien verwahrt wurden, von deren Besuch man sich Linderung der Krankheiten erhoffte. Einen weiteren wichtigen Anreiz, solche Wallfahrten zu unternehmen, bot seit dem hohen Mittelalter der Ablass, der Nachlass von Buß- und Sündenstrafen, den man für den Besuch bestimmter Kirchen erlangen konnte. Die höchste Stufe dieses Nachlasses war der vollkommene Ablass, der erstmals 1300 anlässlich des

Ablass

ersten Heiligen Jahres allen Besuchern der römischen Hauptkirchen gewährt wurde. Er hat Rom als Reiseziel nochmals aufgewertet. Die Pilgerführer des späten Mittelalters führten die Kirchen am Wegesrand mit ihren jeweiligen Reliquien und Ablässen akribisch auf, damit den Reisenden keine Gelegenheit entging, bereits unterwegs möglichst viele Bonuspunkte für den Sündenerlass zu sammeln.

Pilgerführer

Ausrüstung

Weitgereiste Pilger halfen anderen mit ihren teils mündlich, teils schriftlich weitergegebenen Erfahrungsberichten, auch die praktischen Hürden der weiten Reise zu überwinden. So beschrieb Bernhard von Breidenbach 1483 unter anderem, wie man sich in Venedig mit den nötigen Utensilien für die Seereise nach Süden ausrüstete. Die richtige Medizin spielte dabei vor allem für die Menschen aus dem Norden eine wesentliche Rolle. Zunächst aber galt es, einen geeigneten Schiffsführer zu finden und mit ihm einen Vertrag über die Seereise zu schließen. Breidenbach nennt zuverlässige Patrone und Halunken, vor denen sich die Pilger in Acht nehmen sollten. Ratschläge für die Größe des Lagers auf dem Schiff und den besten Platz mit guter Lüftung werden erteilt. Auch solle man darauf achten, dass der Schiffsführer in Palästina auf die Pilger warte, bis diese aus dem Landesinneren wieder zum Schiff zurückkehrten. Vieles galt es zu besorgen, nicht zuletzt die richtige Kleidung: Mit vier Hemden aus Leinen, die man in Venedig preiswert einkaufen könne, sei der Weg nach Jerusalem und wieder zurück zu bewältigen. Eine Strohmatte, zwei Kissen, eine Kiste, in der man die Sachen verstauen und auf der man liegen könne, und eine Anzahl von Schweißtüchern wegen der Hitze im Schiff gehörten ebenfalls zur Ausrüstung. Wollene Hosen seien im Heiligen Land ungeeignet, ein dunkler Mantel mit Kapuze leiste dagegen gute Dienste gegen Abendkühle und Morgentau (Breidenbach, *Reiseinstruction,* S. 127–133).

Fremdheit

Solche aus der eigenen Erfahrung schöpfende Instruktionen und Pilgerführer waren in vielerlei Hinsicht nützlich. Sie führen aber auch die Fremdheit und das Ausgeliefertsein vor Augen, die stetige Begleiter der Fernreisenden waren. Vor diesem Hintergrund ist zu verstehen, dass die aus Palästina heimkehrenden deutschen Pilger tiefe Erleichterung empfanden, wenn sie nach strapaziöser und gefährlicher Reise die St. Georgs-Herberge in Venedig erreichten, in der gemäß dem Reisetagebuch des Felix Fabri alles durch und durch deutsch war: Wirt und Wirtin, Knechte und Mägde, Sprache und Essen. Und sogar der Herbergshund wusste, wie sein Schwanzwedeln verriet, genau zwischen Menschen aus dem Römisch-Deutschen Reich und all den Fremden zu unterscheiden.

Die bewusst in Kauf genommene Fremdheit beschränkte sich nicht auf den Kontext der Pilgerreisen. Vielmehr diente die *peregrinatio* als Modell für typische Reisemuster unterschiedlicher gesellschaftlicher Gruppen. Begrifflich hat sich dies in der *peregrinatio academica* verfestigt, der oft lange währenden Abwesenheit von der Heimat, in deren Verlauf die Studenten ihre Ausbildung an Schulen und Universitäten erwarben. Der wandernde Scholar, der aus Wissbegierde (lateinisch *amor scientiae*) durch die Lande zog, gehört seit dem Scholarenprivileg Friedrich Barbarossas von 1155 (→ KAPITEL 11.1) fest zum Bild der mittelalterlichen Universität – oder besser zu deren Mythos. Denn nur 10 bis 20 % der Studenten wechselten im Lauf ihrer Ausbildung den Studienort, bestenfalls 2 bis 5 % kannten mehrere Universitäten von innen. Die Reisetätigkeit endete also bei den meisten Studenten mit der Ankunft an der Universität. Vor der großen Gründungswelle der Universitäten im 15. Jahrhundert war freilich mitunter eine enorme Wegstrecke zurückzulegen, ehe man überhaupt eine Hohe Schule erreichte. Die *peregrinatio academica* scheint insgesamt jedoch weniger dem rastlosen Bildungserwerb gedient zu haben als dem Knüpfen sozialer Netze, von denen man sich eine Förderung der eigenen Karriere versprach.

Peregrinatio academica

Verbreitet war im späten Mittelalter die Wanderung der Handwerksgesellen. Noch stand der Entschluss zu wandern genauso wie die Dauer des Unterwegsseins im Belieben des einzelnen Gesellen. Erst nach der Mitte des 16. Jahrhunderts wurde die Gesellenwanderung in vielen Zünften verpflichtend eingeführt und später durch Festlegungen über die Zahl der Wanderjahre ergänzt (Wesoly 1985, S. 263–267, 405f.). Handwerksspezialisten reisten während des gesamten Mittelalters im internationalen Maßstab von Großbaustelle zu Großbaustelle, wo ihre Fertigkeiten über die Maßen geschätzt wurden. Baumeister empfingen auf Reisen Anregungen für die eigene Arbeit. So ließ Abt Suger von St-Denis für den Neubau seiner Abteikirche 1144 eigens Architekturskizzen der Hagia Sophia in Konstantinopel beschaffen. Die rund ein Jahrhundert später erbaute Ste-Chapelle, die königliche Palastkapelle in Paris, dürfte in Teilen der Golgatha-Kapelle in Jerusalem nachgebildet sein. Der Transfer durch Kenntnisnahme ferner Vorbilder ist keineswegs ungewöhnlich (Müller 1997).

Gesellenwanderung

Kaufleute und Adlige schickten ebenfalls ihren Nachwuchs zur Ausbildung in die Ferne. Die Kavalierstour (französisch *grand tour*) als umfassende Bildungsreise adliger Sprösslinge durch Europa ist jedoch hauptsächlich ein Phänomen der Frühen Neuzeit. Die Kreuzzüge ins Heilige Land und die sogenannten Preußenreisen, zu denen

Kavalierstour

sich zwischen 1328 und 1413 der gesamte europäische Adel jedweden Ranges zusammenfand, um an der Seite des Deutschen Ordens gegen die heidnischen Litauer zu kämpfen, boten freilich ein Feld ambulanten Lernens. Militärische Fähigkeiten und ritterliche Kultur wurden dabei in der Fremde eingeübt.

13.3 Soziale Mobilität

Standesdenken prägte die Gesellschaft des Mittelalters. Nicht ökonomische Kriterien bestimmten primär den Rang einer Person, sondern seine Herkunft aus und Einbettung in sorgfältig gegeneinander abgegrenzte Sphären. Anders als der Begriff der Schicht, der sich an der wirtschaftlichen Leistungsfähigkeit orientiert, ist „Stand" rechtlich bezogen. Jedem Stand der Gesellschaft eigneten spezifische Vorrechte, die sich schon in der Kleidung äußern konnten. Das bunte, feine Tuch der Vornehmen zu tragen, war den Bauern verboten; ihre Kleidung war grob und grau. Diese Bindung des gesellschaftlichen Ranges an die Kategorie des Rechts erschwerte soziale Mobilität grundsätzlich, weil sie bestehende Ordnungen durchbrechen musste. Reichtum allein vermochte den sozialen Aufstieg vom Bürger zum Adligen nicht zu bewerkstelligen.

Stand und Schicht

Dennoch war soziale Mobilität möglich. Zwei Phänomene sollen dies veranschaulichen: die Flucht aus den Abhängigkeiten der ländlichen Grundherrschaft in die Stadt und die gesellschaftliche Gruppe der Ministerialen, die es im Laufe des hohen Mittelalters vermochte, aus dem Status der Unfreiheit in den niederen Adel aufzusteigen.

„Stadtluft macht frei"

„Stadtluft macht frei" lautet eine immer wieder gern zitierte, mittlerweile aber äußerst skeptisch beurteilte Formel, mit deren Hilfe die Anziehungskraft erklärt werden soll, welche die hochmittelalterlichen Städte auf die Menschen im Umland ausübten. Im 12. und 13. Jahrhundert wanderten zahlreiche Bauern und Handwerker vom Land in benachbarte Städte ab. Sie erhofften dort eine Verbesserung ihrer wirtschaftlichen Situation und ihrer persönlichen Rechtsposition, denn viele von ihnen standen mit geminderten Freiheitsrechten in der Gebotsgewalt eines Grundherrn (→ KAPITEL 4.2). Die Flucht in die Stadt widerstrebte den Interessen der Grundherren, die sich bemühten, die Abwanderung zu unterbinden. Rechtliche Regelungen mussten getroffen werden, ab wann Flüchtige nicht mehr behelligt werden durften. Der Zeitraum von Jahr und Tag findet sich in einem Privileg des Bischofs von Münster für seine Stadt Haltern von 1289. Wer innerhalb dieser Frist nicht von seinem ehemaligen Herrn zurückgefordert wurde, kam in den Genuss der städtischen Freiheiten. Die Realität hielt freilich mit dem Anspruch der Rechtsregel nicht immer Schritt.

„Jahr und Tag" ist ebenfalls kaum wörtlich zu nehmen. Hinter der Formel verbargen sich je nach Stadt ganz unterschiedliche Zeiträume. Und so darf auch der Ausdruck „Stadtluft macht frei", der eine Schöpfung der modernen Forschung ist, nicht als Automatismus missverstanden werden. Zwischen persönlicher Unfreiheit und der Freiheit des Stadtbürgers existierte eine abgestufte Skala von Status-Möglichkeiten, in denen sich ein Landflüchtiger wiederfinden konnte. Deutlich erkennbar aber ist die Attraktivität des Lebensraums Stadt für die Menschen des Umlandes. Die Städte haben den Zuzug teilweise durch großzügige Gewährung des Bürgerrechts oder durch Zulassung zum Gewerbe begünstigt. Migration und soziale Mobilität wurden dadurch auch gegen überkommene Rechtsnormen gefördert (Engel 1993, S. 262–265).

Städte förderten die Landflucht

Ministerialen

Ein weiteres Beispiel sozialen Aufstiegs sind die Ministerialen. Die Quellen bezeichnen sie lateinisch als *servientes* – „Diener"; viele von ihnen waren persönlich unfrei. Im Dienst der salischen und staufischen Könige erfüllten sie im 11. und 12. Jahrhundert ein breites Aufgabenspektrum, das keineswegs nur niedere Dienste umfasste: als Verwalter großer Grundbesitzungen, als Aufseher der Einnahmen oder als Spezialisten im Kriegsdienst. Ministerialen boten sich Königen und Fürsten als Bedienstete in verantwortungsvoller Position deshalb an, weil sie nicht mit den konkurrierenden adligen Familien verwandtschaftlich verbunden waren. Auch konnten die ihnen übertragenen Ämter und die damit verbundenen Rechte zunächst jederzeit wieder eingezogen werden. In bewusst anachronistischer Weise könnte man die Ministerialen als Vorläufer der Beamten bezeichnen, die Loyalität in erster Linie ihrem Dienstherrn schulden. Der Einsatz von Ministerialen war also eine Alternative zur Vergabe von Besitzungen, Rechten und Aufgaben an adlige Untertanen.

Aufstieg einer ganzen Gruppe

Besonders die Ministerialen in herausgehobenen Stellungen näherten sich im Hinblick auf ihren Einfluss und in den Formen ihres Lebensstils unaufhaltsam den Adligen an. Es gelang ihnen am Ende eines langen Weges, den Aufstieg von der Dienstbarkeit zum territorialen Adel sozial und rechtlich zu vollziehen. Mindestens genauso groß war die Amplitude, die sie auf demselben Weg von der persönlichen Unfreiheit zur Freiheit hinter sich brachten. Sie blieben nicht als Diener innerhalb der königlichen oder fürstlichen Hausgemeinschaft, sondern griffen über diesen Rahmen weit hinaus, indem sie selbst Lehen von anderen Fürsten erhielten. Dabei vollzog sich dieser Aufstieg nicht nur individuell. Vielmehr gelang es einer ganzen gesellschaftlichen Gruppe, die Grenzen ihres Daseins in erheblichem Maße hinauszuschieben.

Wie attraktiv die Position des Ministerialen sein konnte, zeigt die Tatsache, dass auch Adlige in die Ministerialität eintraten, um in den Genuss attraktiver Amtslehen zu kommen. Als Sammelbecken für diese Aufwärts- und Abwärtsbewegungen fungierte das Rittertum. Es bezeichnete eine neue kulturelle und soziale Norm (→ KAPITEL 10.2), die sich im hohen Mittelalter herausbildete und von Adligen wie Ministerialen gleichermaßen übernommen wurde. Die Fokussierung auf bestimmte Tugenden und Verhaltensweisen, auf gesellschaftliche Attribute und deren Zurschaustellung näherte Adel und Ministerialen zusehends an, bis die Unterschiede weitgehend verschwammen. „Ritter" meinte nun nicht mehr den Berufskrieger im engeren Sinne, beschrieb vielmehr einen Stand, der seine Mitglieder aus ganz unterschiedlichen sozialen Gruppen sammelte – aus Ministerialen, niederem und hohem Adel – und der sein Profil in Abgrenzung von Bauern und Bürgern erhielt.

Rittertum als Sammelbecken

Die Entwicklung blieb nicht ohne Folgen für die soziale Zuordnung der Ministerialen. Sie wurden zwar im 12. Jahrhundert bereits als *nobiles* (lateinisch „Adlige") bezeichnet, aber sie blieben zunächst unfrei. Erst in der Mitte des 13. Jahrhunderts fiel diese Schranke. Erst jetzt konnten die Ministerialen auch rechtlich in den Adelsstand aufsteigen oder zu freien Stadtbürgern werden. Die Bezeichnung Ministeriale wurde somit überflüssig; sie verschwindet um 1300 aus den Quellen.

Persönliche Freiheit

Die Ministerialen sind vielleicht die sozialen Aufsteiger des Mittelalters schlechthin. In jedem Fall lässt sich an der Entwicklung dieser Gruppe erkennen, dass trotz der Neigung der mittelalterlichen Gesellschaft, an traditionellen Ordnungsmustern festzuhalten, sozialer Aufstieg als Folge qualifizierter Tätigkeit möglich war.

Fragen und Anregungen

- Stellen Sie mögliche Reiseanlässe zusammen und versuchen Sie, diese systematisch zu ordnen!
- Welche sozialen Unterschiede können Sie in den Anlässen und Praktiken des Reisens ausmachen?

- Erläutern Sie den Sinn der Formel „Stadtluft macht frei" und versuchen Sie die Position der heutigen Forschung dazu herauszufinden!
- Versuchen Sie, die Möglichkeiten des sozialen Aufstiegs im Mittelalter, wie er an den Ministerialen dargestellt wurde, mit sozialer Mobilität in der Gegenwart, ihren Bedingungen und Mechanismen zu vergleichen!

Lektüreempfehlungen

Quellen

- **Felix Fabri: Galeere und Karawane. Pilgerreise ins Heilige Land, zum Sinai und nach Ägypten 1483**, bearbeitet und mit einem Nachwort versehen v. Herbert Wiegandt, Stuttgart 1996. *Überaus detailliertes, mitunter amüsantes Quellenzeugnis zum Alltag und zu den Besonderheiten der damals populären Wallfahrten sowie zur Wahrnehmung der durchquerten Landstriche. Die deutsche Fassung gibt den lateinischen Originaltext nur unvollständig wieder.*
- **Klaus Herbers / Robert Plötz (Hg.): Nach Santiago zogen sie. Berichte von Pilgerfahrten ans „Ende der Welt"**, München 1996. *Quellenauswahl zur Wallfahrt zum Grab des Apostels Jakobus, die Reisepraxis und Fremdheitseindrücke lebendig werden lässt.*
- **Folker Reichert (Hg.): Quellen zur Geschichte des Reisens im Spätmittelalter**, Darmstadt 2008. *Lateinisch-deutsche Textsammlung, die verschiedene Anlässe, Formen, Ziele und Personengruppen anhand exemplarischer Quellen vorstellt.*
- **Wilhelm Tzewers: Itinerarius terre sancte**, ediert, übersetzt und kommentiert v. Gritje Hartmann, Wiesbaden 2004. *Derzeit beste und umfassendste Ausgabe eines spätmittelalterlichen Berichts von der Reise ins Heilige Land, in der Originaltext, Übersetzung und Kommentar gekoppelt sind.*

Forschung

- **Irene Erfen / Karl-Heinz Spieß (Hg.): Fremdheit und Reisen im Mittelalter**, Stuttgart 1997. *Sammelband, in dem die Akzente auf den kulturellen Dimensionen der Wahrnehmung und des Austauschs zwischen Reisenden und ihrer Umwelt liegen.*

- **Xenja von Ertzdorff / Dieter Neukirch: Reisen und Reiseliteratur im Mittelalter und in der Frühen Neuzeit**, Amsterdam 1992. *Epochenübergreifender Sammelband mit wichtigen Beiträgen zur Reisepraxis und zur Verarbeitung der Reiseerfahrungen.*
- **Arnold Esch: Anschauung und Begriff. Die Bewältigung fremder Wirklichkeit durch den Vergleich in Reiseberichten des späten Mittelalters**, in: Historische Zeitschrift 253, 1991, S. 281–312. *Grundlegende Beobachtungen zu den Fähigkeiten und Techniken der mittelalterlichen Reisenden, Fremdes und Ungesehenes zu beschreiben.*
- **Jan Ulrich Keupp: Dienst und Verdienst. Die Ministerialen Friedrich Barbarossas und Heinrichs VI.**, Stuttgart 2002. *Aktuelle Studie zum Phänomen der königlichen Ministerialen im 12. Jahrhundert, in der die gesamte Forschungsdiskussion verarbeitet ist.*
- **Norbert Ohler: Reisen im Mittelalter**, Zürich 1986, Taschenbuchausgabe 1999, 4. Auflage Darmstadt 2004. *Bestseller zum Thema, der eine Fülle von grundsätzlichen Beobachtungen beschreibend ausbreitet und mit Quellen illustriert.*
- **Folker Reichert: Erfahrung der Welt. Reisen und Kulturbegegnung im späten Mittelalter**, Stuttgart 2001. *Schildert intensiv das Reisen als kulturelles Grundmuster Europas. Dabei sprengt der Verfasser den geografischen Rahmen des Kontinents und öffnet den Blick weit nach Osten.*

14 Selbst-Bewusstsein des mittelalterlichen Menschen

Abbildung 26: Die Künstlerin Marcia bei der Arbeit an einem Selbstporträt (um 1450)

Die Malerin Marcia porträtiert sich selbst. Kaum gelungener kann man das Thema ‚Selbstporträt' wohl darbieten als in dieser Miniatur aus einer französischen Fassung des Buches von Giovanni Boccaccio (1313–75) über die berühmten Frauen (De claris mulieribus). *In Anlehnung an eine Beschreibung in der* Naturkunde *Plinius' des Jüngeren (✝ 115) hilft in dieser Illustration ein Handspiegel, das eigene Porträt so naturgetreu wie möglich zu gestalten. Das Bild ist auch über die Malerei hinaus von hoher Aussagekraft, denn zum Erkennen des eigenen Ichs bedarf es stets eines Spiegels, der Wahrnehmung mit anderen Augen, der Konfrontation mit einer anderen Perspektive.*

Lange Zeit ist dem mittelalterlichen Menschen die Individualität abgesprochen worden. Der Historiker Jacob Burckhardt feierte 1860 die *Cultur der Renaissance in Italien* als das Lüften des Schleiers, der den mittelalterlichen Menschen am klaren Blick auf seine Umwelt und auf sich selbst gehindert hatte. Die Entdeckung des Individuums und der Welt wurde von nun an zum Paradigma der Moderne, das Mittelalter gleichzeitig zu deren grauer Vorzeit degradiert. Seitdem streitet die Forschung, ob und von welchem Zeitpunkt an Äußerungen der Individualität in der Geschichte des Mittelalters festgestellt werden können. Die Grenze wird beständig durch die Jahrhunderte vor- und zurückgeschoben, eine definitive Antwort steht aus. Um dem delikaten Phänomen der Selbstwahrnehmung und Selbstäußerung im Mittelalter auf die Spur zu kommen, wird zunächst der Gedanke des Reisens aufgenommen und unter dem Aspekt der Konfrontation mit dem Fremden verfolgt, die auch die Wahrnehmung des Eigenen veränderte. Danach ist die Frage nach Anzeichen von Individualität im Mittelalter und deren Bewertung durch die Forscher zu stellen. Zuletzt schließlich sollen Quellengattungen im Mittelpunkt stehen, die bewusst, wenn auch in unterschiedlicher Intensität, auf die eigene Person hinweisen oder die eigene Persönlichkeit eingehend reflektieren.

14.1 Konfrontation mit dem Fremden

Die Menschen des Mittelalters haben ihre Wahrnehmungsgrenzen immer weiter hinausgeschoben. Die Konfrontation mit dem Fremden konnte zwar schon vor der eigenen Haustür beginnen, starke Impulse waren jedoch erst vom Blick über den Horizont des gemeinhin Üblichen zu erwarten. Fernreisen überwanden die geografischen Barrieren der christlichen Welt schon früh. Kontakte zu muslimischen Herrschern im Frühmittelalter fanden ihre Fortsetzung in Handelsbeziehungen und Pilgerreisen, in Kreuzzügen und diplomatischen Missionen, deren Radius sich im Hochmittelalter noch einmal deutlich in Richtung Osten erweiterte. Das 13. Jahrhundert präsentiert sich hier als Schlüsselzeit. Kaufmännisch motivierte Kundschaftsreisen, in deren Verlauf oberitalienische Händler es bis nach China schafften, fanden in der Reise des Venezianers Marco Polo (1254 – um 1324) ihren markantesten Niederschlag. Auch Kirche und Könige waren längst neugierig geworden auf den fernen Osten und entsandten ihre Kundschafter. Die Franziskaner Johannes von Plano Carpini († 1252) und Wilhelm Rubruk († 1270) brachten bereits um die Mitte des Jahrhunderts ihrem päpstlichen Auftraggeber Innozenz IV. *Kunde von den Mongolen*, so der Titel der Aufzeichnungen Carpinis. Reisen nach China und Indien, im 15. Jahrhundert dann im Auftrag des Portugiesen Heinrich des Seefahrers (1394–1460) entlang der Westküste Afrikas und schließlich mit Kolumbus zum Kontinent Amerika haben nicht nur die reale mittelalterliche Welt geografisch erweitert, sondern das traditionelle Weltbild (→ KAPITEL 2.1) verändert, blieb es auch auf das christliche Europa zentriert.

Entdeckungsreisen

Zu Beginn des 15. Jahrhunderts hatte man längst wahrgenommen, dass auch jenseits des christlichen Erdkreises Platz für eine stattliche Zahl von Völkern war. Ulrich von Richental, der detailliert über den Verlauf des Konstanzer Konzils (1414–18) berichtet, zählt eine ganze Reihe davon auf. Die Königreiche der Araber, der Meder, der Perser, zweierlei Indien, von denen eines der sagenhafte Priesterkönig Johannes regierte, die Königreiche Äthiopien, Ägypten, Ninive und das Land der Tataren. Bemerkenswert ist an dieser Liste, dass nicht mehr Fabelwesen am Rande der Erde verzeichnet werden, sondern ein Kosmos realer und zumindest in Ansätzen bekannter Reiche. Der Fremdartigkeit der Menschen in der Ferne war man sich dabei bewusst (Schmieder 1994, S. 323–327). Der Bericht des Johannes von Plano Carpini aus der Mongolei beschreibt ganz systematisch ihre Physiognomie und Lebensumstände:

Fremde Völker im Erdkreis

> „Ihr Aussehen ist ganz anders als das aller anderen Menschen. Augen nämlich und Wangen stehen bei ihnen weiter auseinander als bei anderen Menschen; auch treten die Wangen seitlich gegenüber dem Kinn deutlich hervor. Sie haben eine flache, kleine Nase, kleine Augen und bis zu den Augenbrauen empor gezogene Augenlider. [...] Oben auf dem Kopf haben sie am Scheitel Tonsuren nach Klerikerart, und von einem Ohr zum anderen rasieren sie sich alle einen drei Finger breiten Streifen aus, der mit der zuvor genannten Tonsur verbunden ist. [...] Frauen hat jeder, so viele er ernähren kann, der eine hundert, ein anderer fünfzig, wieder ein anderer zehn, einer mehr und einer weniger. Und sie heiraten grundsätzlich in allen Verwandtschaftsgraden, außer Mutter, Tochter oder Schwester von derselben Mutter, dagegen aber Schwestern, mit denen sie nur den Vater gemeinsam haben“ (Plano Carpini, *Kunde*, S. 43).

Eigenes und Fremdes

Der Textauszug lässt die Unterschiede zwischen christlichen Europäern und Mongolen in Aussehen und elementaren Regeln des Zusammenlebens deutlich hervortreten (→ ABBILDUNG 27). Im Spiegel dieser Beobachtungen mussten auch die Konturen der eigenen Kultur schärfer hervortreten, musste das Eigene durch das Fremde an Profil ge-

Abbildung 27: Sebastian Münster: *Cosmographei, Velletri-Karte.* Detail: Tataren mit ihren Tieren (1550)

winnen. Doch erklärt die Beobachtung eines Einzelnen noch wenig, und in den fernen Osten schafften es auch Jahrhunderte später nur wenige. Die Reiseliteratur fand jedoch gerade wegen ihrer exotischen Inhalte starke Verbreitung, zunächst auf mündlichen Wegen, später durch den Buchdruck.

Palästinareisen

Anders standen die Dinge in Palästina, das sich im 15. Jahrhundert zu einem stark frequentierten Ziel von Pilger- und Bildungsreisen entwickelte. Hier gab es mehr zu bestaunen als die heiligen Stätten, längst nicht alle Pilger legten den Weg demütig gesenkten Hauptes zurück. Der Reisebericht des Felix Fabri lässt an Offenheit für fremde Eindrücke wenig zu wünschen übrig. Gleichzeitig vermittelt er den Blick eines Schwaben auf die staunenswerte fremde Welt. Über einen Abstecher nach Kairo im Jahre 1483 weiß er unter anderem von Heiden zu berichten, die aus Mitleid mit ihren christlichen Gefangenen diese dreimal aus dem Gefängnis zum Betteln führen, dessen Ertrag die Unglücklichen behalten durften. Er schildert den Sklavenmarkt und die Pyramiden, wobei er die These verwirft, diese seien die biblischen Kornspeicher Josephs, denn in den Pyramiden sei nur ein winziger Hohlraum, in dem gerade ein Mann stehen könne. Die Sphinx identifiziert er vorsichtig mit der Göttin Isis, in jedem Fall handele es sich um ein Götzenbild mit Frauengesicht. In Kairo begegnet Fabri auch den Mameluken, in denen er abtrünnige Christen sieht, die in Ägypten und Syrien mächtig geworden waren. Beinahe mitleidig erkennt er in ihnen nicht nur Schmach und Nachteil für die Christen, sondern auch eine Strafe für die Sarazenen. Seine Eindrücke dürfte er, oftmals sicherlich in weniger expliziter Form, mit vielen tausend Pilgern ins Heilige Land geteilt haben. Auf seiner Reise nach Palästina wurde Fabri zeitweilig vom Mainzer Domdekan Bernhard von Breidenbach († 1497) begleitet, dessen Bericht in zahlreichen Druckauflagen Verbreitung fand (→ KAPITEL 13.2).

Erweiterung des Erfahrungswissens

Die Konfrontation mit dem Fremden und die Erweiterung des Erfahrungswissens von der Welt erfuhren im Spätmittelalter eine immense Beschleunigung. Sie führte nicht nur zum Austausch mit anderen Kulturen in ökonomischer, technischer und kultureller Hinsicht, sie produzierte aus der Erfahrung der Unterschiedlichkeit heraus auch ein verstärktes Verständnis für geografische, politische und kulturelle Eigenständigkeit. Man staunte und man verglich, wenn auch selten unvoreingenommen. Auch erwachte das Bewusstsein, einer eigenen Epoche anzugehören. Die Humanisten propagierten zwar die Antike als Referenzkultur, an die sie sich so eng wie möglich anzulehnen suchten, gleichzeitig aber war ihnen völlig bewusst, dass es sich um eine abgeschlossene Zeiteinheit handelte. Nicht dem unmöglichen Anschluss galt ihr Bestreben, sondern der Befruchtung der eigenen Lebenszeit mit den Idealen und Errungenschaften der römischen und griechischen Vergangenheit.

Verfeinerung der Selbstwahrnehmung

So problematisch es ist, solche Eindrücke zu einem Gesamtbild zu verdichten oder gar als gesamtgesellschaftlichen Prozess zu unterstellen, so scheint es doch nicht gänzlich verfehlt, für das späte Mittelalter eine Verfeinerung der Selbstwahrnehmung vorauszusetzen, die infolge der intensiveren Begegnung und Auseinandersetzung mit dem Fremden vorangetrieben wurde.

14.2 Individualität im Mittelalter?

Der Platz, der dem Mittelalter in den gängigen Periodisierungsschemata üblicherweise zugewiesen wird, ist nur zu einem geringen Teil durch Zäsuren der Ereignisgeschichte oder durch die Pragmatik einer Geschichtswissenschaft begründet, die ihren Stoff in handhabbare Portionen zu zerlegen trachtet. Insbesondere die Frage der Epochenschwelle zwischen Mittelalter und Neuzeit wird in hohem Maße durch kulturelle Bewertungsmuster geprägt (→ KAPITEL 1.2). In dieser Hinsicht hat Jacob Burckhardt mit seinem Buch *Die Cultur der Renaissance in Italien* einen langen Schatten geworfen, indem er dem Mittelalter jede Form der Individualität absprach. Die mittelalterlichen Menschen hätten sich nicht als einzelne, sondern als Volk, Familie oder Angehörige anderer sozialer Gruppen wahrgenommen.

Renaissance als Schwelle …

Erst die Renaissance habe ihnen Selbstwahrnehmung und Individualität eingehaucht. Eine Stütze fand diese Überzeugung darin, dass sowohl in den mittelalterlichen Lebensbeschreibungen, den Viten, als auch in den bildlichen Darstellungen aus dieser Epoche die Menschen nicht als unverwechselbare Personen dargestellt wurden, sondern als Typen.

… oder das 12. Jahrhundert?

Burckhardts Sichtweise, die das Mittelalter von der aufgeklärten Moderne rigoros abtrennt, forderte Widerspruch heraus. Er kam verständlicherweise von den Mediävisten, die immer wieder mit Vehemenz Beispiele aus dem 12. Jahrhundert, einer der dynamischsten Phasen der gesamten Epoche, ins Feld führten (Morris 1972). Sie relativierten den Wert der Renaissance als Neuansatz, indem sie auf die breite hochmittelalterliche Rezeption der Antike verwiesen. „Renaissancen statt Renaissance" lautet seitdem ein Stichwort, das die kontinuierliche Auseinandersetzung mit antiker Kultur im Mittelalter betont. Auch die Rolle der Stadt als gedankliches Impulszentrum der Renaissance wurde unter Hinweis auf die Städtegründungen und die urbane Kultur des 12. Jahrhunderts gekontert. Breiten Raum nimmt heute die Diskussion um Individualität im Bereich der christlichen Religion ein. Als positive Indizien werden die Taufe des Einzelnen, die auf die Person zugeschnittene Heilserwartung und eine zum späten Mittelalter hin zunehmende Verinnerlichung des Glaubens gewertet (Melville / Schürer 2002). Nicht unumstritten zwischen den Lagern ist ferner die Frage, ob die im Hochmittelalter aufblühende Scholastik (→ KAPITEL 11.2) schon mit einer autonomen Erkenntnisfähigkeit des Menschen gleichzusetzen ist.

Diese divergierenden Sichtweisen mögen genügen, um die Schwierigkeit des extrem komplexen Themas anzudeuten, in dem religiöse, rechtliche und ideengeschichtliche Perspektiven miteinander verwoben sind. Grundsätzlich scheint es hilfreich zu unterscheiden zwischen Individualität, die den einzelnen Menschen im philosophischen und anthropologischen Sinne als erkennbare, unverwechselbare Einheit betrachtet, und Individualismus als Anspruch, diese Einzigartigkeit in der Gestaltung des Lebens zu zeigen.

Individualität – Individualismus

Zumindest innerhalb der Mediävistik hat sich seit einigen Jahrzehnten die Auffassung durchgesetzt, dass im Hinblick auf die Individualisierung entscheidende Fortschritte im Hochmittelalter erkennbar sind. Dieser Befund stützt sich wie alle Bemühungen, den Prozess der Individualisierung historisch zu fixieren, auf Quellenzeugnisse, in denen die eigene Person zum Thema gemacht und gegebenenfalls auch über sie nachgedacht wird. Sie sind im Spätmittelalter zumindest reicher überliefert als in den vorausgehenden Jahrhunderten. Auch im Hinblick auf die Qualität scheinen sich die früheren von den späteren Zeiten zu unterscheiden.

Briefe und Viten

In Früh- und Hochmittelalter wird generell eine größere Schematik beobachtet. Briefe, von denen der unvoreingenommene Betrachter am ehesten geneigt ist anzunehmen, dass sie persönliche Inhalte transportieren, folgen hauptsächlich einem Ideal antiker Stilistik. Sehr oft kombinieren sie sorgfältig eingeübte Redewendungen, Themen und Gedanken wie aus einem Baukasten zu einem Zeugnis der Kunstprosa. Auch zögert man, für das Mittelalter von Biografien zu sprechen, die den Anspruch erheben, die dargestellte Person als Persönlichkeit zu charakterisieren. Stattdessen schöpfen die mittelalterlichen Viten aus einem Fundus von Tugenden und Darstellungsmustern. Sie stellen ihre Helden, die anfangs ausschließlich der Sphäre der Heiligen zuzurechnen sind, als ideale Figuren vor, die trotz aller Herausforderungen

Musterhaftigkeit

am Ende alle wesentlichen Merkmale eines typischen Heiligen aufweisen. Man darf nicht vergessen, dass diese Texte dazu dienten, die Vorbildhaftigkeit der beschriebenen Personen herauszustellen und die Zuhörer zur Nachahmung anzuregen. Dieses Vorgehen wurde auch auf die zunächst spärlichen Lebensbeschreibungen weltlicher Personen übertragen. Wenn Einhard zu Beginn des 9. Jahrhunderts das Andenken an Karl den Großen mit einer ausführlichen Vita ehrt, seine Klugheit, Tatkraft und seinen Großmut herausstellt, so arbeitete er einen Tugendkatalog ab, der im Falle des Kaisers christliche Ideale mit dem Vorbild der antiken Kaiserviten Suetons († um 140) verband. Rückschlüsse auf den Charakter Karls des Großen sind aus der Darstellung nur unter größter Vorsicht zu gewinnen.

Ansätze der Selbstreflexion ...

Noch ferner lag dem Mittelalter die Autobiografie. Erst die gesteigerte Schriftlichkeit des Spätmittelalters gewährt dem modernen Betrachter nennenswerte Einblicke in private Zeugnisse. Bis zur sorgfältig gestalteten Beschreibung des eigenen Lebens ist es noch weit. Ansätze der Selbstreflexion finden sich aber in Briefen und Berichten, deren Überlieferung nun stark anschwillt. Meistens blitzen die kargen Belegstellen aus dem Strom des Alltäglichen hervor. So schrieb die Florentiner Witwe Alessandra Strozzi 1448 an ihre Söhne, die aus der Stadt verbannt worden waren, unter anderem:

> „Auch hier richtet die Pest großen Schaden an; täglich sterben vier bis fünf Menschen, und am 29. letzten Monats hieß es, es seien elf Leute an der Pest gestorben. Das ist für uns, die wir nicht die Möglichkeit haben zu fliehen, eine schlimme Sache. Möge es Gott zu unserem Besten wenden! Auch hat die Stadt ein kleines Haus Messer Pallas, das mit zwei Seiten an unseres stößt, an Niccoló d'Arnolfo Popoleschi verkauft. [...] nun hat der genannte Niccoló Popoleschi es wiederum an Donato Rucellai, den Bruder von Giovanni, verkauft; und der hat zu mir geschickt, ob ich auch meine Einwilligung zu diesem Hauskauf gebe. Denn ohne meine Zusage kann kein Kontrakt darüber abgeschlossen werden, da es außer mir keine weiteren Anlieger gibt" (Arnold 2003, S. 109f.).

Ausführlich trägt die Witwe ihrem Sohn das Problem vor und flicht Erwägungen zu ihrer eigenen Situation in Florenz ein. Auch wenn sie Unterstützung in der Familie sucht: Sie ist es, die überlegt, die handeln muss. Klarer noch zeigt sich das Nachdenken über sich selbst bei dem Palästina-Erfahrenen Felix Fabri:

> „Nach Beendigung meiner ersten Reise, die ich teilweise beschrieben habe, war ich zwar gesund nach Ulm zurückgekehrt und dem Anschein nach froh und heiter. In Wirklichkeit aber war ich im

> Sinn und Herzen traurig und bedrückt, denn mich erfüllte eine unstillbare Unruhe, sobald ich an eine zweite Reise und die Rückkehr nach Jerusalem dachte, wie ich beim Verlassen der Heiligen Stadt fest beschlossen hatte [...]. Oft, wenn ich, um mich aufzumuntern, meine Gedanken auf Jerusalem und die heiligen Stätten richtete und doch nur ein unklares Bild vor mir hatte, sprach ich voller Ärger zu mir selbst: ‚Ich bitte dich, hör auf, daran zu denken, du bildest dir nur ein, dort gewesen zu sein.' Daraus aber entstand eine brennende Sehnsucht, zurückzukehren und die Wirklichkeit zu erfahren" (Fabri, *Sionpilger*, S. 45).

Fabri beschreibt nicht nur seinen Seelenzustand, er tritt sogar in einen fiktiven Dialog mit sich selbst ein. Von einer Autobiografie im Sinne einer umfassenden Selbstthematisierung sind diese Splitter noch weit entfernt. Sie deuten nur schwach das enorme Spektrum der Zeugnisse an, die für die Frage nach Individualität kritisch zu bewerten wären. Es reicht von Namenszügen, die Pilger als Beweis ihrer Anwesenheit krakelig in Wände und Pfeiler von Wallfahrtskirchen ritzten, über Künstlersignaturen und den Brief mit persönlichem Inhalt bis zur Lebensbeschreibung aus eigener Feder.

... bleiben vereinzelt

14.3 Das Ich als Thema

Gemeinsam ist solchen Quellenzeugnissen, dass sie die eigene Person zumindest in rudimentärer Form thematisieren. Gemeinhin wird dies im Sinne Burckhardts als Selbstwahrnehmung gedeutet. Ihre Gestaltung und Aussagekraft variieren jedoch erheblich. Dies erschwert eine einheitliche Benennung ebenso wie die Tatsache, dass es sich um ganz unterschiedliche Quellengattungen handelt. Die Historiker, die sich diesem noch jungen Forschungsfeld zugewandt haben, verwenden für die disparate Gruppe von Zeugnissen, in der sich ein historisches Individuum selbst thematisiert, die Begriffe Selbstzeugnisse oder Ego-Dokumente, wobei die letzte Variante recht umfassend konzipiert ist.

Selbstzeugnisse und Ego-Dokumente

Wesentlich geprägt hat den Begriff des Ego-Dokuments Winfried Schulze, der darunter alle Dokumente verstehen möchte, die Ich-Aussagen enthalten, ganz gleich, ob diese Aussagen bewusst und freiwillig oder unbewusst und unfreiwillig gemacht und hinterlassen wurden. Damit erweiterte er die Gruppe der vor allem literarischen Selbstzeugnisse um Quellen wie Inquisitions- und Visitationsprotokolle oder sonstige Verhörmitschriften, in denen die betroffenen Individuen keine Möglichkeit hatten, ihre Aussagen literarisch selbst zu gestalten. Die Problematik dieses erweiterten Begriffes liegt in der methodischen Schwierigkeit, aus solchen Dokumenten Rückschlüsse auf die Persönlichkeit und das Gefühlsleben der Menschen zu ziehen. Die enger gefassten Selbstzeugnisse scheinen hier einen leichteren Zugang zu gewähren.

Reiz des Privaten

Der Reiz der Selbstzeugnisse als Quellen liegt in dem Gefühl der Nähe zum historischen Subjekt, das sie suggerieren. Das Fernweh des Dominikaners Felix Fabri oder die Angst der Alessandra Strozzi vor der Pest faszinieren durch Privates und Emotionales. Die Beschäftigung mit dem Mittelalter erhält eine menschliche Farbigkeit, wie sie Herrscherurkunden, frühmittelalterliche Urbare oder Stadtrechnungen nur höchst selten zu bieten vermögen. Es scheint, als trete der einzelne Mensch nun deutlich aus dem verwirrend fremden Ganzen der mittelalterlichen Geschichte heraus.

Neue Quellengattungen

Neu auftauchende Quellengattungen untermauern diesen Eindruck. In ihnen wird die Schilderung persönlicher Erlebnisse und der engeren Lebenswelt des Verfassers ins Zentrum gerückt. Frühe Formen von Tagebüchern, Familienbüchern, Autobiografien oder autobiografische Passagen in Chroniken nehmen im 15. Jahrhundert allmählich Gestalt an; die Städte erweisen sich auch in dieser Hinsicht als dynamische Orte. Der Befund quantitativer Zunahme solcher Ich-bezogener Texte bedeutet freilich noch nicht, dass automatisch auch eine vertiefte Auseinandersetzung mit dem Ich erfolgte. Im Vergleich mit der Autobiografik und den Tagebüchern des 18. Jahrhunderts wird in den spätmittelalterlichen Texten doch ein gerüttelt Maß an Schematik deutlich (Schlotheuber 2004). Die Menschen bewegten sich auch am Ende des Mittelalters teils noch tastend auf dem neuen Feld der Selbstthematisierung in literarischen Formen – aber sie bewegten sich!

Renaissance-Porträt

Die bildenden Künstler der Renaissance erscheinen auf diesem Sektor schon sicherer. In Skulptur und Malerei wandte sich im 15. Jahrhundert das Interesse entschieden dem Einzelnen zu; Porträt und Selbstporträt waren die Gegenstücke zu Biografie und Autobiografie. Die Nachbildung der individuellen Physiognomie des Dargestellten gewann schnell an Bedeutung gegenüber den typischen Attributen eines Amtes, die als Charakteristika zuvor im Zentrum standen. Es blieb unerlässlich, den porträtierten Menschen in seiner Funktion erkennbar zu machen: Krone und Zepter charakterisierten den Herrscher, Studierzimmer und Bücher verorteten das Gelehrtenporträt; doch trat das Individuelle immer stärker hervor. Die ‚eigene Nase‘ wurde wichtig. Dies galt umso mehr, je häufiger die abgebildeten Personen dem städtisch-bürgerlichen Milieu entstammten. Sie konnten, anders als etwa Fürsten, kaum eindeutig durch typische Attribute gekennzeichnet werden, waren aber auch dem Druck zur traditionellen, weil legitimierenden Darstellungsform in geringerem Maße ausgesetzt als diese.

Ob die Wiege dieser neuen Form des Porträts in Italien stand oder nördlich der Alpen, ist in der kunsthistorischen Forschung umstritten. Den florentinischen Bürgerporträts Domenico Ghirlandaios (1449–94) sind die Werke eines Jan van Eyck († 1441) und eines Rogier van der Weyden († 1464) aus dem Umfeld des burgundischen Hofes und der flämischen Städte ebenso an die Seite zu stellen wie die Darstellungen der englischen Herrscher von Hans Holbein dem Jüngeren († 1543), Lucas Cranachs des Älteren (1472–1553) Gelehrtenporträts des beginnenden 16. Jahrhunderts oder die Arbeiten Albrecht Dürers (1471–1528). Bei dem einen war der Stil früher zu erkennen, bei dem anderen intensiver ausgeprägt. Den Blick für die individuelle Physiognomie der Porträtierten pflegten sie alle. Parallele Formen

Auch das Selbstporträt, dessen Spiegeltechnik die Malerin Marcia in so wunderbarer Weise vorführt (→ ABBILDUNG 26), entwickelte sich in der Renaissance. Es begegnet dem heutigen Betrachter teils als eigenständiges Werk, teils als individuelle Form des Urheberschaftsnachweises. Denn zahlreiche Künstler verewigten sich, indem sie ihr eigenes Konterfei ins Gemälde integrierten, irgendwo an Skulpturen oder Schnitzereien anbrachten. Die Kunstobjekte erhielten so einen individuellen Hinweis auf ihren jeweiligen Schöpfer. Selbstporträt

Mit Nachdruck eroberte das Individuum, die autonom handelnde Persönlichkeit, in Spätmittelalter und Renaissance nicht nur Literatur und Kunst. Das unverwechselbare Ich wurde zum Thema des Handelns, Nachdenkens und Darstellens.

14.4 Am Ende des Mittelalters

Wir besitzen am Ausgang des Mittelalters über einzelne Personen auch von eher durchschnittlichem Format weit mehr und weit genauere Informationen als an seinem Beginn, die uns letztlich auch an deren Gedanken und Seelenleben teilhaben lassen. Man mag in diesem massiven Auftritt des Individuums mit Jacob Burckhardt das Lüften des Grauschleiers erkennen, der den Blick des mittelalterlichen Menschen getrübt hatte, und mag dies als Initialzündung der Moderne feiern oder nicht. Von dem bloßen Befund aus lassen sich jedoch in der Rückschau auf rund 1 000 Jahre einige innere Entwicklungslinien erkennen, Entwicklungslinien die für die Charakteristik des Mittelalters hilfreicher erscheinen als der bewertende Vergleich mit anderen historischen Epochen.

Die bessere Sichtbarkeit des einzelnen Menschen an der Schwelle zur Neuzeit ist ein deutlicher Kontrast zu den spärlichen Informationen, die das mündlich geprägte Frühmittelalter preisgibt und die obendrein kaum Unmittelbares aus den Lebenswelten der damaligen Zeit bieten. Dies liegt an der relativ dünnen Quellendecke der früheren Jahrhunderte des Mittelalters, aber auch an dem sehr exklusiven Kreis, der damals in der Lage war, seine Ergebnisse und Erkenntnisse künftigen Generationen anzuvertrauen. Die schriftliche Überlieferung zeigt uns nur ein enges Segment der mittelalterlichen Welt. Die Aufgabe des Mediävisten besteht deshalb in der sorgfältigen Interpretation und äußerst behutsamen gedanklichen Ergänzung dieser fragmentarischen Grundlage. Ohne eine fundierte universitäre Ausbildung ist dies nicht zu leisten.

Quellenarmes Frühmittelalter

Vor dem Hintergrund der dünnen Überlieferung und der exklusiven Schriftlichkeit des frühen Mittelalters zeigt sich die dynamische Entwicklung der folgenden Jahrhunderte umso klarer. Die allmähliche Veränderung der Schreibkultur hin zur unverzichtbaren Dokumentation des alltäglichen Lebens – vom einzigartigen Bibelkunstwerk, an dem Jahre gearbeitet wurde, zur Massenüberlieferung schnell aufs Papier geworfener Rechnungen – lässt uns teilhaben an parallelen Verlagerungen in der Gesellschaft. Der Aufstieg der Städte und ihrer Bürger im Hochmittelalter verdrängte Klerus und Adel nicht aus ihren traditionellen Positionen, transformierte aber deren Rollen und veränderte obendrein die Lebenswelt aller. In der Stadt lag ein wesentliches Kraftzentrum des Mittelalters, das den Gesellschaften Europas bis heute einen unverwechselbaren Stempel aufgedrückt hat. Universitäten und Bettelorden, pragmatische Schriftlichkeit und technische Innovationen, überhaupt das Hinausschieben der physischen, intellektuellen und mentalen Grenzen der eigenen Kultur wuchsen vom 12. Jahrhundert an zu einem guten Teil auf dem Humus stadtbürgerlicher Bedürfnisse und stadtbürgerlichen Selbstbewusstseins. In dieser Dynamik besitzt die Bezeichnung „Hochmittelalter" ihre tiefste Berechtigung.

Dynamisches Hochmittelalter

Die Intensivierung der Schriftlichkeit und die deutliche Ausweitung des Kreises derjenigen, die sich der Schrift bedienten, wurde damals angestoßen, der Horizont von Bildung und Wissenschaft neu vermessen. Erst die spätmittelalterlichen Früchte dieser Saat versetzen uns daher heute in die Lage, einzelnen historischen Personen überhaupt näherzukommen, ihr Leben und ihre Gedanken zu rekonstruieren, nicht bloß ihre Taten zur Kenntnis zu nehmen.

Facettenreiches Spätmittelalter

Fragen und Anregungen

- Erklären Sie möglichst genau den Unterschied zwischen Selbstzeugnissen und Ego-Dokumenten und finden Sie Beispiele für jede der Kategorien!
- Erläutern Sie, warum man den Porträts der Renaissance ebenso wie den Biografien und Autobiografien dieser Zeit individuelle Züge zuspricht, nicht aber den früh- und hochmittelalterlichen Personendarstellungen und Viten!
- Versuchen Sie Faktoren zu benennen, die für die Selbstwahrnehmung einer Person oder einer Kultur ausschlaggebend sein können!
- Überlegen Sie, warum die Frage nach der Individualität des Menschen für unser modernes Bild vom Mittelalter von zentraler Bedeutung ist!

Lektüreempfehlungen

Quellen

- **Klaus Arnold (Hg.): In Liebe und Zorn. Briefe aus dem Mittelalter**, Ostfildern 2003. *Sorgfältige Auswahl instruktiver Briefbeispiele, die ins Deutsche übersetzt und ausführlich kommentiert sind.*
- **Felix Fabri: *Evagatorium in Terrae Sanctae*.** Lateinische Ausgabe, hg. v. Konrad Dietrich Hassler, 3 Bände, Stuttgart 1843. Gekürzte Übersetzung ins Deutsche: Galeere und Karawane. Pilgerreise ins Heilige Land, zum Sinai und nach Ägypten 1483, bearbeitet und mit einem Nachwort versehen v. Herbert Wiegandt, Stuttgart 1996. *Einer der ausführlichsten Reiseberichte des 15. Jahrhunderts, von dem unterschiedliche Auszüge unter verschiedenen Titeln in deutscher Sprache zugänglich sind.*
- **Johannes von Plano Carpini: Kunde von den Mongolen. 1245–1247**, übersetzt und eingeleitet v. Felicitas Schmieder, Sigmaringen 1997. *Deutschsprachige Ausgabe der Aufzeichnungen des Franziskaners über seine Reise als Gesandter Papst Innozenz' IV. in den fernen Osten.*

- **Horst Wenzel: Die Autobiographie des späten Mittelalters und der frühen Neuzeit**, 2 Bände, München 1980. *Umfassende Untersuchung mit ausführlichen, meist deutschsprachigen Textbeispielen. Die Bände thematisieren kontrastierend die Selbstdeutung des Adels und der Stadtbürger.*

Forschung

- **Jacob Burckhardt: Die Cultur der Renaissance in Italien**, Basel 1860, Nachdruck: ders., Die Kultur der Renaissance in Italien. Ein Versuch, hg. und mit einer Einführung v. Walther Rehm, Stuttgart 1994. *Klassiker der Renaissanceforschung, dessen Thesen zur Individualität und zum Charakter der Renaissance als Epoche von weltgeschichtlichem Rang die Diskussionen der Historiker und Kunsthistoriker bis heute anfachen.*
- **Richard von Dülmen (Hg.): Entdeckung des Ich. Die Geschichte der Individualisierung vom Mittelalter bis zur Gegenwart**, Köln 2001. *Versammelt vor allem für die Frage der Individualität im Mittelalter interessante Untersuchungen.*
- **Aron J. Gurevič: Das Individuum im europäischen Mittelalter.** Aus dem Russischen v. Erhard Glier, München 1994. *Fragt nach Möglichkeiten und Grenzen der Annäherung des Historikers an historische Persönlichkeiten und verfolgt diese Frage anhand von Fallbeispielen von Augustinus bis Dante.*
- **Eva Schlotheuber: Norm und Innerlichkeit. Zur problematischen Suche nach den Anfängen der Individualität**, in: Zeitschrift für historische Forschung 31, 2004, S. 329–357. *Bietet einen Überblick über die umfangreiche Literatur zum Thema Individualität auch aus Soziologie und Germanistik und problematisiert am Beispiel der Autobiografie Karls IV. Erkenntnismöglichkeiten und -grenzen.*
- **Felicitas Schmieder: Europa und die Fremden. Die Mongolen im Urteil des Abendlandes vom 13. bis in das 15. Jahrhundert**, Sigmaringen 1994. *Führt exemplarisch den Umgang des Spätmittelalters mit den Eindrücken der Entdeckungsreisen und dem dadurch erweiterten Erfahrungswissen vor.*
- **Winfried Schulze (Hg.): Ego-Dokumente. Annäherung an den Menschen in der Geschichte**, Berlin 1996. *Impulsgebender Band auf diesem noch jungen Forschungsfeld, der in der Einleitung des Herausgebers methodische und terminologische Grundüberlegungen bietet.*

15 Serviceteil

15.1 Einführungen, Bibliografien, Lexika und Wörterbücher

Einführungen

Geschichte und Strukturen

- **Hartmut Boockmann: Einführung in die Geschichte des Mittelalters,** München 1978, 8. Auflage 2007. *Gut lesbarer, quellennaher Einblick in Grundstrukturen der mittelalterlichen Welt.*
- **Matthias Meinhardt / Andreas Ranft / Stephan Selzer (Hg.): Mittelalter,** München 2007, 2. Auflage 2009. *Informiert im Stil einer thematisch gegliederten Enzyklopädie über Phänomene der mittelalterlichen Geschichte sowie über Theorien und Arbeitstechniken der Mittelalterforschung.*

Arbeitstechniken

- **Ahasver von Brandt: Werkzeug des Historikers. Eine Einführung in die historischen Hilfswissenschaften,** Stuttgart 1958, 18. Auflage 2012. *Aktualisierter Klassiker, der in die methodischen Themenfelder einführt, die für die quellennahe Arbeit in der mittelalterlichen Geschichte (und den Erfolg im Proseminar) unverzichtbar sind.*
- **Hans-Werner Goetz: Proseminar Geschichte: Mittelalter,** Stuttgart 1993, 4. Auflage 2014. *Grundlage für Einstiegslehrveranstaltungen mit umfassender Information über das Fach, seine Forschungsrichtungen, Institutionen, Arbeitstechniken und Hilfsmittel; nicht komplett lesen, sondern bedarfsorientiert benutzen!*
- **Martina Hartmann: Mittelalterliche Geschichte studieren,** Konstanz 2004, 3. Auflage 2011. *Modern gestaltete, studienorientierte Einführung mit Berücksichtigung der neuen Medien als Recherchehilfen.*
- **Heinz Quirin: Einführung in das Studium der mittelalterlichen Geschichte,** Braunschweig 1950, 5. Auflage Stuttgart 1991. *Ältere (seit 1964 unveränderte) anspruchsvolle Einführung in Arbeitstechniken und Hilfsmittel mit manch nützlichem Hinweis; moderne Medien bleiben unberücksichtigt.*

Bibliografien

Abgeschlossene Bibliografien

- **Friedrich Christoph Dahlmann / Georg Waitz (Hg.): Quellenkunde der deutschen Geschichte. Bibliographie der Quellen und der Literatur zur deutschen Geschichte**, Göttingen 1830, 10. Auflage hg. v. Hermann Heimpel / Herbert Geuss, Stuttgart 1969ff. *Die Bände 6 und 7 sind dem Mittelalter gewidmet und erschließen Quellen und Literatur sorgfältig, aber auf mittlerweile teils veraltetem Sachstand.*

- **Alfred Heit / Ernst Voltmer: Bibliographie zur Geschichte des Mittelalters**, München 1997. *Auswahlbibliografie zu vielen Einzelthemen. Handlicher Grundstock, der stets um die aktuelle Literatur der letzten Jahre zu ergänzen ist.*

Fortlaufende Bibliografien

- **Historische Bibliographie**, hg. v. der Arbeitsgemeinschaft außeruniversitärer historischer Forschungseinrichtungen in der BRD, München 1986ff., Web-Adresse: www.oldenbourg.de/verlag/ahf/. *Lizenzpflichtige fortlaufende Bibliografie mit Schwerpunkt in der deutschsprachigen Forschung; an den meisten Universitäten kostenfrei recherchierbar. 2013 eingestellt.*

- **International Medieval Bibliography. Bibliography for the study of the European Middle Ages**, Leeds 1967ff. *Lizenzpflichtige, fortlaufende Bibliografie, die Aufsätze aus Zeitschriften und Sammelbänden, nicht jedoch Monografien verzeichnet; an vielen Universitäten kostenfrei online recherchierbar.*

- **Jahresberichte für deutsche Geschichte** [JDG], Bände 1–15 / 16, Leipzig 1925–1939 / 40, Neue Folge, hg. v. der Akademie der Wissenschaften der DDR, Zentralinstitut für Geschichte, Berlin 1949ff., seit 1994 hg. v. der Berlin-Brandenburgischen Akademie der Wissenschaften, teilweise auch auf CD-ROM, Web-Adresse: www.jdg-online.de (ab 1974). *Fortlaufende Bibliografie zur deutschen Geschichte; aktuelle, kostenfreie und leicht recherchierbare Datenbank. Für die fehlenden Jahre heranzuziehen:*
  Walther Holzmann / Gerhard Ritter (Hg.): Die deutsche Geschichtswissenschaft im Zweiten Weltkrieg. Bibliographie des historischen Schrifttums deutscher Autoren 1939–45, Marburg 1951.

- **Medioevo Latino. Bollettino bibliografico della cultura europea dal secolo VI al XIV**, hg. v. Centro Italiano di studi sull'Alto Medioevo, Spoleto 1978ff. *Lizenzpflichtige fortlaufende Bibliografie mit umfassendem Charakter, die von Band 16 an auch das 15. Jahrhundert einbezieht, mit einer Vielzahl von Erschließungshilfen (Autoren, Handschriften, Orte, Personen, Themen), aber gewöhnungsbedürftiger Suchmaske. Eine Anleitung in Englisch hierzu bietet www.lib.uchicago.edu/e/su/classics/mediolat.html; auch ohne tiefere Italienischkenntnisse gut zu benutzen.* Bände online durchsuchbar unter http://sip.mirabileweb.it/.

Lexika

- **Dictionary of the Middle Ages**, ed. by Joseph R. Strayer, 13 Bände, New York 1982–89. *Reich bebildertes Nachschlagewerk mit deutlich weniger Stichworten als das LexMA (siehe folgender Eintrag), die aber ausführlicher behandelt werden.* Allgemein
- **Lexikon des Mittelalters** [LexMA], hg. v. Norbert Angermann u. a., 9 Bände, München / Zürich 1980–99, Sonderausgabe 2003, auch auf CD-ROM. *Unentbehrliches Informationsmittel, das verstärkt Begriffe der mittelalterlichen Sachkultur berücksichtigt; stets der erste Griff.*
- **Handwörterbuch zur deutschen Rechtsgeschichte** [HRG], hg. v. Adalbert Erler / Ekkehard Kaufmann, 5 Bände, Berlin 1971–98; Neubearbeitung hg. v. Albrecht Cordes unter philologischer Mitarbeit v. Ruth Schmidt-Wiegand, Berlin 2004ff. *Hilft wegen der weitreichenden gesellschaftlichen Bedeutung des Rechts in vielen Fällen mit präzisen Erklärungen.* Recht
- **Lexikon für Theologie und Kirche** [LThK], hg. v. Michael Buchberger, Freiburg i. Br. 1930–38, 3., völlig neu bearbeitete Auflage, hg. v. Walter Kasper, 11 Bände, Freiburg 1993–2001. *Enthält Personenartikel und Sachbegriffe nicht nur für das Mittelalter.* Kirche, Religion
- **Theologische Realenzyklopädie** [TRE], hg. v. Gerhard Krause / Gerhard Müller, derzeit 42 Bände, Berlin 1976ff. *Fast ausschließlich auf Sachbegriffe konzentriertes Nachschlagewerk mit ausführlichen Artikeln.*
- **Neue Deutsche Biographie** [NDB], hg. v. der Historischen Kommission bei der Bayerischen Akademie der Wissenschaften, Berlin Personen

1953ff. *Noch unvollständiges Nachschlagewerk. Für die fehlenden Bände ist zu konsultieren:*
Allgemeine Deutsche Biographie [ADB], hg. v. der Historischen Kommission der Bayerischen Akademie der Wissenschaften, 56 Bände, Leipzig 1875–1912, Nachdruck 1967–71, online unter: http://www.deutsche-biographie.de.

Wörterbücher

Latein

- **Charles du Fresne Du Cange: Glossarium mediae et infimae latinitatis** [...], editio nova de Léopold Favre, 10 Bände, Niort 1833–37, Nachdruck 2000; digitalisierte Ausgabe unter der Web-Adresse: http://standish.stanford.edu/bin/page?forward=home (ältere Auflage). *Detailliertes mittellateinisches Wörterbuch in einsprachiger Form (lateinisch-lateinisch).*
- **Karl Ernst Georges: Ausführliches lateinisch-deutsches Handwörterbuch**, 2 Bände, Hannover 1913–19, 12. Auflage 1969; mehrfache Nachdrucke, auch auf CD-ROM 8. Aufl., Hannover 1913, online unter http://www.zeno.org/Georges-1913/-/Hauptseite?hl=georges+handworterbuch (durchsuchbar). *Reiches Nachschlagewerk für klassisches(!) Latein.*
- **Jan Frederik Niermeyer / Co van de Kieft: Mediae latinitatis lexicon minus**, Leiden 1976, 2., überarbeitete Auflage v. Johannes W. J. Burgers, 2 Bände, Darmstadt 2002, CD-ROM Leiden 2004 Aufl. Leiden 1976 online unter https://archive.org/details/NiermeyerLexiconMinus1976. *Ausführliches und dennoch handhabbares mittellateinisches Wörterbuch mit Übersetzungen ins Englische und Französische, in der jüngsten Auflage zudem ins Deutsche.*

Sprachstufen des Deutschen

- **Jacob Grimm / Wilhelm Grimm: Deutsches Wörterbuch**, 16 Bände, Leipzig 1854–1960, Neubearbeitung 1965ff., Nachdruck als Taschenbuch, 33 Bände, München 1984, online unter: http://www.woerterbuchnetz.de/.
Klassiker, der auch für Muttersprachler oft unentbehrlich ist.
- **Matthias Lexer: Mittelhochdeutsches Handwörterbuch,** 3 Bände, Leipzig 1872–78, Nachdruck 1992, online mit Nachträgen unter http://www.woerterbuchnetz.de/. *Für Quellen aus dem Raum südlich einer Linie Düsseldorf–Leipzig von ca. 1050 bis 1350.*

- **August Lübben: Mittelniederdeutsches Handwörterbuch**, vollendet v. Christoph Walther, Norden 1888, Nachdruck 1995. *Für Quellen aus dem Raum nördlich einer Linie Düsseldorf–Leipzig nach 1250.*
- **Rudolf Schützeichel: Althochdeutsches Wörterbuch**, Tübingen 1969, 6., überarbeitete und um die Glossen erweiterte Auflage 2006. *Für Quellen aus dem Raum südlich einer Linie Düsseldorf–Leipzig vor 1050.*

15.2 Quellensammlungen, Regestenwerke und Handbücher

Quellensammlungen und Regestenwerke

- **Corpus Christianorum, Continuatio medievalis** [CCCM], Turnhout 1966ff., in der „Library of Latin Texts" auf CD-ROM und online benutzbar, Web-Adresse: www.brepolis.net/info/info_clt_en.html. *Kritische Edition von Werken der christlichen Literatur, die schnell wächst. Im Umfeld auch Hilfsmittel zur sprachlichen und inhaltlichen Erschließung der Quellen. Die lizenzpflichtige Online-Version besteht seit 2005.* Kirchengeschichte
- **Jacques Paul Migne (Hg.): Patrologiae cursus completus seu bibliotheca universalis [...]. Series Latina** [...], 221 Bände, Paris 1844–65, 5 Registerbände, Paris 1985–74, auch auf CD-ROM verfügbar, Web-Adresse: http: //pld.chadwyck.co.uk/. *Umfangreiche Quellensammlung von den spätantiken Kirchenvätern bis zu Papst Innozenz III.* († 1216), deren Texte modernen Ansprüchen der Textkritik jedoch selten genügen.
- **Monumenta Germaniae Historica** [MGH], hg. v. Georg Heinrich Pertz (später v. der Zentraldirektion der MGH, 1936–45 v. Reichsinstitut für Deutsche Geschichte), Hannover 1826ff. *Erschließen die historischen Quellen des europäischen Mittelalters in kritischen Textausgaben und durch Untersuchungen; der Schwerpunkt liegt auf der Geschichte des Römisch-Deutschen Reiches und seiner Vorgängergebilde. Die imposante Editionsreihe ist unterteilt in Scriptores (SS, Erzählende Quellen), Leges (LL, Normative Texte), Diplomata (DD, Urkunden), Epistolae (EE, Briefe) und Antiquitates (AA, diverse Quellengattungen, darunter Lyrik). Die Mehrzahl*

der Bände ist online zu konsultieren und auch der digitalen Recherche zugänglich unter www.dmgh.de.

Römisch-Deutsches Reich

- **Ausgewählte Quellen zur Geschichte des Mittelalters. Freiherr vom Stein-Gedächtnisausgabe** [FSGA], begründet v. Rudolf Buchner, fortgeführt v. Franz-Josef Schmale, Darmstadt 1955ff. *Lateinisch-deutsche Ausgaben zumeist historiografischer Quellen, deren lateinische Texte auf den Editionen der Monumenta Germaniae Historica beruhen.*
- **Deutsche Reichstagsakten** [RTA], hg. durch die Historische Kommission bei der Königlichen (später Bayerischen) Akademie der Wissenschaften. Ältere Reihe, 1376–1486: Von König Wenzel bis Kaiser Friedrich III., München 1867ff.; Mittlere Reihe, 1486–1518: Maximilian I., Göttingen 1972ff.; Jüngere Reihe, 1518–56: Karl V., Gotha 1893ff. *Dokumentiert mit Regesten und Quellen (extrakten) das Geschehen auf den Hoftagen und Reichsversammlungen des späten Mittelalters und in ihrem Umfeld.*

Regestenwerke

- **Johann Friedrich Böhmer (Begründer), Regesta Imperii** [RI], hg. v. der Österreichischen Akademie der Wissenschaften und der Deutschen Kommission für die Bearbeitung der RI bei der Akademie der Wissenschaften und der Literatur zu Mainz, Wien 1889ff., Web-Adresse: www.regesta-imperii.de/. *Quellen-Inhaltsangaben, die aufgrund ihrer chronologischen Ordnung die Aufenthaltsorte und Handlungen der römisch-deutschen Herrscher dokumentieren und eine schnellen Zugang zu den zeitgenössischen Zeugnissen eröffnen. Viele Bände sind online recherchierbar; möglichst nur die Neubearbeitungen benutzen.*

Handbücher

Europäische Geschichte

- **David Abulafia / Martin Brett u. a. (Hg.): The New Cambridge Medieval History**, 7 Bände, Cambridge 1995–2005. *Europäische Geschichte von 500–1500 aus der Feder namhafter Fachleute; aktuellstes und umfassendstes Handbuch.*
- **Jochen Bleicken / Lothar Gall / Hermann Jakobs (Hg.): Oldenbourg Grundriss der Geschichte**, München 1979ff. *Beliebte Reihe, deren Strukturmerkmal es ist, dass der ereignisgeschichtliche Überblick mit der Diskussion von Forschungsproblemen verknüpft und durch reichhaltige Literaturangaben ergänzt wird;* daraus:
  - **Hermann Jakobs: Kirchenreform und Hochmittelalter 1046–1215**, 1984, 4. Auflage 1999;

- **Ulf Dirlmeier / Gerhard Fouquet / Bernd Fuhrmann: Europa im Spätmittelalter 1215–1378,** 2003 2. Auflage 2009;
- **Erich Meuthen: Das 15. Jahrhundert,** 1980, 4. Auflage überarbeitet v. Claudia Märtl, 2006;
- **Peter Schreiner: Byzanz,** 1986, 4. Auflage 2011;
- **Tilmann Nagel: Die islamische Welt bis 1500,** 1998.

- **Peter Blickle (Hg.): Handbuch der Geschichte Europas,** 10 Bände, Stuttgart 2002ff. *Für den Unterricht an Hochschulen und Gymnasien konzipierte Reihe, die sich auf die historischen Grundlagen des modernen Europa konzentriert;* daraus:
  - **Hans-Werner Goetz: Europa im frühen Mittelalter 500–1050,** 2003, Neuauflage 2012;
  - **Michael Borgolte: Europa entdeckt seine Vielfalt 1050–1250,** 2002, Neuauflage 2012;
  - **Michael North: Europa expandiert 1250–1500,** 2007, Neuauflage 2012.
- **Theodor Schieder (Hg.): Handbuch der europäischen Geschichte,** 7 Bände, Stuttgart 1968–87. *Umfassende Übersicht im klassischen Handbuch-Stil, mittlerweile durch neue Akzentsetzungen in der Geschichtswissenschaft nicht mehr in allen Punkten aktuell;* daraus:
  - **Theodor Schieffer (Hg.): Europa im Wandel von der Antike zum Mittelalter,** 1976, 3. Auflage 1992;
  - **Ferdinand Seibt (Hg.): Europa im Hoch- und Spätmittelalter,** 1987.

Kirchengeschichte

- **Hubert Jedin (Hg.): Handbuch der Kirchengeschichte,** 7 Bände, Freiburg i. Br. 1962–79, Sonderausgabe 1985, CD-ROM 2004; daraus Bd. 3: **Friedrich Kempf: Die mittelalterliche Kirche,** 1966. *Bewährtes, mittlerweile betagtes Überblickswerk.*
- **Thomas Kaufmann / Raymund Kottje (Hg.): Ökumenische Kirchengeschichte, Bd. 2: Vom Hochmittelalter bis zur Frühen Neuzeit,** Darmstadt 2008. *Neues Handbuch mit erweiterter Perspektive aus der Feder hervorragender Fachleute.*

Römisch-deutsches Reich

- **Bruno Gebhardt (Begründer): Handbuch der Deutschen Geschichte,** Stuttgart 1891–92, 10., völlig neu bearbeitete Auflage 2001ff., 24 Bände. *Grundlegend aktualisierte Fassung des 1891* *erstmals erschienenen Werkes, das Forschern und Studierenden seit Generationen als Fundament ihrer ereignisgeschichtlichen Kenntnisse dient;* daraus:

- **Alfred Haverkamp / Friedrich Prinz: Spätantike bis zum Ende des Mittelalters. Perspektiven deutscher Geschichte während des Mittelalters. Europäische Grundlagen deutscher Geschichte (4.–8. Jahrhundert),** 2004;
- **Rudolf Schieffer: Die Zeit des karolingischen Großreichs (714–887),** 2005;
- **Hagen Keller / Gerd Althoff: Die Zeit der späten Karolinger und der Ottonen. Krisen und Konsolidierungen 888–1024,** 2008;
- **Hannah Vollrath: Das Reich der Salier. Lebenswelten und gestaltende Kräfte 1024–1125,** 2014;
- **Alfred Haverkamp: Zwölftes Jahrhundert 1125–1198,** 2003;
- **Wolfgang Stürner: Dreizehntes Jahrhundert 1198–1273,** 2007;
- **Michael Menzel: Die Zeit der Entwürfe 1237–1347,** 2012;
- **Hartmut Boockmann / Heinrich Dormeier: Konzilien, Kirchen- und Reichsreform. 1410–1495,** 2005.

- **Frank Rexroth: Deutsche Geschichte im Mittelalter,** München 2005, 3. Auflage 2012. *Sehr kompakte Übersicht, die Ereignisgeschichte mit zentralen Aspekten von Gesellschaft und Kultur verknüpft und so strukturelle Eigenheiten des ‚deutschen' Mittelalters erkennbar macht.*

15.3 Zeitschriften

- **Deutsches Archiv für Erforschung des Mittelalters [DA],** Köln u. a. 1950ff. *Hg. v. den Monumenta Germaniae Historica* (→ KAPITEL 15.5), *halbjährlich erscheinend, mit einem Übergewicht von Beiträgen zum frühen und hohen Mittelalter, ausführlicher Rezensionsteil. Vorgänger firmieren unter: „Archiv der Gesellschaft für ältere deutsche Geschichtskunde (1820–74)", „Neues Archiv der Gesellschaft für ältere deutsche Geschichtskunde (1876–1936)" beziehungsweise „Deutsches Archiv für Geschichte des Mittelalters" (1937–44).*

- **Le moyen âge. Revue d'histoire et de philologie** [LM], Brüssel u. a. 1888ff. *Erscheint dreimal im Jahr.*
- **Mediävistik. Internationale Zeitschrift für interdisziplinäre Mittelalterforschung**, Frankfurt a. M. 1988ff. *Erscheint jährlich und geht über historische Themen hinaus.*
- **Zeitschrift für Historische Forschung** [ZHF], Berlin 1974ff. *Erscheint vierteljährlich, konzentriert auf spätes Mittelalter und Frühe Neuzeit.*
- **Archiv für Diplomatik, Schriftgeschichte, Siegel- und Wappenkunde** [AfD], Köln u. a. 1955ff. *Vornehmlich auf die historischen Hilfswissenschaften ausgerichtet, jährlich erscheinend.*

Einzelne Themen, epochenübergreifend

- **Archiv für Kulturgeschichte** [AKG], Köln u. a. 1903ff. *Bietet jährlich ein weitgefächertes Themenspektrum.*
- **Blätter für deutsche Landesgeschichte** [BDLG], Koblenz 1853ff. *Jährlich erscheinendes Periodikum, das neben Forschungsbeiträgen auch das Schrifttum der zahlreichen regionalen und lokalen historischen Zeitschriften bündelt und erschließt.*
- **Revue d'histoire ecclésiastique** [RHE], Louvain 1900ff. *Vierteljährlich erscheinend, jahrgangsweise mit einer umfassenden Bibliografie der internationalen kirchenhistorischen Forschung.*
- **Vierteljahrschrift für Sozial- und Wirtschaftsgeschichte** [VSWG], Stuttgart 1903ff. *Erscheint entgegen dem Titel zweimal im Jahr.*
- **Zeitschrift der Savigny-Stiftung für Rechtsgeschichte** [ZRG], Weimar 1880ff. *Fächert sich auf in eine Germanistische Abteilung (ZRG GA) für die deutsche Rechtsgeschichte, eine Romanistische Abteilung (ZRG RA, römisches Recht) und eine Kanonistische Abteilung (ZRG KA, 1911ff.) für Themen der kirchlichen Rechtsgeschichte; erscheint jährlich.*

15.4 Hilfsmittel

Quellen

- **Friedrich Beck / Eckart Henning (Hg.): Die archivalischen Quellen. Eine Einführung in ihre Benutzung**, Weimar 1994; 4. Auflage unter dem Titel: Die archivalischen Quellen. Mit einer Einführung in die Historischen Hilfswissenschaften, Köln 2004, 5. Aufl. 2012. *Kom-*

pakter und kompetenter Überblick über die wichtigsten nicht-historiografischen Quellen mit Hinweisen zu den erforderlichen Arbeitstechniken.

- **Raoul Charles van Caenegem / François-Louis Ganshof: Kurze Quellenkunde des westeuropäischen Mittelalters. Eine typologische, historische und bibliographische Einführung**, Göttingen 1964; Neuauflage in französischer Sprache: Introduction aux sources de l'histoire médiévale, nouvelle édition mise à jour par Luc Jocqué, Turnhout 1997. *Präziser Überblick über die mittelalterlichen Quellengattungen und ihre Interpretationsmöglichkeiten.*
- **Repertorium fontium historiae medii aevi**, hg. v. Istituto Storico Italiano per il Medio Evo, 11 Bände, Rom 1962–2007. *Umfassendes bibliografisches Verzeichnis mittelalterlicher erzählender Quellen, das in lateinischer Sprache und alphabetischer Anordnung Autoren und Texte, deren Druckausgaben sowie einschlägige Literatur dazu verzeichnet. Die das Römisch-Deutsche Reich betreffenden Quellen sind nach Stichworten recherchierbar unter: http://www.geschichtquellen.de.*
- **Die deutsche Literatur des Mittelalters. Verfasserlexikon**, 2., völlig neu bearb. Aufl. Berlin 1978–2008. *Standardinformationsmittel zu volkssprachigen Texte und Autoren mit Ergänzungsbänden zum deutschen Humanismus.*
- **Gerhard Theuerkauf: Die Interpretation historischer Quellen. Schwerpunkt Mittelalter**, Paderborn 1991. *Einführung in Techniken der Deutung des vielfältigen Quellenspektrums.*
- **Typologie des sources du moyen âge occidental [TSMAO]**, hg. v. Léopold Génicot, Turnhout 1972ff. *Einzelne Quellengattungen von Annalen über Briefsammlungen bis zu Weltkarten werden in Einzelheften ausführlich vorgestellt.*

Schrift, Zeitrechnung, Urkunden

- **Bernhard Bischoff: Paläographie des römischen Altertums und des abendländischen Mittelalters**, Berlin 1979, 3. Auflage 2004. *Klassiker der Schreib- und Schriftgeschichte.*
- **Deutsche Inschriften. Terminologie zur Schriftbeschreibung**, erarbeitet v. den Mitarbeitern der Inschriftenkommissionen der Akademien der Wissenschaften in Berlin, Düsseldorf u. a., Wiesbaden 1999. *Sehr anschauliche Einführung in Schrift und Schriftgestaltung des Mittelalters und der Frühen Neuzeit.*

- **Hermann Grotefend: Taschenbuch der Zeitrechnung des deutschen Mittelalters und der Neuzeit**, Hannover 1898, 14. Auflage 2007, hg. v. Jürgen Asch, Web-Adresse: www.manuscripta-mediaevalia.de/gaeste/grotefend/grotefend.htm. *Informiert auf knappem Raum über die verschiedenen Stile der Zeitrechnung und stellt Material zur Umrechnung historischer Datierungen in unseren Kalender bereit.*
- **Thomas Vogtherr: Zeitrechnung. Von den Sumerern bis zur Swatch**, München 2001, 3. Auflage 2012. *Sehr kompakte Einführung in die Geschichte der Zeitrechnung auch des Mittelalters.*
- **Olivier Guyotjeannin / Jacques Pycke / Benoît-Michel Tock: Diplomatique médiévale**, Turnhout 1993, 3. Auflage 2003. *Klar strukturierte, wissenschaftlich orientierte und mit Übungen angereicherte Einführung in die Urkundenlehre.*

15.5 Forschungsinstitutionen und Web-Adressen

Forschungsinstitutionen

- **Deutsche Historische Institute im Ausland**, Web-Adresse: www.maxweber-stiftung.de/. *Die Auslandsinstitute in London, Washington, Moskau, Warschau, Paris und Rom sind wichtige Anlaufstellen auch der Mediävistik. Sie betreiben Forschungsprojekte, deren Ergebnisse in eigenen Publikationsreihen und Fachzeitschriften sowie unter http://www.perspectivia.net publiziert werden. Sie leisten Hilfestellung bei Archivrecherchen in den jeweiligen Ländern und fördern den internationalen Austausch der Wissenschaftler.*
- **Deutsche Kommission für die Bearbeitung der Regesta Imperii e. V.** bei der Akademie der Wissenschaften und der Literatur Mainz, Web-Adresse: www.regesta-imperii.de/. *Fasst mehrere Arbeitsstellen zusammen, in denen die Quellen zur Geschichte des römisch-deutschen Reiches, seiner Vorläufer und zur mittelalterlichen Papstgeschichte gesammelt und aufbereitet werden.*
- **Monumenta Germaniae Historica [MGH]**, Web-Adresse: www.mgh.de/. *Eine der zentralen Forschungseinrichtungen der internationalen Mediävistik. Ihre Hauptaufgabe besteht in der Erstellung kritischer Quellenausgaben, doch wird diese Arbeit durch mehrere Publikationsreihen sowie die Zeitschrift „Deutsches Archiv für Erforschung des Mittelalters" begleitet.*

Web-Adressen

- **Clio online. Fachportal für die Geschichtswissenschaften,** Web-Adresse: www.clio-online.de/. *Die seit 2002 aktive, mehrere Vorgängereinrichtungen bündelnde und stetig wachsende Kommunikationsplattform bildet den zentralen Einstieg für Historiker ins Internet und vernetzt eine Vielzahl unterschiedlicher Informationsangebote von Hochschulen, Forschungseinrichtungen, Archiven, Museen usw.; bequemer Zugang zu Themen, Institutionen und Web-Angeboten, deren quantitativer Schwerpunkt im Bereich der Neueren und Neuesten Geschichte liegt.*

- **Historicum Net. Geschichtswissenschaften im Internet,** Web-Adresse: www.historicum.net/. *Seit 1999 bestehendes, stetig ausgebautes Internet-Angebot, das in der Form des Netzwerks vielfältige Informationen rund um das Fach Geschichte erschließt. Dabei werden Links zur Geschichte einzelner Länder ebenso bereitgestellt wie Materialien zur Recherche in Archiven und zum akademischen Unterricht. Der inhaltliche Schwerpunkt liegt im Bereich der Frühen Neuzeit.*

- **Medieval Sourcebook,** Web-Adresse: www.fordham.edu/halsall/Sbook.html. *Umfangreiches Archiv ins Englische übersetzter Quellen, die jeweils bestimmten Themenbereichen zugeordnet und relativ leicht zu finden sind. Als Einstiegshilfe für den Umgang mit den meist lateinischen Originaltexten geeignet.*

- **Monasterium.net.** Webadresse: http://icar-us.eu/cooperation/online-portals/monasterium-net. *Virtuelles Urkundenarchiv Europas, das durch internationale Zusammenarbeit rund 500.00 Urkunden des Mittelalters und der Frühen Neuzeit per Digitalisat, Transkription und Kommentar zugänglich macht.*

- **Virtual Library. Historische Hilfswissenschaften,** Web-Adresse: www.vl-ghw.uni-muenchen.de/. *Ausführliche Sammlung von Internet-Links und Fachbeiträgen zu den Hilfswissenschaften insgesamt und ihren Einzeldisziplinen auf exzellentem Niveau.*

16 Anhang

16.1 Zitierte Literatur

Althoff 2005 Gerd Althoff: Die Ottonen. Königsherrschaft ohne Staat, Stuttgart 2000, 2., erweiterte Auflage 2005.

Arnold 2003 Klaus Arnold (Hg.): In Liebe und Zorn. Briefe aus dem Mittelalter, Ostfildern 2003.

Berges 1971 Wilhelm Berges: Land und Unland in der mittelalterlichen Welt, in: Festschrift für Hermann Heimpel zum 70. Geburtstag, hg. v. den Mitarbeitern des Max-Planck-Instituts für Geschichte, Bd. 3, Göttingen 1971, S. 399–439.

Borgolte 2002 Michael Borgolte: Europa entdeckt seine Vielfalt. 1050–1250, Stuttgart 2002.

Boshof 1996 Egon Boshof: Ludwig der Fromme, Darmstadt 1996.

Breidenbach, *Reiseinstruction* Bernhard von Breitenbach: *Reiseinstruction*, in: Reinhold Röhricht/Heinrich Meisner (Hg.), Deutsche Pilgerreisen nach dem Heiligen Lande, Berlin 1880, S. 120–145.

Classen 1973 Peter Classen: Das Wormser Konkordat in der deutschen Verfassungsgeschichte, in: Josef Fleckenstein (Hg.), Investiturstreit und Reichsverfassung, Sigmaringen 1973, S. 411–460.

Dendorfer 2010 Jürgen Dendorfer: Das Wormser Konkordat – ein Schritt auf dem Weg zur Feudalisierung der Reichsverfassung?, in: Jürgen Dendorfer/Roman Deutinger (Hg.): Das Lehnswesen im Hochmittelalter: Forschungskonstrukte – Quellenbefunde – Deutungsrelevanz, Ostfildern 2010, S. 299–328.

Dictatus papae in: Erich Caspar (Hg.), Das Register Gregors VII., Teil 1, Nr. 55a, Berlin 1920, Nachdruck 1990, S. 202–208, Nr. II. 55a.

Dinzelbacher 1994 Peter Dinzelbacher: Christliche Mystik im Abendland. Ihre Geschichte von den Anfängen bis zum Ende des Mittelalters, Paderborn u. a. 1994.

Dinzelbacher 2006 Peter Dinzelbacher: Das fremde Mittelalter. Gottesurteil und Tierprozess, Essen 2006.

Ebel 1958 Wilhelm Ebel: Der Bürgereid als Geltungsgrund und Gestaltungsprinzip des deutschen mittelalterlichen Stadtrechts, Weimar 1958.

Einhard, *Vita Karoli* Einhardi Vita Karoli Magni, hg. v. Oswald Holder-Egger, Hannover 1911, Nachdruck 1965, Kapitel 25, S. 30.

Einkünfteverzeichnis von St. Kastor in Karden Güter- und Einkünfteverzeichnis des Stiftes St. Kastor in Karden (Mosel, um 1100), in: Heinrich Beyer (Hg.), Urkundenbuch zur Geschichte der mittelrheinischen Territorien, Bd. 1, Coblenz 1860, Nachdruck 1974, S. 455–457, Nr. 400 (Übersetzung: Kuchenbuch 1991, S. 216–218).

Engel 1993 Evamaria Engel: Die deutsche Stadt des Mittelalters, München 1993.

Erkens 2002 Franz-Reiner Erkens: Kurfürsten und Königswahl. Zu neuen Theorien über den Königswahlparagraphen im Sachsenspiegel und die Entstehung des Kurfürstenkollegiums, Hannover 2002.

Fabri, *Sionpilger* Felix Fabri: *Evagatorium in Terrae Sanctae, Arabiae et Egypti peregrinationem.* Lateinische Ausgabe, hg. v. Konrad Dietrich Hassler, 3 Bände, Stuttgart 1843. Deutsche, gekürzte Übersetzung unter dem Titel: Die Sionpilger, hg. v. Wieland Carls, Berlin 1999.

Fees 2002 Irmgard Fees: Eine Stadt lernt schreiben. Venedig vom 10. bis zum 12. Jahrhundert, Tübingen 2002.

Fränkisches Urkundenformular Fränkisches Urkundenformular, 8. Jahrhundert, in: Monumenta Germaniae Historica. Formulae Merowingici et Karolini aevi, hg. v. Karl Zeumer, Hannover 1886, Nachdruck 1963, S. 158.

Fried 1982 Johannes Fried: Der karolingische Herrschaftsverband im 9. Jh. zwischen „Kirche" und „Königshaus", in: Historische Zeitschrift 235, 1982, S. 1–43.

Gierke 1869 Otto von Gierke: Rechtsgeschichte der deutschen Genossenschaft, Berlin 1869, Nachdruck 1954.

Giselbert von Mons, *Chronik* Léon Vanderkindere (Hg.): La chronique de Gislebert de Mons, Brüssel 1904, S. 155–157 (Übersetzung: Hartmann 1995, S. 368–371).

Hartmann 1995 Wilfried Hartmann: Deutsche Geschichte in Quellen und Darstellung, Bd. 1: Frühes und hohes Mittelalter 750–1250, Stuttgart 1995.

Hartmann 2007 Wilfried Hartmann, Der Investiturstreit, München 1993, 3., erweiterte Auflage 2007.

Huizinga 1919 Johan Huizinga: Herbst des Mittelalters. Studien über Lebens- und Geistesformen des 14. und 15. Jahrhunderts in Frankreich und in den Niederlanden, niederländische Originalausgabe Haarlem 1919, deutsch: München 1924, 12. Auflage hg. v. Kurt Köster, Stuttgart 2006.

Indiculus loricatorum in: Monumenta Germaniae Historica. Constitiones et acta publica imperatorum et regum, Bd. 1, hg. v. Ludwig Weiland, Hannover 1893, Nachdruck 2003, S. 633 (Übersetzung: Hartmann 1995, S. 183f.).

Johrendt/Müller 2008 Jochen Johrendt/Harald Müller (Hg.): Römisches Zentrum und kirchliche Peripherie. Das universale Papsttum als Bezugspunkt der Kirchen von den Reformpäpsten bis zu Innozenz III., Berlin 2008.

Jussen 1991 Bernhard Jussen: Patenschaft und Adoption im frühen Mittelalter. Künstliche Verwandtschaft als soziale Praxis, Göttingen 1991.

Jussen 2005 Bernhard Jussen (Hg.): Die Macht des Königs. Herrschaft in Europa vom Frühmittelalter bis in die Neuzeit, München 2005.

Keller 2000 Hagen Keller: Die Einsetzung Ottos I. zum König (Aachen, 7. August 936) nach dem Bericht Widukinds von Corvey, in: Mario Kramp (Hg.), Krönungen. Könige in Aachen – Geschichte und Mythos, Mainz 2000, Bd. 1, S. 265–273.

Kintzinger 2003 Martin Kintzinger: Wissen wird Macht. Bildung im Mittelalter, Darmstadt 2003, Nachdruck 2007.

Kroeschell 2005 Karl Kroeschell: Deutsche Rechtsgeschichte, Bd. 1: bis 1250, Hamburg 1972, 13. Auflage 2008.

Kuchenbuch 1991 Ludolf Kuchenbuch: Grundherrschaft im früheren Mittelalter, Idstein 1991.

Lehnsgesetz Kaiser Friedrichs I. Lehnsgesetz Kaiser Friedrichs I., November 1158, in: Monumenta Germaniae Historica. Die Urkunden der deutschen Könige und Kaiser, Bd. 10, Teil 2: Die Urkunden Friedrichs I. 1158–1167, bearbeitet v. Heinrich Appelt unter Mitwirkung v. Rainer Maria Herkenrath und Walter Koch, Hannover 1979, S. 34–36, Nr. 242 (Übersetzung: Spieß 2009, S. 76–79).

Lohrmann 1995 Dietrich Lohrmann: Von der östlichen zur westlichen Windmühle. Beitrag zu einer ungelösten Frage, in: Archiv für Kulturgeschichte 77, 1995, S. 1–30.

Meinhardt/Ranft/Selzer 2007 Matthias Meinhardt/Andreas Ranft/Stephan Selzer (Hg.): Mittelalter, München 2007.

Melville/Schürer 2002 Gerd Melville/Markus Schürer (Hg.): Das Eigene und das Ganze. Zum Individuellen im mittelalterlichen Religiosentum, Münster 2002.

Meuthen 1990 Erich Meuthen: Gab es ein spätes Mittelalter?, in: Johannes Kunisch (Hg.), Spätzeit. Studien zu den Problemen eines historischen Epochenbegriffs, Berlin 1990, S. 91–135.

Mitteis 1940 Heinrich Mitteis: Der Staat des hohen Mittelalters. Grundlinien einer vergleichenden Verfassungsgeschichte des Lehnszeitalters, Weimar 1940, 11. Auflage 1986.

Morris 1972 Colin Morris: The discovery of the individual 1050–1200, London 1972.

Mout 1998 Nicolette Mout (Hg.): Die Kultur des Humanismus. Reden, Briefe, Traktate, Gespräche von Petrarca bis Kepler, München 1998.

Müller 1997 Matthias Müller: Als Werkmeister Spiskin mit den Stiftsdamen von Sainte-Waudru auf Reisen ging. Zum Phänomen des internationalen Austauschs von Architekturformen und Bautechnologie im Mittelalter, in: Irene Erfen / Karl-Heinz Spieß (Hg.), Fremdheit und Reisen im Mittelalter, Stuttgart 1997, S. 147–163.

Neddermeyer 1988 Uwe Neddermeyer: Das Mittelalter in der deutschen Historiographie vom 15. bis zum 18. Jahrhundert. Geschichtsgliederung und Epochenverständnis in der frühen Neuzeit, Köln 1988.

Ohler 1999 Norbert Ohler: Reisen im Mittelalter, Zürich 1986, Taschenbuchausgabe 1999, 4. Auflage Darmstadt 2004.

Padberg 1998 Lutz E. von Padberg: Die Christianisierung Europas im Mittelalter, Stuttgart 1998.

Palliser 2000 David M. Palliser (Hg.): The Cambridge Urban History of Britain, Vol. I: 600–1540, Cambridge 2000.

Patzold 2012 Steffen Patzold: Das Lehnswesen, München 2012.

Plano Carpini, *Kunde* Johannes von Plano Carpini: Kunde von den Mongolen. 1245–1247, übersetzt und eingeleitet v. Felicitas Schmieder, Sigmaringen 1997.

Polypychon von St-Germain-des-Prés Dieter Hägermann (Hg.): Das Polyptichon von Saint-Germain-des-Prés. Studienausgabe, Köln 1993 (Übersetzung eines Auszugs: Kuchenbuch 1991, S. 121–125).

Rexroth 2005 Frank Rexroth: Um 1399 – Wie man einen König absetzte, in: Jussen 2005, S. 241–254 und 393f.

Reynolds 1996 Susan Reynolds: Fiefs and Vasalls, Oxford 1994, Nachdruck 1996.

Rosen / Wirtler 1999 Wolfgang Rosen / Lars Wirtler (Hg.): Quellen zur Geschichte der Stadt Köln, Bd. 1: Antike und Mittelalter von den Anfängen bis 1396 / 97, Köln 1999.

Rösener 1992 Werner Rösener: Agrarwirtschaft, Agrarverfassung und ländliche Gesellschaft im Mittelalter, München 1992.

Schiffler / Winkeler 1998 Horst Schiffler / Rolf Winkeler: 1000 Jahre Schule. Eine Kulturgeschichte des Lernens in Bildern, Stuttgart 1985, 5. Auflage 1998.

Schlotheuber 2004 Eva Schlotheuber: Norm und Innerlichkeit. Zur problematischen Suche nach den Anfängen der Individualität, in: Zeitschrift für historische Forschung 31, 2004, S. 329–357.

Schmieder 1994 Felicitas Schmieder: Europa und die Fremden. Die Mongolen im Urteil des Abendlandes vom 13. bis in das 15. Jahrhundert, Sigmaringen 1994.

Schmieder 2005 Felicitas Schmieder: Die mittelalterliche Stadt, Darmstadt 2005, 3. Auflage 2012.

Schneidmüller 2006 Bernd Schneidmüller: Die Aufführung des Reichs. Zeremoniell, Ritual und Performanz in der Goldenen Bulle von 1356, in: Evelyn Hils-Brockhoff (Hg.), Die Kaisermacher. Frankfurt am Main und die Goldene Bulle 1356–1806, Frankfurt a. M. 2006, S. 76–93.

Schulz 1995 Knut Schulz: „Denn sie lieben die Freiheit so sehr …“ Kommunale Aufstände und Entstehung des europäischen Bürgertums im Hochmittelalter, Darmstadt 1992, 2., verbesserte Auflage 1995.

Schulze 2004 Hans K. Schulze: Grundstrukturen der Verfassung im Mittelalter, Bd. 1: Stammesverband, Gefolgschaft, Lehnswesen, Grundherrschaft, Stuttgart 1985, 4., aktualisierte Auflage 2004.

Schwinges 1996 Rainer Christoph Schwinges: Karrieremuster: Zur sozialen Rolle der Gelehrten im Reich des 14. bis 16. Jahrhunderts, in: ders. (Hg.), Gelehrte im Reich. Zur Sozial- und Wirkungsgeschichte akademischer Eliten des 14. bis 16. Jahrhunderts, Berlin 1996, S. 11–22.

Spieß 2009 Karl-Heinz Spieß: Das Lehnswesen in Deutschland im hohen und späten Mittelalter, Idstein 2002; 2., verbesserte und erweiterte Auflage, Stuttgart 2009.

Trost 1991 Vera Trost: Skriptorium. Die Buchherstellung im Mittelalter, Stuttgart 1991, Neuauflage 2011.

Wendehorst 1986 Alfred Wendehorst: Wer konnte im Mittelalter lesen und schreiben?, in: Johannes Fried (Hg.), Schulen und Studium im sozialen Wandel des hohen und späten Mittelalters, Sigmaringen 1986, S. 9–33.

Wesoly 1985 Kurt Wesoly: Lehrlinge und Handwerksgesellen am Mittelrhein. Ihre soziale Lage und ihre Organisation vom 14. bis zum 17. Jahrhundert, Frankfurt a. M. 1985.

Widukind, *Res gestae Saxonicae* Hans-Eberhard Lohmann / Paul Hirsch (Hg.): Die Sachsengeschichte des Widukind von Korvei, Hannover / Leipzig 1935, Nachdruck 1989, Buch II, Kapitel 1 (Übersetzung nach Keller 2000, S. 265).

Wipo, *Gesta Chuonradi imperatoris* Harry Bresslau (Hg.): Wiponis Opera, Hannover / Leipzig 1915, Kapitel 34.

→ ASB

Akademie Studienbücher, auf die der vorliegende Band verweist

ASB BUDDE / FREIST / GÜNTHER-ARNDT Gunilla Budde, Dagmar Freist, Hilke Günther-Arndt (Hg.): Geschichte. Studium – Wissenschaft – Beruf, Berlin 2008.

ASB MANN Christian Mann: Antike. Einführung in die Altertumswissenschaften, Berlin 2008.

ASB MEYER Annette Meyer: Die Epoche der Aufklärung, Berlin 2009.

Informationen zu weiteren Bänden finden Sie unter www.degruyter.com

16.2 Abbildungsverzeichnis

Abbildung 1: William Turner, *Burg Eltz aus südöstlicher Richtung gesehen*, Gemälde (um 1841/42).

Abbildung 2: TO-Weltkarte. Umzeichnung nach einem Manuskript um 1100 in der Bibliothek zu Turin, akg-images.

Abbildung 3: *Ebstorfer Weltkarte,* Ausschnitt der Kartenmitte: Jordan, Jerusalem (Grab Christi), Galiläa, Joppe (Jaffa), Karmel-Gebirge (um 1300), aus: Hartmut Kugler (Hg.), Die Ebstorfer Weltkarte. Kommentierte Neuausgabe in zwei Bänden. Band 1: Atlas, Akademie Verlag, Berlin 2007, S. 93. Kloster Ebstorf.

Abbildung 4: Verwandtschaftstafel der Ottonen, Salier und Staufer, Chronica S. Pantaleonis (2. Hälfte 12. Jahrhundert). Herzog August Bibliothek Wolfenbüttel, Cod. Guelf. 74.3 Aug 2°, (pag. 226).

Abbildung 5: Gottesurteil: Probe des glühenden Eisens, Buchmalerei im Lambacher Rituale (Ende 12. Jahrhundert). Stiftsbibliothek Kloster Lambach (Oberösterreich) Cml LXXIII fol. 64v, 72r.

Abbildung 6: Simon Bening: *Flämischer Kalender*, Monatsbild Juli (Ende 15. Jahrhundert).

Abbildung 7: *Bevölkerungsentwicklung Europas im Mittelalter*, nach: J. Cox Russell, Die Bevölkerung Europas 500–1000, aus: Carlo M. Cipolla (Hg.), Europäische Wirtschaftsgeschichte, Bd. 1: Mittelalter, Stuttgart u. a. 1978, 13-43, Tab. 1, 21.

Abbildung 8: *Libri feudorum* (Initiale) (14. Jahrhundert). ÖNB/Wien, Cod. 2262 fol. 174v.

Abbildung 9: Übergabe von Szepter und Fahnen als Investitursymbole (aus dem *Sachsenspiegel*, um 1230), Ausschnitt aus der Heidelberger Bilderhandschrift (um 1330). Universitätsbibliothek Heidelberg; Cod. Pal. germ. 164.

Abbildung 10: Köln im 12. und 13. Jahrhundert. Wissen Media Verlag GmbH, Gütersloh, aus: Die Chronik Kölns, Chronik Verlag, Gütersloh.

Abbildung 11: Gotisches Siegel der Stadt Köln (1268/69), aus: Wolfgang Rosen/Lars Wirtler, Quellen zur Geschichte der Stadt Köln, Bd. 1, Köln 1999, J. P. Bachem Verlag, Tafel 8, Kölnisches Stadtmuseum. Foto: Rolf Zimmermann, Köln; Vorlage: Toni Diederich, Bonn.

Abbildung 12: Evangeliar Kaiser Ottos III., Szene: Der thronende Herrscher, Pergament aus der Reichenauer Schule (um 1000).

Abbildung 13: Itinerar (Reiseweg) Heinrichs II. für das Jahr 1017, aus: Caspar Ehlers (Hg.), Orte der Herrschaft. Mittelalterliche Königspfalzen, Göttingen 2002, S. 13. Caspar Ehlers, Frankfurt/Main.

Abbildung 14: Die Weihegrade der Kirche (um 845).

Abbildung 15: Register Gregors VII., *Dictatus Papae* (1075).

Abbildung 16: Urkunde Kaiser Heinrichs III. (1039–56) für die bischöfliche Kirche von Eichstätt, ausgestellt in Goslar am 6. Juni 1053. Staatsarchiv Nürnberg, Eichstätt, Hochstift – Urkunden 8.

Abbildung 17: Die Kurfürsten und der Kaiser, Holzschnitt (1531). Germanisches Nationalmuseum Postinc. GS 916b.

Abbildung 18: Disputierende Frauen mit Büchern aus Werden (Ausschnitt eines Steinreliefs, 2. Hälfte des 11. Jahrhunderts), Baumberger Kalkstein, Reliefplatte, Schatzkammer der Kath. Propsteikirche St. Ludgerus, Essen-Werden.

Abbildung 19: Quentin Massys: *Der Goldwäger und seine Frau* (1514), aus: www.zeno.org – Zenodot Verlagsgesellschaft mbH.

Abbildung 20: *Septem artes liberales (Die sieben freien Künste)* (um 1180), aus: Herrad von Landsberg, *Hortus deliciarum.*

Abbildung 21: *Universitäten in Betrieb um 1500,* aus: Hilde de Ridder-Symoens, A History of the University in Europe Vol. No 1, Universities in the Middle Ages, Cambridge University Press 1991.

Abbildung 22: Büchsenmeister mit einem Handfeuerrohr, Illustration aus: Konrad Kyeser, *Bellifortis (Büchsenmeisterbuch)* (1405). akg-images / Erich Lessing.

Abbildung 23: Englische Miniatur einer westlichen Bockwindmühlen (Mitte 13. Jahrhundert). Syndics of Cambridge University Library, MS Ee.2.31.

Abbildung 24: *Zwei Jakobspilger unterwegs.* Titel-Holzschnitt des ersten deutschsprachigen Pilgerführers, gedruckt Leipzig (1521), verfasst um 1495 von Hermann Künig von Vach, Servitenmönch aus Vacha. Ökumenischer Pilgerweg e.V., Homepage.

Abbildung 25: Von zwei Pferden getreideltes Schiff (1440–60), aus dem sogenannten Kleinen Ursula-Zyklus, (um 1450/60: Legende der Hl. Ursula, Ankunft in Köln). Rheinisches Bildarchiv Köln, WRM 715.

Abbildung 26: *Die Künstlerin Marcia bei der Arbeit an einem Selbstporträt* (um 1450), aus: Le livre de Jehan Bocace des cas des nobles hommes et femmes. Ms.français 12420, fol. 101 v. akg-images.

Abbildung 27: Sebastian Münster: *Cosmographei, Velletri-Karte.* Detail: Tataren mit ihren Tieren (1550), aus: Johannes von Plano Carpini, Kunde von den Mongolen 1245–1247, übersetzt, eingeleitet und erläutert von Felicitas Schmieder, Jan Thorbecke Verlag, Sigmaringen 1997, S. 104.

16.3 Personenverzeichnis

16.4 Ortsverzeichnis

16.5 Glossar

Antike In der geläufigen Epocheneinteilung die dem Mittelalter vorangehende Ära (bis ca. 500 n. Chr.) (→ Humanismus). → KAPITEL 1.2

Benediktregel (lateinisch *Regula Benedicti*) Sie geht auf Benedikt von Nursia (ca. 480–547), Abt im italienischen Montecassino, zurück und nimmt Einflüsse verschiedener älterer Mönchsregeln auf. In einem Prolog und 73 Kapiteln entwarf Benedikt eine Grundordnung des Lebens im Kloster, die zur maßgeblichen Richtschnur des mittelalterlichen Mönchtums in seinen vielfältigen Ausprägungen wurde. → KAPITEL 8.1

Bischof Vorsteher einer kirchlichen Diözese und des Bistums als deren weltlichem Territorium. Der Bischof kann im Mittelalter zugleich weltliche Rechte ausüben, etwa Stadtherr sein. Als Reichsfürst ist er dem König eng verbunden. → KAPITEL 8.1

Bruderschaft Religiös motivierter Zusammenschluss von Laien, die sich dem gemeinsamen Totengedenken oder karitativen Aufgaben widmen; im Spätmittelalter sehr beliebte Ausdrucksform der Laienfrömmigkeit, die u. a. als Bruderschaften einzelner Zünfte oder als Altarbruderschaften begegnen. → KAPITEL 8.2, 10.2

Dienstleute (Ministerialen) Zur → *familia* eines Grundherrn gehörende, zunächst unfreie Männer, die bestimmte Funktionen in Hausverwaltung und Militär (Reiterdienste, Hofämter) ausübten und dafür mit Dienstlehen ausgestattet wurden. Dank ihrer Nähe und Vertrautheit zum Herrn (König, Bischöfe, Äbte) gelang ihnen der rechtliche und soziale Aufstieg in den Niederadel. → KAPITEL 13.3

Eidgenossenschaft (Schweizer Eidgenossenschaft, städtische Eidgenossenschaft, Schwureinung, *coniuratio*) → Genossenschaft, deren Mitglieder ihre wechselseitige Bindung durch einen Eid bekräftigen. Unter den vielfältigen Einsatzzwecken der Schwureinung sind der Zusammenschluss von Einwohnern einer Stadt zu einer Kommune (→ KAPITEL 6.2) und die Vereinigung einiger Talschaften zur späteren Schweiz am bekanntesten.

Exkommunikation Beugestrafe, die den Ausschluss aus der kirchlichen Gemeinschaft bewirkt. Ein Exkommunizierter darf nicht christlich beerdigt werden, der Umgang mit ihm zieht die Exkommunikation der Kontaktpersonen nach sich. Da kirchliche und weltliche Gemeinschaft oft deckungsgleich waren, bedeutete dies die umfassende soziale Ächtung. → KAPITEL 3.3

Familia Personenverband, welcher der Gebotsgewalt eines Herrn untersteht, etwa die Gemeinschaft der im Haushalt eines Fürsten lebenden Menschen oder als klösterliche *familia* die Summe aller Klosterinsassen, Grundholden, Lohnarbeiter usw., die dem Abt untertan sind. → KAPITEL 3.1

Feudalismus Durch Lehnswesen (lateinisch *feudum* „Lehen") und Grundherrschaft gekennzeichnetes mittelalterliches Gesellschaftssystem; in französischen Publikationen auch synonym zum Lehnswesen verwandt. → KAPITEL 5.1, 5.3

Genossenschaft (Dorfgenossenschaft, Einung) Zusammenschluss von Personen mit wechselseitigen Verpflichtungen; als gesellschaftliches Modell komplementär zur Herrschaft. → KAPITEL 3.2, 4.3, 6.2, 11.1

Gotik Genuin hochmittelalterliche Stilrichtung der Kunst, die von der Mitte des 12. Jahrhunderts an besonders im Kathedralenbau (Frankreich, Kölner Dom) Anwendung fand. Die später entstandene Bezeichnung diffamiert den Stil aus der Sicht der italienischen Renaissance als nordalpin und barbarisch. → KAPITEL 10.1

Hofgericht Meint zum einen das im Rahmen des königlichen Hoftags zusammentretende Gericht, bei dem die Fürsten unter Vorsitz des Königs oder des Hofrichters auf Anklage hin urteilen; zum anderen ist das Hof- oder Hubgericht das Gericht in einer Grundherrschaft, bei dem Hofgenossen unter Vorsitz des Grundherrn oder seines Vertreters (Schultheiß) in Fragen der niederen Gerichtsbarkeit (Erbe, Besitzverhältnisse, Schulden) entscheiden. → KAPITEL 4.3, 7.2

Humanismus Bildungsbewegung des späten Mittelalters, die sich an der antiken Kultur, ihrer Lebensweise und besonders an der Reinheit der lateinischen Sprache orientierte und aus diesem Bewusstsein ein neues, elitäres Bildungsprogramm propagierte. In dessen Mittelpunkt standen Sprachbeherrschung und eine lebenspraktische Morallehre, die sich aus dem Studium der Geschichte speiste. Aus dem Kontrast zur antiken Referenzkultur und dem Versuch ihrer Wiederbelebung (→ Renaissance) erklärt sich die Charakteristik des Mittelalters als (‚dunkle') Zwischenzeit. → KAPITEL 1.2

Immunität Sonderfriedensbereich, in dem (in idealtypischer Sichtweise) das Betreten, die Erhebung von Abgaben und die Ausübung der Gerichtsbarkeit durch herrscherliche Amtsträger untersagt sind. Diese Freiheit genossen im früheren Mittelalter insbesondere große Kirchen und Klöster; sie bildeten Immunitäten auch innerhalb der Städte. → KAPITEL 6.3

Interregnum Zwischenzeit, königslose Zeit im Römisch-Deutschen Reich; abwertender Begriff für die (keineswegs herrscherlose) Zeit zwischen dem Tod Friedrichs II. (1250) und dem Herrschaftsantritt Rudolfs von Habsburg (1273). → KAPITEL 7.2

Investitur (Investiturstreit) Wörtlich: Einkleidung. Bestandteil des Belehnungsaktes, bei der der Lehnsmann symbolisch in sein Lehen eingesetzt wird, indem er ein Lehnssymbol (z. B. Ring, Stab, Fahne) erhält. Im sogenannten Investiturstreit des Hochmittelalters lehnten die kirchlichen Reformer die Verwendung geistlicher Investitursymbole (Ring) durch den König ebenso ab wie die Einweisung von Geistlichen in ihr Amt durch einen Laien. Der Streit um die Symbole weitete sich dadurch zum politischen Grundsatzkonflikt zwischen Kaiser und Papst aus. → KAPITEL 8.3

Kaiser (Kaisertum) Lateinisch *imperator*. Neben dem Papsttum ist das Kaisertum die zweite Universalgewalt des Mittelalters. Der Kaiser steht über den Königen Europas und ist Schutzherr der Kirche. Als erster westlicher Kaiser (neben dem Kaisertum Byzanz) wird Karl der Große 800 vom Papst gekrönt, dessen Krönungsrecht damit etabliert wird. Im Laufe des Mittelalters bleibt die Rangerhöhung zum Kaiser dem römisch-deutschen König vorbehalten. → KAPITEL 8.3

Kanoniker Kleriker an einer Stiftskirche, der nach einer festen Regel in der Gemeinschaft anderer Kanoniker lebt und dort eine Pfründe (lateinisch *praebenda*) zum wirtschaftlichen Unterhalt besitzt. Die Kanonikerregel orientiert sich an der Regel der Mönche, verzichtet aber u. a. auf das Gebot der persönlichen Armut. → KAPITEL 8.1

Kanzlei Organisiertes Schreibbüro, in dem die Willensäußerungen von Herrschern usw. in fester formaler Gestaltung fixiert werden. → KAPITEL 9.1

Ketzer (Katharer, Albigenser, Waldenser, Hussiten) Sammelbegriff für religiöse Bewegungen, die nicht die Billigung der römischen Kirche erlangten und als dogmatische Irrläufer (Häretiker) verfolgt werden. Das griechische *katharoí* („die Reinen") ist zunächst Selbstbezeichnung einer religiösen Bewegung des 12. Jahrhunderts um die Stadt Albi, der Katharer/Albigenser. Sie wurden in einem auch politisch motivierten Kreuzzug vernichtet. → KAPITEL 2.3

Kleriker Angehöriger des Klerus. Erkennbar an der Tonsur und mit drei wesentlichen Vorrechten ausgestattet: nur der kirchlichen Gerichtsbarkeit unterworfen, Befreiung von weltlichen Abgaben, erhöhter Schutz vor körperlichen Angriffen. → KAPITEL 8.1

Kommune Zusammenschluss der Einwohner einer Stadt zu einer Stadtgemeinde; → Eidgenossenschaft

Konzil, Synode Ursprünglich Versammlung der Bischöfe, später Kirchenversammlung mit unterschiedlichem Einzugsgebiet (Diözesansynoden, Regional-, Provinzial-, National- und Generalkonzilien), auf der Fragen des Glaubens, der Kirchenverwaltung und des Kirchenrechts erörtert und beschlossen wurden. → KAPITEL 8.1

Kurfürsten Kreis der alleinigen Königswähler im römisch-deutschen Reich, der im 13. Jahrhundert immer klarer erkennbar wird und schließlich die Erzbischöfe von Mainz, Köln und Trier, den König von Böhmen, den Pfalzgrafen bei Rhein, den Herzog von Sachsen und den Markgrafen von Brandenburg umfasst. → KAPITEL 7.1

Kurie Päpstlicher Hof (lateinisch *curia*). Meint zum einen den Ort, wo der Papst weilte, zum anderen das Verwaltungszentrum, das sich daraus entwickelte und an dem sich zu Beginn des 13. Jahrhunderts die Ressorts Kanzlei, Gerichtsbarkeit und Finanzwesen ausgebildet haben, die für die Verwaltungsentwicklung an den europäischen Königshöfen vorbildhaft wirkten. In Zeiten des Schismas gab es mehrere Kurien. → KAPITEL 8.3

Mediävistik Wissenschaft vom Mittelalter, die nicht nur vom Fach Geschichte, sondern auch von den Philologien, der Philosophie, Archäologie usw. betrieben wird

Ministerialen → Dienstleute

Privileg Rechtsverleihung in Form einer besonders feierlichen Urkunde, im engeren Sinne auch auf den Urkundentyp selbst bezogen. → KAPITEL 9.1, 9.2

Reich, römisch-deutsches (*imperium Romanum*) Dezentrales politisches Gebilde, das die *regna* („Königreiche") Deutschland, Italien (seit 962) und Burgund (seit 1033) umfasste. Es wird durchgehend als „Reich" (*imperium*) bezeichnet, wobei die Koppelung römisch-deutsch stillschweigend vorausgesetzt wird; seit 1157 auch als „Heiliges Reich" (*Sacrum Imperium*), seit 1254 auch als „Heiliges Römisches Reich" (*Sacrum Romanum Imperium*), in der Frühen Neuzeit schließlich als „Heiliges Römisches Reich Deutscher Nation". → KAPITEL 7.1, 7.2, 8.3

Religiose Angehöriger einer religiösen Gemeinschaft (lateinisch *religio*), deren Angehörige nach einer eigenen Regel lebten. Dazu zählen u. a. Mönche und Nonnen. Das weite Spektrum endet bei den Semireligiosen, Laien, die ein gottgeweihtes, geregeltes Leben führten, ohne dafür die kirchliche Anerkennung zu erlangen, wie z. B. die spätmittelalterlichen Beginen. → KAPITEL 8.1

Renaissance Wiederbelebung (wörtlich „Wiedergeburt"). Umfassendes Wiederanknüpfen von Künstlern und Intellektuellen (→ Humanismus) des späten Mittelalters an die Kultur der Antike, die vom (‚finsteren') Mittelalter leuchtend abgehoben wurde. → KAPITEL 1.2

Ritter Mehrdeutiger Begriff, der zum ersten den Niederadel beschreibt, zum zweiten den Adligen, der die Ritterweihe empfangen hat, zum dritten aber ein im Gefolge der Kreuzzüge und durch die höfische Literatur ausgeformtes mittelalterliches Idealbild, dem sich der gesamte Adel verpflichtet fühlte; es ist gekennzeichnet durch bestimmte Umgangsformen und vor allem eine vornehme, christlich-tugendhafte Gesinnung. → KAPITEL 10.2, 13.3

Schisma Kirchenspaltung. Im Morgenländischen Schisma (1054) trennten sich oströmische/orthodoxe und lateinische Kirche, im Großen Abendländischen Schisma (1378–1417) spaltete sich die lateinische Kirche durch die Wahl konkurrierender Päpste in mehrere Obödienzen (Rom, Avignon, später noch Pisa). Temporäre Schismen durch die Wahl zweier Päpste kommen mehrfach vor. → KAPITEL 2.3, 8.3

Stift(skirche) Gemeinschaft von Geistlichen und die von ihnen gemeinschaftlich verwaltete Kirche, deren Vermögenseinkünfte meistens in Pfründen (Präbenden) aufgeteilt waren, die von den einzelnen Stiftsgeistlichen zum Unterhalt genutzt wurden. → KAPITEL 8.1

Territorium Konglomerat von Besitz und Rechten unterschiedlicher Art (Burgen, Höfe, Dörfer, Städte, Vogteien, Gerichtsrechte usw.), die im Spätmittelalter möglichst zu einer nach innen homogenen und nach außen geschlossenen Landesherrschaft verdichtet wurden. → KAPITEL 3.2, 5.3, 7.2

Vasallen Lehnsleute, die in einem wechselseitigen persönlichen Verhältnis an ihren Lehnsherrn gebunden waren. → KAPITEL 5.1, 5.2

Völkerwanderung Bezeichnung für die Zeit zwischen dem Hunneneinfall in Südrussland (375) und der Landnahme der Langobarden in Italien (568). In dieser Zerfallszeit des Römischen Reiches durchquerten germanische Völkergruppen (u. a. Burgunder, Ost- und Westgoten, Wandalen) ganz Europa und Nordafrika und errichteten eigene Reiche. → KAPITEL 1.2

Wahl (Wahlformen, Wahlkapitulationen, Wahlversprechungen, Wahlreich) Form der Zustimmung zu einem Kandidaten oder dessen Auswahl ohne Charakterzüge der freien und gleichen Wahl. Bei der Herrschererhebung meist aus verschiedenen Bestandteilen (Vorwahl, Kür, Zustimmung der Großen,

Zustimmung aller) bestehend. Die Wahlformen veränderten sich im Laufe des Mittelalters deutlich. Nach der Verengung des Kreises der Königswähler auf die → Kurfürsten (Wahlreich), forderten diese vom Kandidaten vor der Wahl umfassende Zusagen (Wahlkapitulationen). → KAPITEL 7.2

Zisterzienser Der → Benediktsregel verpflichteter Orden, der über für alle Zisterzienserklöster verbindliche Statuten verfügte. Diese wurden bei einmal jährlich stattfindenden Generalkapiteln der Äbte fortgeschrieben und ihre Einhaltung durch regelmäßige Visitationen kontrolliert. Aufgrund dieser strukturellen Elemente, die über einen losen Klosterverband hinausgehen, kann man erstmals von einem „Orden" sprechen. → KAPITEL 8.2

Zünfte Erstmals im 12. Jahrhundert bezeugte Handwerkergenossenschaften, die sich nicht nur um religiöse und karitative Aufgaben kümmerten, sondern auch um den Ablauf und die Verteilung der gewerblichen Produktion sowie die politische und gesellschaftliche Organisation der städtischen Handwerker (Zunftstuben). → KAPITEL 6.3, 10.2, 13.2

Niemand schreibt allein. Meine Mainzer Mitarbeiterinnen und Mitarbeiter prägten den Text durch Diskussion des Konzepts, Materialsammlung und praktische Hilfe. Heidrun Ochs und Regina Schäfer lasen darüber hinaus größere Partien und halfen bei der Erstellung des Glossars. Katja Leuchtenberger und Ullrich Bruchhold vom Akademie Verlag begleiteten die Entstehung des Buches mit kompetentem Rat und anspornender Aufmunterung. Ihnen allen danke ich von Herzen. Die größte Last trug jedoch einmal mehr meine Familie, die besonders in der Schlussphase allzu oft hinter ‚dem Mittelalter' zurückstehen musste. Wiedergutmachung ist versprochen!

Zwischen Mainz und Berlin, 11. Juni 2008

Für die Neuauflage des Studienbuches nach gut sechs Jahren wurden Versehen und Flüchtigkeiten im Ausgangstext behoben sowie einschlägige Neuerscheinungen eingearbeitet, bibliografische Angaben und Webadressen überprüft. Das Kapitel über das Lehnswesen bedurfte der inhaltlichen Aktualisierung. Zu all dem trugen meine Aachener Mitarbeiterinnen und Mitarbeiter Tabea Amthor, Florian Eßer, Monika Gussone und Alexandra Wieczorek mit ihrem kritischen Auge, ihrer Sorgfalt und Fachkenntnis in erheblichem Maße bei. Martin Schaefer hat mich in München bei der Korrektur der Druckfahnen unterstützt. Ihnen danke ich von Herzen dafür. Florian Hoppe von De Gruyter Oldenbourg begleitete die Neuauflage kompetent, manchmal mahnend, stets aber in sehr angenehmer Form.

München, 20. November 2014

16.6 Zeitstrahl

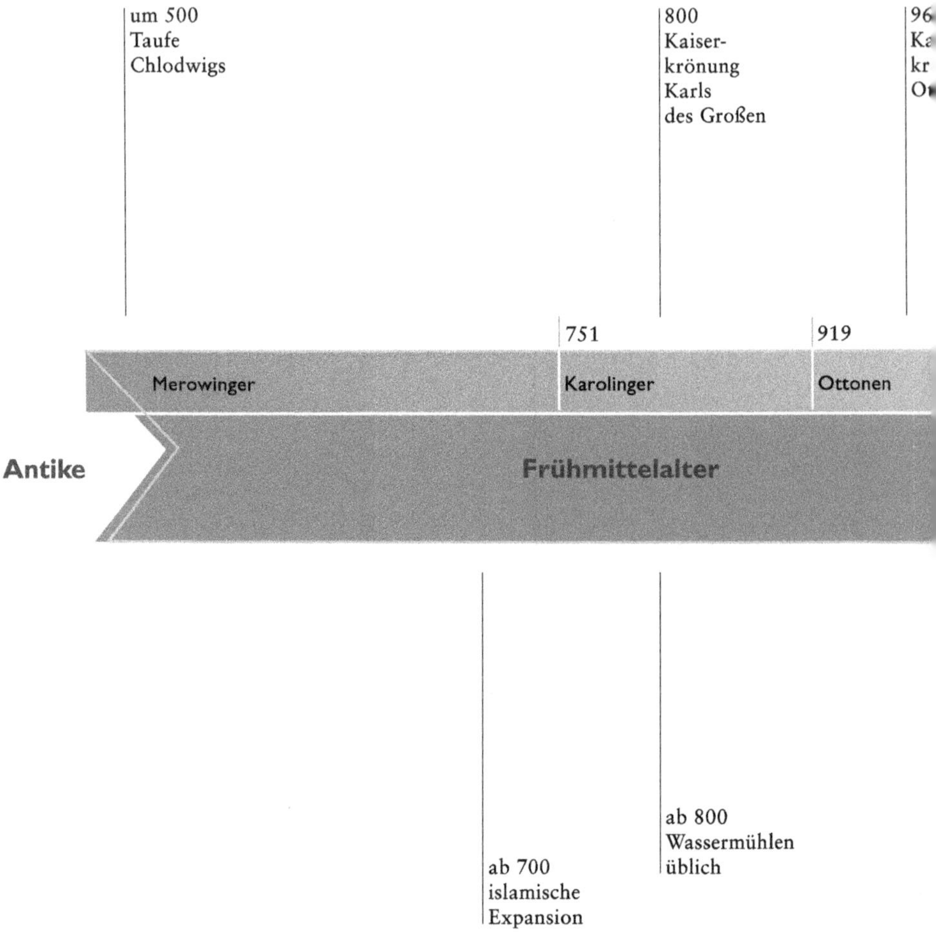

Abbildung 28: Zeitstrahl

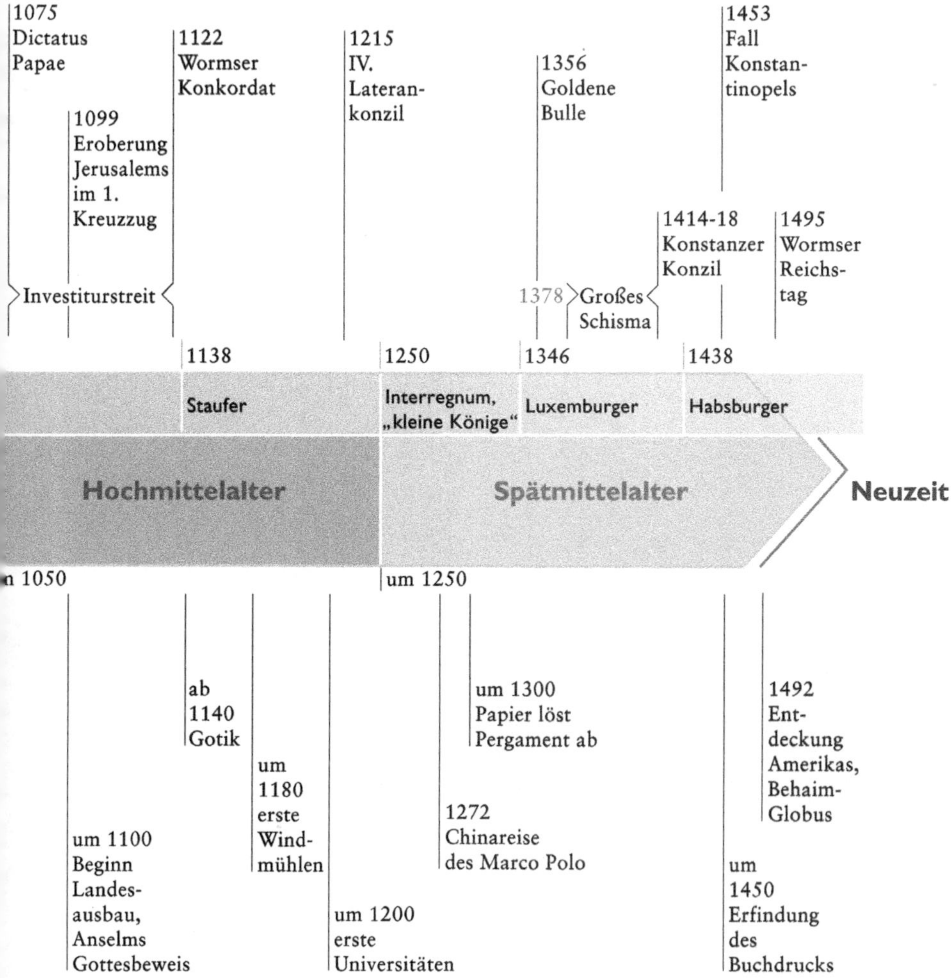
1075 Dictatus Papae
1099 Eroberung Jerusalems im 1. Kreuzzug
1122 Wormser Konkordat
Investiturstreit
1215 IV. Laterankonzil
1356 Goldene Bulle
1378 Großes Schisma
1453 Fall Konstantinopels
1414-18 Konstanzer Konzil
1495 Wormser Reichstag
1138
1250
1346
1438
Staufer
Interregnum, „kleine Könige“
Luxemburger
Habsburger
Hochmittelalter
Spätmittelalter
Neuzeit
n 1050
um 1250
ab 1140 Gotik
um 1180 erste Windmühlen
um 1300 Papier löst Pergament ab
1492 Entdeckung Amerikas, Behaim-Globus
1272 Chinareise des Marco Polo
um 1100 Beginn Landesausbau, Anselms Gottesbeweis
um 1200 erste Universitäten
um 1450 Erfindung des Buchdrucks

Bei Fragen zur Produktsicherheit wenden Sie sich bitte an:
If you have any questions regarding product safety, please contact:

Walter de Gruyter
Genthiner Straße 13
10785 Berlin
productsafety@degruyterbrill.com